教育部人文社会科学重点研究基地四川大学南亚研究所

印度对外经济关系研究

张秋容 邱 倩 苏 鑫 赵益民 ◎ 著

国际文化出版公司

·北京·

图书在版编目（CIP）数据

印度对外经济关系研究 ／ 张秋容等著．－－ 北京 ：国际文化
出版公司，2022.12
ISBN 978-7-5125-1413-3

Ⅰ．①印… Ⅱ．①张… Ⅲ．①对外经济关系－研究－印度
Ⅳ．① F135.15

中国版本图书馆 CIP 数据核字 (2022) 第 058113 号

印度对外经济关系研究

作　　　者	张秋容　邱倩　苏鑫　赵益民
统筹监制	吴昌荣
责任编辑	于锡平
品质总监	张震宇
出版发行	国际文化出版公司
经　　销	全国新华书店
印　　刷	北京虎彩文化传播有限公司
开　　本	710 毫米 ×1000 毫米　　16 开
	14 印张　　185 千字
版　　次	2022 年 12 月第 1 版
	2022 年 12 月第 1 次印刷
书　　号	ISBN 978-7-5125-1413-3
定　　价	68.00 元

国际文化出版公司
北京朝阳区东土城路乙 9 号　　　　邮编：100013
总编室：(010) 64270995　　　　传真：(010) 64270995
销售热线：(010) 64271187
传真：(010) 64271187-800
E-mail：icpc@95777.sina.net

目　录

序言

1948年4月，印度政府公布了第一个工业政策决议，规定印度实施公私并举的混合经济体制，欢迎外国资本和技术参与，以促进本国工业化和经济发展。自此开始，印度逐渐形成了以国家统制为主的外贸体制和有限制地利用外资的对外经济战略。在第一个五年计划期间，印度对外经济战略更趋成熟，一方面通过许可证的审批发放实行对吸收外资和引进外国技术的控制和管理，另一方面通过国家经济计划，决定外援的分配重点和比例，注意对外资的导向，制定适应国内经济发展重点的外贸和关税汇率等政策。1956年4月，印度政府公布了工业政策决议，其对外经济战略更趋具象化。该决议把工业划分为三大类，一类是允许外资和外国技术参与的部门，一类是只允许外国技术参与的部门，一类是禁止外资和外国技术参与的部门。至此，从印度独立到冷战结束前，印度对外经济战略的核心是在独立自主、为我所用的前提下，以进口替代为基础，灵活多样地开展各项对外经济活动。在这一时期，印度的对外经济关系取得一定进展。

冷战结束后，继拉奥政府开始以自由化、市场化、私有化和全球化为导向的经济改革后，高达联合阵线政府、古吉拉尔联合阵线政府、瓦杰帕伊联合政府、曼·辛格联合政府继续推行经济改革，放松对外国投资和进出口贸易的限制，促使印度对外经济联系逐渐扩大。从拉奥政府到曼·辛格联合政府实施的经济改革的实质是"努力把印度从一个管制约束的内向型经济转变为适应市场需要的外向型经济"。随着印度取消了进口许可证、大幅度降低商品进口关税、放松汇率管制后，印度的半封闭管制经济逐渐转变为开放的自由市场经济，其对外经济关系也取得突破性发展。但是，印度的经济也存在诸多问题，如公营企业长期严重亏损、财政赤字居高不下、经济失衡更加严重等。为突破经济稳定高增长的结构性瓶颈，建立一种新型联邦体

1

制,莫迪政府开启了以"发展"为导向的经济改革,在国内市场发展壮大具备国际竞争力基础上再实行对外开放。莫迪第一个执政任期内对外经济政策开始回摆,第二个执政任期内保护主义倾向凸显,印度的对外经济政策从开放转向保守。从莫迪执政以来,在印度的对外经济关系中,经济外交成为印度维护国家对外经济权益和经济利益最大的亮点。基于此,本书在阐释对外经济关系和经济外交逻辑关系基础上重点研究莫迪政府的经济外交政策,并分析莫迪政府经济外交政策对中国的影响,继而提出在全球经济治理视野下加强中印两国经济合作,发展友好的中印经济关系的重要性。

自莫迪上任以来,印度经济一直保持着较高的增速。2021年尽管受新冠肺炎疫情影响,但GDP仍然超过220万亿卢比,按照汇率折算印度GDP总量首次突破3万亿美元,达到了3.08万亿美元,创下历史最高水平。在增速方面,实现了8.1%的增长,成为全球经济增长最快的国家,国际影响力也不断提高,正在向实现其"强国梦"大步迈进。无疑,印度搭乘上了经济全球化的"顺风车",分食着相互依赖的全球经济网络的"大蛋糕",经济利益在其国家利益中的地位逐步上升,经济外交不断崭露头角,从边缘向外交全局中心转移,具有鲜明莫迪风格的印度经济外交引发了世界的关注。同时,随着美国"退群"、英国"脱欧"、中美"脱钩"、民粹主义抬头、贸易保护主义回潮,"逆全球化"趋势不断凸显,特别是新冠肺炎疫情造成全球格局的改变、世界经济发展遇到了前所未有的冲击,给进入第二个执政任期内的莫迪政府开展经济外交带来了极大的挑战,印度未来发展的不确定性大大增加。因而,加强对印度莫迪政府经济外交的研究显得尤为重要。

首先,莫迪政府的经济外交是在国际、国内双重背景下形成的。外部经济全球化的发展、国家综合国力竞争的日趋激烈、世界秩序的大调整、大国博弈的加剧、地缘政治斗争为印度创造了战略机遇期。印度国内的地缘政治环境、独特的文化传统、前任积累下的政治遗产以及莫迪务实的风格,又为印度的经济外交开展提供了肥沃的土壤。莫迪上任之前,印度的经济外交就已有雏形,加之莫迪的强势,很快就为印度的对外经济关系打开了新局面。印度以南亚邻国为基点,以东南亚、非洲等地区为半径,以美国、日本、澳大利亚等亚太国家为弧形展开了全方位的经济外交,其内容多元、形式多样,为印度改善投资环境、吸引外资创造了源源不断的动力。

其次,莫迪政府的经济外交虽然为印度赢得了荣耀,但又存在显著的缺憾。莫迪政府的经济外交促进了印度国内经济的发展，加快了基础设施的建设进度，还实现了能源渠道和能源产业的多元化发展，同时也增强了印度在地区和全球两个层面开展对外经济关系的参与度，吸引了更多的外国投资，有力地促进了印度对外贸易的发展。但是，由于资金的短缺，国民经济健康发展受到军购的透支以及能源安全问题的影响，又制约着经济外交长期效果的实现。

再次，莫迪政府的经济外交成功开展又有着众多有利因素和不利因素。莫迪上台后采取了一系列措施扭转了此前国内的困局，包括加强政府机构改革，加大反腐力度，改善投资环境，拓展国际金融合作，吸引了大量外资，促使经济逐步复苏且出现稳健增长的态势，这些都为莫迪政府开展经济外交提供了有利的环境。然而印度的土地制度改革、税法和劳动法改革，印巴关系和中印历史遗留问题等的存在，又严重阻碍着莫迪政府的经济外交开展。

最后，莫迪政府的经济外交也深刻影响着中国。特别是中国"一带一路"倡议的实施、中国与"南盟"的关系、中国与西方大国的关系，都与印度的经济外交有着密切的联系。在外部环境不稳定、不确定的情况下，不断崛起的中印两强如何实现"龙象共舞"、在合作中共同发展，印度对外经济关系的外交维度值得思考研究。

中印两国作为世界上最大的发展中国家，互为邻国，地缘相近。但两国国情不同，政治制度不同，两国在为全球提供公共产品、维护亚太区域秩序稳定、发展两国经济方面存在互学互鉴之处。加强对印度对外经济关系研究，尤其是对莫迪政府经济外交的研究，既有助于了解印度的经济外交运行状况、总结出其经济外交政策变化的规律，又可为中国政府在瞬息万变的国际形势中对印度经济外交作出决策提供借鉴参考，更能够为中国冷静、理性、客观、妥善处理与印度的关系建言献策。因此，在国家社会科学基金重大项目"'一带一路'背景下跨喜马拉雅合作研究"（项目批准号：17ZDA170）的支持下，在四川大学南亚研究所李涛教授的指导下，四川大学西部边疆安全和发展研究中心的一些青年学子，广泛收集国内外相关资料，整理、研究和编撰了此书，以飨诸方。

《印度对外经济关系研究》一书于2018年开始启动，研究工作由张秋容牵头，组织邱倩、苏鑫、赵益民参加，分别负责相关部分研究，同时承担著作相应部分书稿的撰写。本著作由张秋容撰写提纲,并撰写第一、二、七章,由邱倩撰写第三章,苏鑫撰写第四、五章,赵益民撰写第六章,最后由张秋容统一修改编纂定稿。

张秋容

2022 年 6 月于成都

第一章
理论基础与耦合逻辑

溯源对外经济关系相关研究理论，是本研究顺利开展的基础和前提。厘清印度对外经济关系背后的理论逻辑有助于更深刻地理解和认识印度对外经济战略。关于对外经济关系的理论，主要包括自由贸易理论和保护贸易理论。同时，在阐释对外经济关系和经济外交的逻辑基础上，本书借用了经济外交理论分析框架来研究印度对外经济关系。

对外经济关系的理论基础

随着新航路的开辟带来了"地理大发现"，从而引发了世界范围内的"商业革命"。在"商业革命"影响下，国际分工向纵深发展、国际贸易得到迅速发展，各国经济联系日益紧密。在三次科技革命及世界经济全球化浪潮推动下，国际贸易的范围不断扩大，国际贸易的方式也不断创新，世界各国经济联系不断加强并逐渐形成一个整体。在一国对外经济关系中，为更好地从国际贸易中提高本国经济实力、维护经济权益，逐渐形成了自由贸易理论和保护贸易理论。

一、自由贸易理论

自由贸易理论作为一国发展对外经济关系、开展国际贸易的主流贸易理论，其形成和发展的历史过程伴随着工业化、全球化和一体化进程。无论是从"绝对优势理论"到"比较优势理论"，还是从"要素禀赋理论"到"新贸易理论"，都揭示出自由贸易理论的核心是通过国际贸易不但能够扩大贸易双方的生产量，而且能够提高人们的消费量，使得贸易双方都能得到更多的贸易利益。[①]在一国对外经济关系中，基于自由贸易理论采取的自由贸

---

① 张宗斌. 自由贸易理论与实践的背离及启示 [J]. 当代亚太, 1997（2）: 8.

易政策成为提升人民生活水平、提高国际竞争力、维护国家经济权益的重要手段。

(一)绝对优势理论

随着资本主义的迅速发展、产业革命的迅速开展,为从海外市场获取更多的廉价原料并销售其产品,必须要扩大对外贸易。在此种背景下,以亚当·斯密为代表的古典国际贸易理论,在其著作《国富论》中基于"绝对优势"提出了互惠贸易。"绝对优势"之所以能够产生,在于一个国家在生产某种产品上以绝对的技术或者绝对的资源优势优于另外一个国家,则这个国家应该集中生产并出口专业技术高或者资源丰富的产品,用来交换自己不具备专业技能或者丰富原材料的产品。[①]因此,两国可以专门生产他们各具绝对优势的商品,增加世界总产出,并通过贸易换取它们有绝对劣势的商品而获益。[②]为更好地调动个人的积极性、增强资源的有效配置、提高国家的生产力水平,亚当·斯密坚决抨击国家对经济的干预,主张"自由放任"的经济政策。同时,亚当·斯密首次提出了国际贸易可以"双赢",而不是一个"零和游戏"。亚当·斯密的绝对优势理论明确了具有不同优势的国家间分工和贸易的合理性,但没有解释一个国家不具备绝对优势如何开展国际贸易。基于此,大卫·李嘉图提出了比较优势理论。

(二)比较优势理论

1817 年,大卫·李嘉图发表了《政治经济学及赋税原理》,提出了比较优势理论。在大卫·李嘉图看来,国际贸易的基础并不受限于劳动生产率上的绝对差别,在国际贸易和国际分工上,起到关键作用的是比较优势。对外贸易的扩张虽然有助于一国商品总量的增长,但却不会直接增加一国的价值总额。因此,对外贸易的扩展,对于提高本国的利润未必有用。[③]大卫·李嘉图在继承亚当·斯密自由贸易理论基础上,进一步揭示了国际分工与国

---

① 徐雅.马克思国际贸易思想研究 [D].东北财经大学,2019:23.

② 多米尼克·萨尔多瓦,杨冰译.国际经济学(第 11 版)[M].北京:清华大学出版社,2015:26.

③ 大卫·李嘉图,郭大力、王亚楠译.政治经济学及赋税原理 [M].北京:商务印书馆,1962:8.

际贸易产生的利益分配问题,即不同的国家间贸易利益会由技术水平偏低的国家向技术水平较高的国家转移。大卫·李嘉图比较优势理论的核心观点主要有三:其一,大卫·李嘉图极力赞同斯密的观点,主张提倡自由贸易,反对国家干预对外贸易政策,建立国际自由贸易、分工的世界经济秩序。其二,大卫·李嘉图主张的自由贸易是有限度的自由贸易。大卫·李嘉图虽然主张自由贸易,但不是自由放任。在特殊时期政府可适度干预实施贸易保护措施,而不是走极端,把自由贸易主义绝对化。其三,大卫·李嘉图主张扩大机器的使用范围,加速科技发展。生产成本决定商品价格。采用机器后,劳动生产率提高,商品价格就会降低。随着机器的广泛使用,产品的价格会由于竞争而下降至其生产成本,这时资本家所获得利润和从前一样,从而以消费者的资格享受利益。[①]由此观之,大卫·李嘉图的比较优势理论明显地反映出实力强大的国家向外实行经济扩张的要求。同时,大卫·李嘉图的比较优势理论揭示了两国的贸易基础和贸易所得,但没有详尽阐释产生比较优势的基础以及贸易双方的利益划分问题。赫克歇尔-俄林围绕上述问题进行了一定的研究。

(三)要素禀赋理论

赫克歇尔在《对外贸易对收入分配的影响》中指出比较优势的产生必须有两个前提,一是两国的生产要素禀赋程度不同,二是不同产品在生产过程中所使用的要素比例不同。俄林将一般均衡理论与赫克歇尔的要素禀赋相结合,确立了要素禀赋理论(简称H-O理论)。H-O理论就产生比较优势的基础和贸易模式进行了深入研究。一方面,从要素禀赋差异的角度解释了各国比较优势产生的原因,不同生产要素在不同国家资源中所占的比例和他们在不同产品的生产投入中所占比例二者之间的相互作用。质言之,进口那些含有较大比例生产要素昂贵的商品,出口那些含有较大比例生产要素便宜的商品。[②]另一方面,H-O理论研究国际贸易对要素价格的影响,

---

① 徐雅. 马克思国际贸易思想研究 [D]. 东北财经大学,2019:30.

② 郭浩淼. 中国出口商品结构优化路径研究——基于要素禀赋结构演进的理论与实证 [D]. 辽宁大学,2013:18.

即国际贸易的开展会逐渐拉平各国生产要素的价格。[①]要素禀赋理论从要素禀赋差异的角度解释了比较优势产生的原因,要素禀赋不同决定了要素价格的差异,进而决定了所生产产品的价格差异,这种价格差异则成为国际贸易的主要原因。要素禀赋理论的前提是以完全竞争市场结构为条件的提出,对各国制定外贸政策有一定指导意义。但是,在现实国际贸易中,完全竞争的市场结构并不常见,且该理论建立在一些简单假设之上,并且是一种静态分析,忽略了要素禀赋的动态变化。新贸易理论试图弥补要素禀赋理论的缺陷与不足。

(四)新贸易理论

新贸易理论在完善要素禀赋理论基础上,采用实证的研究方法解释现实的贸易格局,不仅假设市场是不完全竞争的,还假设企业生产具有规模经济效应,后来逐渐形成了以非完全竞争市场和规模经济为两大支柱的完整的经济理论体系。一方面,新贸易理论分析了规模经济与国际贸易的关系。20 世纪 80 年代,克鲁格曼通过将技术内生化来讨论技术与国际贸易和经济增长之间的相互关系问题,把技术进步、规模经济、国际贸易和经济增长结合起来研究。克鲁格曼最核心的观点是尽管技术可以在国际传播,但通常本国的技术溢出速度会更快。同时,本国也会因从干中学中获得大量的实践经验而进一步提高自身的生产效率。[②]另一方面,新贸易理论分析了不完全经济与国际贸易的关系。由于外部效应的存在,国际贸易会影响贸易商品的劳动生产率,进而可能影响到一个不参与分工和贸易国家的劳动生产率。在可竞争的市场结构中,由于存在内在规模经济,市场便是不完全竞争的,产品就应该不会依据平均成本来定价。在寡占市场结构中,由于处于完全竞争和有限定价垄断的市场结构之间的状态,分析寡占对贸易的影响存在较大难度。

---

① 多米尼克·萨尔多瓦,杨冰译.国际经济学(第 11 版)[M].北京:清华大学出版社,2015:89.

② 卢仁祥.新新贸易理论中的国际分工问题研究——基于全球价值链理论分析[D].2013:18.

（五）新新贸易理论

传统贸易理论与新贸易理论都假定从事贸易的企业是同质的,均是从宏观角度来探讨国际分工与贸易产生的原因和利益来源。[①]新新贸易理论在继承和发展传统的贸易理论基础上,从微观层面来分析企业的国际化路径选择,从企业异质性的角度对国际贸易进行解释,试图回答为何只有少数企业服务于国际市场,大多数企业服务于国内市场? 企业国际化的路径是通过出口还是对外直接投资方式进入国际市场? 关于为何只有少数企业服务于国际市场,梅丽兹(Melitz)从生产率差异角度来分析企业的异质性,并将此引入国际贸易的研究中。梅丽兹研究发现,生产率较高的企业通过出口模式服务于国际市场,生产率中等的企业服务于国内市场,而生产率最低的企业会被迫退出市场。企业会根据自身生产率的高低进行自主抉择,选择相应的国际化路径。[②]关于企业是以出口还是对外直接投资的方式来服务于国际市场,赫尔曼(Helpman)、梅丽兹等研究发现生产率最高的企业会选择通过 FDI 的形式进入国际市场,生产率次之的企业会选择出口模式服务于国际市场,生产率再次之的企业会选择仅在国内提供服务,生产率最低的企业将退出市场。[③]此外,耶普(Yeaple)分析了企业选择具有竞争性的技术工人,提供有竞争力的产品,从而获得贸易优势。关于国际分工,新新贸易理论认为,参与国际分工的企业将产品生产过程予以标准化后进行分割,然后在全球布局,以实现全球资源的最佳配置。

自由贸易理论解释了国际贸易产生的原因及利益分配问题,但各种贸易理论都建立在一定假设之上,这些假设不可能是对现实世界的完全模拟。因此,自由贸易理论不可避免地存在一定漏洞,于是,在自由贸易理论发展的各个阶段,保护贸易理论与自由贸易理论相伴相生。

---

① 卢仁祥.新新贸易理论中的国际分工问题研究——基于全球价值链理论分析[D].2013:20.

② Melitz, The Impact of Trade on Intra-Industry Reallocations and Aggregate Industry Productivity, *Econometrica*, Vol.71, No.3, 2003, pp.1695-1275.

③ Helpman, E., Melitz, M.J. and Yeaple, S.R., Export Versus FDI with Heterogeneous Firms, *American Economic Review*, Vol.94, No.1, 2004, pp.300-316.

二、保护贸易理论

作为国际贸易理论的另一条主线,保护贸易理论经历了重商主义贸易保护理论、幼稚工业保护理论、超保护贸易理论、战略性贸易理论和新贸易保护主义理论的演变历程。在一国对外经济关系中,基于保护贸易理论采取的保护主义政策成为调整产业结构、提高本国生产力、保持国际收支平衡和增强本国国际竞争力的重要手段。

(一)重商主义保护贸易理论

重商主义保护贸易理论,可分为早期重商主义保护贸易理论和晚期重商主义保护贸易理论。

从 15 世纪到 16 世纪中叶,随着商业资产阶级力量不断壮大,社会财富的重心逐渐由土地转向金银货币,而金银货币的主要来源便是商业资产阶级经营的国际贸易,因此必须禁止货币输出以达到积累货币财富的目的,早期重商主义保护贸易理论应运而生。早期重商主义保护贸易理论的核心观点是,主张国家应该采取行政手段,在对外贸易中遵循少买多卖的原则,禁止国内货币输往国外,通过调节货币的运动来达到本国财富的增加。在早期重商主义保护贸易理论者看来,商业是国家经济活动的基础,对外贸易是积累财富的唯一手段,因此,政府应该尽可能扶持本国的对外贸易以积累更多的金银。[①]质言之,在对外贸易中,保持顺差是积累货币财富的"不二法门"。早期重商主义保护贸易理论也可称为"货币差额论"。

从 16 世纪下半叶到 17 世纪下半叶,随着商业资本高度发展,国内外市场日趋扩大,为使在进出口贸易中维持顺差,应该让更多货币流回本国,晚期重商主义保护贸易理论应运而生。晚期重商主义保护贸易理论的核心观点是,从早期重商主义保护贸易理论关注的从直接控制金银的输出和流入转变为直接控制对外贸易。原因在于,长期奉行"货币差额论"会导致国内金银太多,国内金银太多会造成物价上涨,物价上涨会促使出口减少,最终影响贸易差额。如果出现贸易逆差,则货币外流。因此,国家应该准许适量

---

① 程大中.国际贸易理论与经验分析[M].北京:人民出版社,2009:27.

的货币外流以扩大对外国商品的购买。但是,遵循的核心原则是购买外国商品的货币总额要少于出售本国商品所取得的货币总额,最终形成贸易顺差,使更多货币流向国内。晚期重商主义保护贸易理论也可称为"贸易差额论"。

无论是早期重商主义保护贸易理论,还是晚期重商主义保护贸易理论,其最终目标都是通过贸易顺差来增加国家财富。但是,重商主义保护贸易理论对国内外贸易的探讨只限于流通领域而未深入到生产领域,存在着诸多缺陷和不足。

(二)幼稚工业保护贸易理论

伴随着西方资本主义的大发展,各国经济发展很不平衡,主要表现在以德国和美国为代表的赶超型国家的幼稚工业受到英、法的大力排挤。为发展壮大本国幼稚产业,摆脱自由竞争导致的外部国家的控制和威胁,幼稚工业保护贸易理论应运而生。幼稚工业保护贸易理论主要包括汉密尔顿的保护关税说和李斯特的保护幼稚工业理论。

美国建国初期,英、法凭借着良好的制造业基础和商业优势在世界贸易中占据着主导地位,而美国在世界贸易中处于劣势地位。鉴于此,汉密尔顿向国会递交了《关于制造业的报告》,极力主张在美国实行保护关税制度。在汉密尔顿看来,在国际贸易中不存在真正的互惠贸易,若以初级产品交换国外的制成品,而不是依靠国内来供应制成品,将导致农业国的财富流失,国家通过实行保护关税制度可有力促进制造业发展。[①]汉密尔顿的保护关税说的核心观点,即为摆脱非互惠的自由贸易,美国应采取多种保护措施大力发展制造业。其具体举措包括:征收保护性关税、禁止竞争性产品输入、禁止制造业原材料的出口、向制造业发放补贴和奖金免除或返还制造业原料进口税、鼓励发明和引进新技术和机器、加强对制成品的质量检验、提供便利汇兑和信贷、改善国内交通设施等。[②]一言一概之,汉密尔顿的保护关税说就是通过关税将自己新建立起来的工业保护起来,并能不断发展壮大,使之能在国际贸易中赢得比较优势。

---

① 梅俊杰.自由贸易的神话 [M].上海:上海三联书店,2008:210.
② 同上。

19 世纪的德国,政治上四分五裂、经济上落后,李斯特从保护生产力的高度把贸易和国家经济发展结合起来,形成了以国家主义为基调的保护幼稚工业理论。在李斯特看来,生产力尤其是工业生产力比货币金银财富本身更重要,是决定国家兴衰存亡的关键。而要发展工业生产力,必须依靠国家的干预。幼稚工业保护理论的核心观点是,作为后进的国家,只有保护"幼稚工业"建立起自己独立的工业体系,才利用本国生产力的发展。其基本假设是,强调受保护产业必须具有潜在比较优势,初始生产成本高且面临国外强力的竞争,在短期内虽然有代价,但从长远看是有利的和必要的,经保护成熟后其收益能够弥补在"幼稚期间"由消费者支付高价而损失的消费者剩余的产业。对于这些产业,如果在发展初期提供适度的保护,它们就可以通过学习和积累改善生产技术,实现规模经济,使潜在的比较优势转变成现实,为社会带来正向的外部经济效应,从而推进整个国民经济的发展。[①]与此同时,李斯特还区分了国内自由贸易和国际自由贸易的性质和作用,主张无条件的国内自由贸易和有条件的国际自由贸易,即只有当本国的力量足够强大后,才能开展自由的国际贸易。李斯特主张的保护幼稚工业理论是阶段性的保护、暂时性的保护。关于选择保护的对象,李斯特提出了三条原则,一是农业不需要保护。只有刚从农业阶段跃进的国家,距离工业成熟期尚远,才适宜保护。二是一国工业即使幼稚,但没有强有力的竞争对手时,也不需要保护。三是只有刚刚开始发展且存在强有力的外国竞争的幼稚工业才需要保护。[②]幼稚产业保护理论的提出,对保护本国工业具有一定积极意义。

(三)超保护贸易理论

20 世纪 30 年代,世界经济大萧条时期,各国经济出现大衰退,商品滞销、利润减少、生产急剧下降、失业大量增加。为实现充分就业和国民收入的增长,各国开始奉行保护贸易政策,强化了国家政权对经济的干预。其中,最具代表性的是凯恩斯的"新重商主义"。

为解决就业、缓解市场供求失衡问题,凯恩斯在其论著《就业、利息和

---

① 王艳秀. 美国贸易保护的动因与效应研究 [D]. 吉林大学,2011:18.
② 田维明,武拉平. 农产品国际贸易 [M]. 北京:中国农业大学出版社,2005:142.

货币通论》中对古典自由贸易理论进行了批判,提出了超保护贸易主义理论。在凯恩斯看来,仔细分析贸易顺差和逆差对国民收入的影响,贸易顺差可以增加国民收入、扩大就业,而贸易逆差则会减少国民收入、加重失业,因此,在一国对外贸易中赞成贸易顺差,反对贸易逆差,主张运用各种措施,扩大出口,减少进口,获得贸易顺差。[①]保持对外贸易顺差,能够使国内利率下降,扩大投资,而贸易逆差则会导致严重的经济衰退。凯恩斯超保护贸易理论的核心是对外贸易乘数理论,它试图把对外贸易与就业理论联系起来,从增加就业和提高国民收入角度说明保护贸易的重要性。其基本观点是,贸易顺差对国民经济的作用犹如投资的作用,增加顺差是政府可以增加国外投资的唯一的直接办法。因此,为了实现贸易顺差,应扩大出口,减少进口。只有当贸易顺差时,对外贸易才能提高一国的国民收入量,并且国民收入的增加量将是贸易顺差的若干倍。[②]在超保护贸易理论指导下,主张政府对经济生活的全面干预,实行贸易保护,改变国际收支状况,提高一国国民收入。超保护贸易主义理论在一定程度上揭示了对外贸易与国民经济发展之间的某些内在规律性,对一国经济发展具有一定促进作用,但是超贸易保护主义政策的实施阻碍了世界经济一体化进程。

(四)战略性贸易理论

20 世纪 70 年代后,由于规模经济现象剧增,加之科技革命的兴起,世界产业结构和贸易格局发生重大变化,即产业间贸易扩展为产业内贸易,在国际贸易中存在着寡头垄断等竞争模式。在寡头垄断市场结构下,政府对贸易活动进行干预是以改变市场结构或环境,以提高本国企业的国际竞争力。在此背景下,以利润转移理论和外部经济理论为代表的战略性贸易理论兴起并不断发展。

利润转移理论,又称为狭义的战略性贸易理论。该理论认为许多国际贸易的商品是由不完全竞争产业产生的,由于厂商水平上的规模经济限制,在许多市场上的国际竞争都具有寡头竞争的性质,在某些市场上甚至只允许一个有利润的厂商进入,如果有两个厂商同时进入,则都会亏损。以内部

---

① 高桂平.国际贸易理论与实务 [M].湖北:武汉理工大学出版社,2008:71.
② 王三芳.国际贸易理论与实务 [M].湖北:武汉理工大学出版社,2007:38.

规模经济为基础,主张政府对对外贸易进行干预,可以剥夺外国厂商的出口利润。在利润转移理论中,政府政策起着实现超额利润由外国向本国转移的"战略性"作用。[①]为实现超额利润由外国转向本国,政府采取三种手段:其一,可利用关税抽取外国垄断厂商的垄断利润。它突出利用国际市场的垄断力量,作为政府实施政策和从对外贸易中获得垄断资金。其二,以进口竞争产业的保护来促进出口。它突出进口保护不仅要发挥进口替代的作用,还要发挥出口促进的战略性作用。其三,出口补贴为本国寡头厂商夺取市场份额。它突出通过出口补贴把超额利润从国外厂商转移给国内厂商。

外部经济理论,又称为广义的战略性贸易理论。该理论认为外部经济能够引起国家产业水平上的规模收益递增。产业在区域、城市和国家三方面存在着区域集群效应、城市集群效应和国家集群效应。正是由于外部经济效应的存在,不仅能够促进厂商和产业在地理上集中,而且能够促进厂商提高生产效率和降低成本,还能促进国际专业化分工的形成。因此,政府通过限制进口、促进出口、贷款担保、培训计划或对研发活动的补贴等政策扶持具有显著外部经济的产业发展,将提高国民收入。其中,高新技术产业具有明显的规模报酬递增效应,能形成垄断竞争的市场结构。为扶持高新技术产业发展,政府采取的政策主要包括:一是鼓励和扶持真正的"优胜者";二是鼓励某些具有潜在先行优势的高新技术产业率先建立;三是促进已建立的高技术产业发挥优势。在制定引导高新技术产业的进口政策时,在给本国高新技术产业提供适度保护同时,引进先进技术和关键技术,并对引进的高新技术进行消化吸收和创新提高。

由此观之,战略性贸易理论的实质是一种主张积极主动的对外贸易理论,是一种国际垄断资本主义理论,是一种全球性竞争政策理论,对发达国家和发展中国家的贸易和产业政策都产生了积极影响。但是,战略性贸易政策的实施不仅会损害国内其他产业的发展,也极易招致他国的报复等。

(五)新贸易保护主义

20世纪90年代以来,伴随着贸易自由化加强的同时,各国经济发展不平衡加剧,新贸易保护主义开始盛行。主要表现在无休止地实行反倾销措

---

① 刘伟丽.战略性贸易政策理论研究[D].东北财经大学,2005:15.

施、任意实行出口补贴、以单方面制定的标准为壁垒、阻碍商品进口等。尤其是 2008 年全球金融危机爆发后,多数国家内需疲软、失业率居高不下、经济增速下滑,甚至一些国家出现政治骚乱和社会动荡。在此背景下,各国为尽快走出经济危机的泥淖,出台种类繁多的贸易保护措施,新贸易保护主义开始以维护贸易公平和经济安全为由"大行其道"。

与 20 世纪 30 年代超保护主义不同,新贸易保护主义更具有隐蔽性、歧视性和复杂性的特点。主要表现在贸易保护的涉及范围从单纯的商品贸易,不断向要素流动以及产业领域扩展,实施新贸易保护的主体呈现集团化和区域化的趋势。从现实方面看,许多国家为应对气候变化、能源安全和食品安全等问题,实施以保护环境为主的绿色壁垒,以维护劳工和社会权益的蓝色壁垒,以及越来越多以保护消费者权益、保护粮食安全、保护环境为由的技术性贸易壁垒。[1]此外,2020 年全球新冠肺炎疫情暴发后,新贸易保护主义呈现出新动向。一方面,保护手段交汇叠加。关税、配额等"前 WTO"壁垒、检验检疫、环境、劳工等 WTO 下的非关税壁垒,政府采购、知识产权、区域自贸浪潮等 WTO "灰色区域"的保护壁垒,以及数字贸易、国有企业等"后WTO"保护主义交叉使用。另一方面,高科技领域保护主义和服务贸易保护主义加剧。

第一节 对外经济关系与经济外交的耦合逻辑

对外经济关系是一个国家同其他国家和地区之间经济联系的总称。经济外交从本质上来说是为实现国家利益借助经济手段而采取的一种不像军事外交那样暴力,也不像政治外交那样波谲云诡的,通过促进经济发展来实现国家利益的活动。对外经济关系与经济外交在理论基础和战略目标等层面存在着不同程度的耦合。

---

① 徐浩,赵景峰. 新贸易保护主义对我国的影响与对策 [J]. 宏观经济管理,2022（3）: 77–82.

一、经济外交的理论内涵

述评国内外相关研究现状、厘清经济外交的基本概念、溯源相关研究理论,是本研究顺利开展的基础和前提。在对经济外交概念界定后,进一步明晰其内涵。与此同时,总结了经济外交的相关理论,主要包括新自由制度主义和经济民族主义。

(一)国内外研究述评

进入 20 世纪 90 年代以后,中国才开始掀起研究经济外交的浪潮。最早的中国学者有谢益显、周永生、赵桥梁、王德仁、李恩民、张学斌等。由于印度自独立以来就非常重视经济外交,伴随着中国的改革开放,大力发展对外贸易,冷战结束后,中国对印度经济外交的研究变得如火如荼。主要成果有:胡仕春《引人注目的印度经济外交》(《国际展望》1993 年第 1 期);马光《印度务实的经济外交》(《亚非纵横》1994 年第 5 期);缪鹏年、李滢洁鋆《印度的经济外交》(《当代亚太》2005 年第 5 期);裴远颖《印度经济外交引人注目》(《国际经济时报》);浦新蓉《90 年代印度实行经济外交的原因及主要措施》(《南亚研究季刊》2005 年第 1 期);张毅《冷战后印度经济外交的背景分析》(《东陆学林》);汪巍于《印度经济外交的特点》(《当代世界》2008 年);亢升《新世纪印度对非洲经济外交的特点及对中国的启示》(《理论导刊》2013 年第 8 期);许振政《冷战后印度经济外交与世界大国的追求》(福建师范大学硕士学位论文);吴明玉《中国和印度对非洲经济外交的比较研究》(华南理工大学硕士学位论文)。这些文章分别从不同的角度分析了印度实行经济外交的原因,阐述了印度实施经济外交的背景,剖析了印度经济外交的特点,对印度在非洲开展经济外交提出了一定的见解,并在这些基础上提出了对中国开展经济外交的启示。

中国特色社会主义进入新时代之后,国内学者关于经济外交的研究不一而足。北京大学姜景奎提出《经济外交扭转中印"经热政冷"》(《人民日报》海外版),指出发展经济是印度目前的首要目标,印度可与中国开展经济外交,在吸引海外投资、开展基础设施建设和金融方面展开合作。复旦大学贺平在《世界经济研究》发表《70 年中国经济外交的整体演变、战略意图和影响因素》一文,指出中国经济外交经历了"游离型""回归型""融入型""引领型" 4个阶段,在经济外交中,"经济"与"外交"日益实现双向互动,越来越体现出工具理性与目的理性的双重特性。①外交学院江瑞平在《新中国经济外交:从确保自身发展到引领全球治理》中阐释了新时代中国经济外交展开和推进的总体态势和主要方向,是直面世界大变局,引领全球新潮流,并从多边、区域、大国等主要层面实现新突破。习近平外交思想包含着丰富的经济外交内容,为独具特色的中国特色大国经济外交提供了理论指导和践行方略。在世界正面临"百年未有之大变局"之际,中国要引领经济外交新潮流,形成独具中国特色的大国经济外交。②张秋容在《"一带一路"倡议下中印经济外交研究》中分析了中印开展经济外交的特点,阐述了两国开展经济外交面临的困难和挑战,并提出在"一带一路"倡议下促进两国开展经济外交的对策建议。外交学院赵海生在其博士论文《日本对印度经济外交(1952-2017)》中通过对"日本对印度政府开发援助""日本对印度直接投资""日印贸易关系""日印首脑经济外交"等4个维度验证了"日本加强对印度经济外交"的假设。通过对国内关于印度经济外交的文献梳理,作者发现,目前对印度经济外交的研究成果虽然颇多,但是对莫迪政府经济外交的研究仍然是一片空白。本书作者以《印度对外经济关系研究》进行研究,是在经过多年的资料搜集准备、向同行专家请教沟通交流、对莫迪政府开展经济外交的经验教训有一定了解的基础上进行的,希望对今后中国开展经济外交具有一些参考作用。

从对国外文献梳理的情况看,国外学者关于经济外交的研究成果颇丰,有关印度经济外交的研究成果也不胜枚举,但对莫迪政府经济外交的研究成果仍然是凤毛麟角。从国别来看,日本是最早对经济外交做出系统研究的国家。从经济外交的概念,到经济外交的特点,以及日本如何开展经济外交,日本国内政界和学术界都进行了深入的研究。从其研究历程来看,第二次世界大战结束后,日本作为战败国,国内经济受到重创,为促进国内经济发展、开展国际贸易,日本政府提倡开展经济外交方面的研究,到20世纪80

---

① 贺平.70年中国经济外交的整体演变、战略意图和影响因素[J].世界经济研究,2019(11):3-14.

② 江瑞平.新中国经济外交从确保自身发展到引领全球治理[J].世界知识,2019(19):35.

年代,随着全球化的加速,国际经济联系日益紧密,日本国内对一些问题已经有较深入的探讨。从第二次世界大战结束至今,日本政府实行的经济外交,实际上是日本的对外经济政策。由于对经济外交的研究起步最早,日本是世界上最早开展和实行经济外交的国家。但日本关于印度经济外交的研究成果也是凤毛麟角,屈指可数。

继日本之后,美国是较早研究经济外交的国家之一。第二次世界大战结束以来,研究援助外交一度成为美国研究经济外交的风尚。在美国学者看来,美国政府重视经济外交,主要原因是试图凭借战后美国迅速发展的经济实力,根据"马歇尔计划"和"第四点计划"开展对外援助,以此来控制他国。此外,美国还经常对他国实行经济制裁,以达到政治上的目的。戴安妮·昆芝对经济外交与国内经济发展之间的关系作出了深刻的解读。

苏联解体后,俄罗斯面临着恢复国家体制和建立市场经济的双重任务,外交服务于经济发展和企业利益,成为俄罗斯外交政策的重要内容。2001年,俄罗斯总统普京在国情咨文中明确指出:"我们应在外交领域学会捍卫整个国家、本国企业和公民的经济利益。我们应当真正地为俄罗斯经济提供保障,也可以说是为俄罗斯经济服务。"[①]普京明确地将经济外交作为其外交政策的重要内容,并同时指出外交应该为经济发展服务。

(二)经济外交的定义

回溯经济外交的研究历史,世界上最先研究经济外交的乃是日本岸信介政府,随后是一些发达国家,尤其是美国的经济外交研究更为著名;在此之后就是俄罗斯根据国内外交学的发展需要,对经济外交也做出了自己的解释;中国国内对经济外交的研究,以鲁毅、周永生等为代表。

"经济外交"一词最早见诸日本岸信介政府于1957年发表的《外交蓝皮书》中。在日本学者有贺贞等人看来,经济外交是指"在对外政策中,为实现某国的经济利益而由该国政府尽可能地动员本国资源来推行的对外交涉的一种方式"。山本满认为经济外交可以解释为以经济为目的,将外交作为手段,把谋求扩大经济利益作为目标。也可以采用那种认为是以经

---

① 刘军.全球化与俄罗斯外交政策的形成——从戈尔巴乔夫到普京 [J].俄罗斯中亚东欧研究,2004(4):56.

济为手段,谋求对外的什么目标,或依托经济力量来实现该目标的含义。①

在中国学界,对经济外交的定义以鲁毅的《外交学概论》为代表,他认为经济外交有两种不同的含义和性质,第一种为利用经济手段达到特定的政治目的或对外战略意图;第二种则意味着在对外关系中着重发展同各国的经济联系,以发展本国的经济,并通过外交手段处理经济事务,修正和协调经济政策,维护国家对外关系中的权益,增加国家的经济利益。②周永生在《经济外交》一书中对经济外交的概念进行了全面梳理,他认为凡具有经济因素的外交都可以被看作是经济外交。具体来说,一种是以经济利益为目的外交;一种是以经济力量为手段或依托的外交,脱离这两种情况,则不是经济外交。③

本书的研究认为,所谓"经济外交",不过是外交在经济领域中的拓展,指一国采取包括制定经济政策、与他国签订经济合作条约、开展贸易谈判等多种手段促进经济发展的外交活动。从广义上来说,经济外交是指各国政府追求经济利益的手段,并用来弥补其政治外交和军事外交的缺口,通过经济外交方式来达到政治、安全上所不能达到的目的。从狭义上来说,经济外交是指借助经济手段以实现各种经济利益为目标的外交活动。④具体来说,经济外交应包含两个实质性内容:其一,它是由国家或其代表机构与人员以本国经济利益为目的,制定和进行的对外交往政策的行为;其二,它是由国家或其代表机构与人员以本国经济力量为手段或依托,为实现和维护本国战略目标或追求经济以外的利益,制定和进行的对外交往政策的行为。⑤因而,本书的研究以"莫迪政府经济外交"为对象,涉及莫迪政府与他国开展

① 周永生. 经济外交 [M]. 北京:中国青年出版社,2004:29.

② 鲁毅. 外交学概论 [M]. 北京:世界知识出版社,1997:153-154.

③ 周永生. 中国经济外交 [M]. 北京:中国青年出版社,2004:11-13.

④ 何中顺. 新时期中国经济外交研究:理论与实践 [D/OL]. 北京:中共中央党校,2005:16[2018-10-14].https://kns.cnki.net/KCMS/detail/detail.aspx?dbcode=CDFD&dbname=CDFD9908&filename=2005081817.nh&v=MDIwMzJGeS9rVUwvTFYxMj-dHN093SDluTnFKRWJQSVI4ZVgxTHV4WVM3RGgxVDNxVHJXTTTFGckkNVUjdxZlll-WnI=&UID=WEEvRecwSlJHSldRa1FhdXNzY2Z2S3F5dHZtRDR1dFR-pallmbzF-SalM0az0%3d%249A4hF_YAuvQ5obgVAqnKPCYcEjKensW4IQMovwHtwk-F4VY-PoHbKxJw!!&autoLogin=0.

⑤ 张秋容. "一带一路"倡议下中印经济外交研究 [J]. 上海市经济管理干部学院学报,2018(1):43.

的"贸易外交、投资外交、财经外交、货币外交、技术外交、环境外交、首脑经济外交、能源外交"等。而在分析印度莫迪政府对不同国家采取不同形式的经济外交时,经济合作外交、经济制裁外交、经济援助外交则成为本书的研究重点。

(三)理论基础

实施经济外交政策遵循的理论逻辑主要包括自由主义和民族主义。进入 21 世纪后,随着经济全球化进程加速,经济外交遵循的理论逻辑多为新自由主义和国家民族主义,而新自由主义集中表现在新制度主义,国家民族主义集中表现在经济民族主义上。

建立在自由主义思潮复兴基础上的新自由制度主义是西方自由主义传统的延续、表现和发展。新自由制度主义能够作为解读经济外交的关键性理念之一,不仅得益于新制度经济学的快速发展,也得益于国际政治经济互动的加强和相互依赖的加深。正如以新自由制度主义代表的罗伯特·基欧汉(Robert O.Keohane)和约瑟夫·奈(Josephnye)在《权力与相互依赖》中所言,"我们生活在一个相互依赖的世界。在无政府国际社会的有序状态下,国家之间的合作才是国际关系的实质。"[1]通过将经济人假定、交易政治、方法论上的个人主义假定等引入新自由制度主义的基本假定中,每一个活动于国际关系中的国家行为体都依据自己的偏好,通过国际制度合作降低交易成本,选择能够给自己带来最大收益的机会最大限度地实现国家战略目标。新自由制度主义视域下的经济外交是开放和谐的,国际制度可以通过提供可靠信息减弱政治市场失灵现象,从而使国家达成合作。[2]作为自私、理性的国家,首先应考虑以最小代价朝着有利于自身的方向解决国家间利益冲突,合作的方式很有可能是成本效益较高的实现国家利益方式。大多数情况下,国家间合作可以促进互利共赢,也可以缓解冲突的紧张程度,以最小代价实现最大收益。[3]正是这种合作与制度的行为开展,催生了有秩序的冲突可控范围内的经济全球化。质言之,新自由制度主义认为制度的存

---

① [美]罗伯特·基欧汉,约瑟夫·奈.权力与相互依赖[M].门洪华译,北京:北京大学出版社,2002:3.

② 秦亚青.权力·制度·文化(第 2 版)[M].北京:北京大学出版社,2016:87.

③ 李涛,袁晓姣.莫迪经济外交政策的理论逻辑与实践[J].南亚研究,2021(2):3.

在是为了增进共同利益,减少交易成本,使行为者通过协定合作获得各自收益。在对外经济关系中,国家之间的摩擦是不可避免的,但是只要开展国际贸易的双方都意识到合作能使双方都得到实惠,并且在国际机构的协调下,国家之间的贸易合作是非常稳定的。长期的制度性合作在一定程度上减少国际贸易摩擦,有助于建立和谐稳定的世界贸易秩序。

经济民族主义从重商主义、贸易保护主义发展演变而来。冷战后,经济全球化的发展激活了经济民族主义,经济民族主义成为民族国家规避经济全球化风险、遏制竞争对手和缓解国内政治压力的工具。关于经济民族主义的内涵,可从三个维度予以解释。一是经济民族主义不仅是经济性质的,也有着政治和文化内涵。主要体现在经济民族主义主张市场要服从国家利益,要高度重视国家作为国际关系中的主要行为体和经济发展工具的作用。[①]由此可见,经济民族主义主要涉及对自身经济利益的保护。但是,经济民族主义又超越了经济利益本身,在涉及阻碍特定商品的进口、限制外资在特定领域的发展方面存在着强烈的政治和文化内涵。经济民族主义的政治性主要体现在要求经济始终服从政治大局,特别强调对外贸易和投资的国家安全意义,只要国家体系存在,经济民族主义就会对国际关系施加重要影响;[②]经济民族主义的文化性主要体现在利用自身文化中有利于经济发展的积极因素,激发人民的爱国热情和民族精神。二是经济民族主义主要分为较温和的防守型的经济民族主义和较强硬的进攻型的经济民族主义。防守型经济民族主义试图保护本国经济免遭外来经济及政治力量的影响,通常采取保护主义政策,以保护其新建的或衰落的工业,维护本国利益。进攻性的经济民族主义则表现为促进海外自由贸易和投资,以推动本国的国家品牌、公司占据更大的国际市场份额,赚取更大的海外利润,崇尚实力扩张。[③]三是经济民族主义不仅涉及贸易领域,还表现在投资领域。在一国对外经济关系中,经济民族主义主要集中表现在贸易和投资领域。在开放型经济民族主义指导下的经济外交对各国对外关系越来越重要。一方面,民族国家可利用国际组织的调节作用谋求融入区域经济或者全球市场过程中;

---

① [美] 罗伯特·吉尔平,国际关系政治经济学 [M].上海:上海人民出版社,
2006:59.

② 同上,2006:32.

③ 同上,2006:31.

另一方面,可积极发展民族国家间协调统一行动和双边协议,积极发挥自身影响力从而实现民族利益最大化。

二、对外经济关系与经济外交的耦合

(一)理论基础的耦合

对外经济关系的理论基础主要包括自由贸易理论和保护贸易理论,经济外交的理论基础主要包括自由主义理论和民族主义理论。对外经济关系的自由贸易理论因应经济外交的自由主义理论,对外经济关系的保护贸易理论因应民族主义理论。

自由主义的最早形态形成于 17 世纪英国资产阶级革命时期的政治自由主义,随后扩大到经济领域,形成了经济自由主义。经济自由主义是一种把自私人追求私利的自由在想象中幻化和普化为先天人性的社会思潮。[①]经济自由主义思潮随着历史的发展,经历了古典自由主义思潮、改良版的自由主义思潮和新自由主义思潮。古典自由主义不仅强调私有财产神圣不可侵犯,还强调市场自由,更强调有限政府。古典自由主义是一种带有市场自由神圣化强烈倾向的、持消极国家观的社会思潮。在古典自由主义思潮影响下,亚当·斯密的绝对优势贸易理论坚决反对贸易保护,极力推崇自由贸易。在对外经济关系中,坚决反对对外输出金银、坚决抨击国家对经济的干预、坚定支持废除高额关税、废除进口限制和贸易专营权等。由此观之,绝对优势理论与古典自由主义是一脉相承、交融共生的。在"资本自由放任有益论"的主导下,在对外经济关系中实施自由放任的经济政策确实可以极大地促进生产力的发展,但也导致了劳资矛盾加深,引发了周期性的经济危机。在古典自由主义基础上,改良版的自由主义应运而生。改良版的自由主义强调通过政府的调控作用寻求市场均衡以提高效率。在改良版自由主义思潮影响下,大卫·李嘉图的比较优势理论也主张自由贸易,但不是自由放任。他肯定政府可适度干预,在特殊时期适当实施贸易保护措施,而不是

---

① 陶富源.新时期要继续深化对新自由主义的批判——兼论新自由主义的来龙去脉和本质特点[J].安徽师范大学学报(人文社会科学版),2020(9):64.

走极端,把自由贸易主义绝对化。[①]由此可见,比较优势理论与改良版的自由主义是一脉相承,相互影响的。改良版的自由主义虽然对自由放任政策进行某种纠偏,但不能从根本上解决国家垄断资本主义的固有矛盾,对"滞涨"危机也无能为力。极化的古典自由主义,也即新自由主义成为拯救资本主义经济危机的重要法宝。在新自由主义思潮影响下,新自由贸易理论竭力鼓吹"市场万能论",强调要限制乃至取消政府对经济生活的干预,从而使西方垄断资本主义国家对发展中国家进行肆无忌惮的掠夺。因此,新自由主义与新贸易理论也是一脉相承,交互作用的。

民族主义与现代民族的形成和民族国家的创建相伴而生。民族主义首先而且最重要的应被认为是一种思想状态,在这一状态中,体现了个人对民族国家的高度的忠诚。[②]伴随世界资本主义的快速发展,经济民族主义成为民族主义最直接的体现。在全球化进程中,经济民族主义是民族主义主权国家维护国家主权和经济利益的一种重要形式。随着经济一体化的加强,许多民族主义政策制定者将把更多的自由政策用来提高国家民族工业的竞争力、吸引更多的跨国公司和财政资金。[③]在经济民族主义思潮影响下,重商主义保护贸易理论主张以国家利益和保护民族利益为借口保护其新建的或衰落的工业,企图使本国经济免遭外来经济及政治力量的影响。重商主义保护贸易理论通过对相对收益的赤裸争夺,是一种极富侵略性的理论,而这种极富侵略性的理论却是经济民族主义的胎体,质言之,经济民族主义是对重商主义的历史改造和继承。[④]无论是幼稚工业保护贸易理论,还是超保护贸易理论,抑或是战略性贸易理论和新贸易保护主义都强调为维护国家和国民的经济利益,从本国经济利益出发,政府应该放弃自由放任的态度,加强对国家经济生活的干预,在对外经济关系中主要采取关税和非关税保护主义。这种保护贸易理论的实质就是经济民族主义主导下的国家利己主义,在对外经济关系中要确定国家在全球贸易利益中应该得到的部分,通过

---

① 徐雅.马克思国际贸易思想研究 [D].东北财经大学,2019:29.

② Hans.Khon, *The Idea of Nationalism*: *A Study of Its Origins and Background*, New York: The Macmillan Company, 1946, pp.10−11.

③ Eric Helleiner, Economic Nationalism as a Challenge to Economic Liberalism?Lessons From the 19 Century, *International studies quarterly*, Vol.46, 2002, pp.307−329.

④ 宋国栋.经济民族主义的再思考 [J].内蒙古社会科学(汉文版),2008(1):98.

实施战略保证国家利益不受威胁,同时积极参与国际经济规则的制定,保障本国的合法权益不受侵害。[①]由此观之,经济民族主义与保护贸易理论是一脉相承,相互融合的。

莫迪执政后,印度实施经济外交政策遵循着新自由制度主义和经济民族主义的理论逻辑,主要表现为以印度为核心的同心圆互嵌模式。对南亚近邻国家,莫迪政府主张防守型经济民族主义政策,确保对南亚国家经济事务的支配权和控制权。对大国,莫迪政府经济外交兼具新自由制度主义与经济民族主义的特点,采取平衡外交和搭便车的策略,积极寻求在中美俄等国之间实现战略自主。[②]对周边及域外国家,莫迪政府经济外交具有新自由制度主义的特点,积极加强同周边及域外国家的经济联系和合作。

(二)战略目标的耦合

对外经济关系与经济外交的战略目标存在高度契合。对内而言,对外经济关系与经济外交的战略目标是为利用国际国内两个市场、两种资源服务于国家的总体战略目标,包括实现战略利益、经济利益、地缘政治利益和人道主义利益等。对外而言,对外经济关系与经济外交的战略目标是推动双边、多边和地区经贸发展,塑造全球经济治理体系。

约瑟夫·奈认为战略利益、地缘政治利益、经济利益、人道主义利益、民主利益等是讨论国家对外政策的"根本内容和依据"。对外经济关系中实施经济政策的目标是充分利用国际国内两个市场、两种资源,创造和维护有利的外部发展环境,支持国家总体发展目标。经济外交的本质仍然是外交,是国家总体外交安全的一部分,目标仍然是保障国家安全,实现国家利益。因而从世界历史进程来看,争夺外部市场和外部资源成为经济外交的重要动机。许多国家将经济外交作为对外政策的一部分,在与他国建立经济关系时必须考量其战略利益、地缘政治利益、经济利益与人道主义利益。国家运用政府力量开展经济外交,如建立区域性经济集团,一方面有助于其战略利益、地缘政治利益的实现,另一方面也可以改善相关国家之间的政治关系,推动双方在政治领域的对话和军事领域的合作;开展对外经济贸易是实施

---

① 王艳秀.美国贸易保护的动因与效应研究 [D].吉林大学,2011:44.
② 李涛,袁晓姣.莫迪经济外交政策的理论逻辑与实践 [J].南亚研究,2021(2):6.

经济外交的重要动因,也是其主要目的,国家利益的最大部分就是经济利益,经济外交通过与他国签订贸易协议、开展贸易谈判、减少贸易摩擦等,都有利于实现国家的经济利益;国家通过实施援助外交,对他国进行援助,赢得了人道主义利益。因此,经济外交能帮助国家赢得除了经济利益之外的许多其他国家利益,实现战略目标。最为重要的是,经济外交活动可以发挥政治、军事等传统外交方式无法发挥的作用。[1]欧共体从 20 世纪 50 年代开展比较单一的经济合作,发展到后来的经济、政治、安全、文化合作等协调发展,就是经济外交为欧盟成员国赢得多方面的利益、实现其他战略目标的典型案例。

印度独立后,印度民族主义以国家为依托逐渐走向强势,成为政府动员民众和制定内外政策的重要意识形态。印度历届政府在实施经济外交时,采取了一系列重大经济改革举措,促进了印度经济的自由化、私有化、市场化和全球化。2008 年金融危机之后,印度经济改革陷入僵局,经济增长持续放缓,印度政府采取以积极干预为核心的贸易防御政策,开展经济外交,深化“东向”经济外交政策,加速与东盟、韩国、日本等的一体化进程,加大与美国、欧盟、中国等最重要贸易伙伴之间的合作力度,加快推进贸易多元化战略。[2]莫迪执政后,实施经济外交的着眼点主要在于服务国内经济改革、服务于“印度制造”的宏伟目标。

对外经济关系除了服务于国家总体战略目标外,还要与国际国内经济环境的变化相适应,创造良好的外部发展环境,建设更加稳定的国际经贸秩序。经济外交的实施,不仅可以极大地推动双边、多边和地区经贸合作的发展,还有助于地区经济的稳定、协调与发展。《北美自由贸易协定》这个由美国倡导、墨西哥和加拿大两国响应所签订的多边合作协议框架,就是建立北美自由贸易区,对美国、墨西哥和加拿大所在地区的经济发展产生了深远的影响。三国都从自由贸易区中受益,极大地促进了三国间的相互贸易和相互投资,北美地区已经成为世界上最有实力的重要地区经济之一。此外,经济外交的实施对世界经济的稳定、发展和塑造全球经济治理体系起着巨大的促进作用。从维护世界经济稳定和发展看,第二次世界大战后建立的关

① 何中顺.新时期中国经济外交理论与实践 [M].北京:时事出版社,2007:60.
② 李好.金融危机下印度外贸政策调整的效果及启示 [J].特区经济,2012 (1):86.

贸总协定,以及取代关贸总协定后在 1995 年成立的世界贸易组织、国际货币基金组织、世界银行和联合国等国际组织,都有利于世界

经济的稳定发展。关税减让谈判,参与国之多、关税减让力度之大,影响贸易额之巨大,显示这类世界规模的经济外交对世界经济的稳定与发展起着巨大的促进作用。从塑造全球经济治理体系看,经济与外交在本质上是高度融合的,其特点在于经济的利益性。[①]经济外交的目标就是要通过实力来影响、修正和制定国际规则,并以此来塑造有利于本国的世界秩序。[②]各国通过多边经济外交机制提供全球公共产品,并以此协调各方经济交易和利益分配,实现对全球经济的治理。由此观之,对外经济关系与经济外交在建设更加稳定的经贸秩序和塑造全球经济治理体系的战略目标方面存在高度契合。

---

① 陈伟光,蔡伟宏. 大国经济外交与全球经济治理制度——基于中美经济外交战略及其互动分析 [J]. 当代亚太,2019(2):69.

② 赵柯. 试论大国经济外交的战略目标 [J]. 欧洲研究,2014(4):69.

第二章
莫迪政府经济外交的
形成及背景

第一节 莫迪政府经济外交的形成

研究莫迪政府的经济外交,首先需研究它是如何形成的。本节从莫迪上台前经济外交的雏形和莫迪上台后实施的经济外交两个环节,来展开莫迪政府经济外交的形成过程。

一、莫迪上台前经济外交的雏形

自 2001 年起,莫迪连续三届担任印度古吉拉特邦首席部长。在此期间,莫迪加速该邦的经济自由化改革,制定了市场友好和更加开放的经济政策,提出一系列刺激经济增长的措施。一是简化政府审批审核程序,减少政府对市场和企业经营活动的干预,即简政放权;二是改善基础设施,修建公路、铁路、港口、机场,改善航空运输等;三是采取优惠政策吸引外资,建设友好投资环境。①莫迪以经济兴邦,并力主把古吉拉特模式推广到全国。这一模式的核心就是把经济利益放在全邦利益的首位,莫迪坚信一个经济发达的印度正是全印度人民所梦寐以求的。当然,莫迪在担任古吉拉特邦首席部长期间,曾以首席部长的身份 5 次访日,并与日本首相安倍晋三建立了良好的私人关系。莫迪期望从日本寻求扩大贸易和投资,促进两国的经济合作。除了访问日本之外,在任部长期间莫迪还访问中国和韩国,一直扮演着贸易和经济外交先驱的角色。

莫迪竞选期间,在其竞选纲领中指出:"我们的外交政策将以经济为导向,最终目的是建立强大的印度经济,从而能够以我们的条件与其他国家合作。"②莫迪期冀实施根本性的经济改革,承诺在全国范围内实现他在担任古

---

① "Q&A: Arvind Kejriwal's 17 Questions to Modi"[EB/OL]. Hindustantimes(2014-03-10)[2018-10-23].http://www.hindustantimes.com/elections2014/the big-story/jobs-to-planes-kejriwal-17-questions-to narendru modi/articlel-1192112.aspx.

② 刘佳. "'莫迪经济学' 能否破局印度经济" [N/OL]. 凤凰财经,(2014-05-27)[2018-10-20]. http://finance.ifeng.com/a/20140527/12418030_0.shtml.

吉拉特邦首席部长期间获得的成就,大打经济牌,奉行"发展第一,经济至上"的理念,促进经济发展,创造就业机会,遏制经济衰落。从其竞选纲领可以看出,莫迪的经济外交已经呼之欲出,大有"山雨欲来风满楼"之势。

二、莫迪上台后经济外交的开展

莫迪担任总理后着力扮演印度贸易和经济外交的"旗手",对内开展对外经济政策的改革,对外聚焦"为印度经济前景提供扶持的方面",寻求深化与主要大国的贸易联系。

莫迪就任总理后,2015 年 1 月,印度外交部召开新一届政府上台后首次外交使团团长会议,莫迪要求印度驻外使节要专注于经济外交,帮助印度政府吸引投资者,推动"印度制造"运动转化成功。"印度制造"是 2014 年 9 月莫迪任职后不到半年所发出的倡议,主要目标在于通过鼓励跨国公司和国内公司在国内生产产品,使印度成为全球设计和制造中心。这一举动被认为是"对过时的过程和政策的全面和前所未有的彻底改革"。此外,莫迪政府还提出了"数字印度""智慧城市""厕所革命""季风计划""香料之路""港口导向发展战略"等战略规划,以及实行"废钞令"、土地改革、GST 税收体系改革等提高劳动力市场灵活性、简化各种许可证的制度,放宽国防、铁路、保险等外商直接投资的上限,最大限度地吸引外商投资。

2014 年 4 月莫迪上台伊始,就马不停蹄地开展外交活动,努力打开经济外交的局面。首访不丹,探讨两国加强能源、基础设施、铁路连接、贸易和投资等领域的合作。[①]8 月 30 日,莫迪飞往日本,与日本共同宣布建立"特殊的全球性的战略伙伴关系",双方约定将在经济和安全领域加强合作。9 月 25 日,莫迪又飞往美国,赴纽约参加联合国大会,随后又对美国进行了正式访问,为进一步改善印美关系做出努力。11 月 18 日,莫迪在访问澳大利亚后对南太平洋岛国斐济进行访问,两国领导人表示将在应对气候变化、灾害应对与处置等领域加强合作,还将在国际维和、联合国改革以及其他有共同利益的领域加强沟通协调。两国还签署 3 项谅解备忘录,内容涉及斐济驻印度高级专员公署扩建、斐济外交官赴印度参加培训,以及印方资助斐方建立

---

① 牛震."印度总理首访为何选择不丹" [N/OL]. 文汇报,(2014-06-12)[2018-10-23].http://whb.news365.com.cn/gj/201406/t20140612-1129152.html.

热电厂等。

2015 年的出访日程依然排列密集。3 月 13 日,莫迪访问了位于南亚次大陆的斯里兰卡,两国签署了 4 份双边协定,包括签证、海关、青年发展,以及印度帮助斯里兰卡建造泰戈尔纪念馆。4 月 10 日,莫迪访问法国,这是他首次访问欧洲大陆,两国将在国防、太空和核能方面进行合作,并在可再生能源、城市可持续发展、交通和文化等领域进行签署协议。访问法国之后,从 4 月 10—16 日,莫迪又访问了德国、加拿大。5 月 14 日莫迪访问了中国,期望能与中国在经贸领域有更广泛的合作。紧接着又访问了蒙古,双方签订一系列合作协议。5 月 18 日,莫迪访问了韩国,与韩国总统朴槿惠会晤,两国首脑宣称要加强在外交、安全、国防、经济、贸易、科学技术、社会、文化等各个领域的实际合作。6 月 7 日,莫迪又紧锣密鼓地访问了邻国孟加拉国,两国签署了领土互换协议,解决了存在数十年的边界纠纷。从 7 月 6 日起,莫迪又对中亚五国和俄罗斯进行了旋风般的国事访问,以加强印度与这些国家之间的关系。中亚国家资源丰富,尤其是石油和天然气,莫迪密集访问中亚五国,也是出于对确保能源安全的考量。[1] 8 月 16 日,莫迪开始访问阿联酋,这是他上任后首次访问中东国家。印度和阿联酋在海外地区有着共同的安全和战略利益,莫迪期望与阿联酋建立战略合作关系,尤其是在安全、能源和投资领域。[2] 11 月 12 日,莫迪开始对英国展开为期三天的国事访问,以加强两国在经贸、文化等领域的合作。英国首相卡梅伦与莫迪举行会谈,表示英印两国将以合作应对时代挑战。莫迪在英国议会发表演讲时指出,双方应抓住机遇,排除障碍,让印英关系成为"领先的全球伙伴关系之一"。访问期间,莫迪与英方签订价值约 90 亿英镑的经贸协议。[3]

2016 年印度加强了与缅甸的外交合作关系。8 月 22 日,印度外长斯瓦拉杰访问缅甸,双方就农业、基础设施建设、文化交流等问题进行了交流。8 月 28 日,缅甸总统吴廷觉访问印度,两国领导人在政治、安全边境事务等方

---

① 陈晨."印度总理莫迪开始旋风式遍访中亚五国"[N/OL]. 环球时报,(2015-07-06)[2018-10-23].http://world.people.com.cn/n/2015/0706/c157278-27258146.html.

② "莫迪出访阿联酋强化经济外交"[N/OL]. 经济参考报,(2015-08-18)[2018-10-24].http://finance.eastmoney.com/news/1351,20150818538904730.html.

③ 张建华."印度总理莫迪访问英国"[N/OL]. 新华网,(2015-11-13)[2018-2024].http://money.163.com/15/1113/09/B89T49OJ00253B0H.html.

面取得共识,签署了印度帮助缅甸修建路桥、开展能源合作的 4 个谅解备忘录。10 月,缅甸外交部长和国务资政昂山素季对印度进行为期 3 天的国事访问,印度给予她"国家元首级别"待遇,双方就反恐、边境安全、能源合作等领域进行探讨,并签署了多项合作备忘录。①通过频繁的高层互访、会谈、多领域的合作,将印缅两国关系推向历史上前所未有的高潮。

2017 年 10 月 23 日,印度外长斯瓦拉吉宣布了援助孟加拉国的 15 项计划,表示孟加拉国是莫迪政府"邻国优先"政策的重中之重,印度将真诚地处理与孟加拉国的关系,全方位打击恐怖主义和极端势力。2018 年 9 月,印孟签署全面经济伙伴关系协定,旨在推动两国的贸易和投资合作,造福于两国人民。此外,孟印还将就竞争、知识产权、争端解决机制等展开谈判。②当年 10 月,印度与孟加拉国签署三项双边协议,包括两国内陆水运过境和贸易协定书、宣布西孟加拉邦和孟加拉国为印度新的停靠港、通过协议航线运营客轮和邮轮,以加深印度与孟加拉国的海上关系。

由此可见,莫迪上任后以南亚邻国为基点,以东南亚、非洲等国家为半径,以美国、日本、澳大利亚等亚太国家为弧形,展开了全方位的经济外交。其内容多元、形式多样,为印度改善投资环境、吸引外资创造了源源不断的动力。

第二节 莫迪政府经济外交形成的国际背景

一、国际经济环境

(一)经济全球化的发展

经济全球化是指商品、服务、生产要素与信息跨国界流动的规模与形式不断增加,通过国际分工,在世界市场范围内提高资源配置的效率,从而使

---

① 孙现朴.21 世纪以来印缅关系发展:动因及前景 [J].江南社会学院学报,2017(2):36.

② 中华人民共和国商务部.孟加拉国和印度就签署全面经济伙伴关系协定达成一致 [EB/OL].(2018-09-27)[2018-10-24] http://bd.mofcom.gov.cn/article/jmxw/201809/20180902791131.shtml.

各国间经济相互依赖程度呈现日益加深的趋势。[①]其表现形式是贸易、投资、金融等领域的全球性自由流动。经济全球化的发展有利于生产资料和资源在全球范围内的合理配置。在经济全球化的推动下,世界各国在经济、政治、军事、文化等领域的政策都会相应调整,尤其是经济政策更应该调整。经济全球化已经成为全球发展趋势,任何国家和地区都无法回避,印度作为南亚地区的大国,要实现经济的发展更是无法回避。经济全球化促使全世界范围内各国的经济联系不断加强,国与国之间的相互依存变得异常紧密,莫迪上台后希望善用各方资源,打造印度世纪,在全球范围内寻求有利于印度发展的政治、经济、文化等资源。

(二)以经济为核心的综合国力竞争日趋激烈

冷战结束后,国际形势发生了深刻变化,国家之间的竞争已不再是军事实力的较量,而转变为以经济为核心的综合国力的较量,高级政治逐步向低级政治过渡。包括市场经济,特别是自由市场经济体制及其运行体制等在内的软权力逐渐成为各国角力的因素。2008年国际金融危机表明,世界已变成一个不可分割的统一整体,国际联系日益紧密,各国都在努力复苏经济,货币战争、金融战争等无硝烟的战争已经在全世界范围内不断上演。能否促进国家经济发展,为人民谋福祉,也成为国家大选领导人上位的关键。莫迪上任后,全方位深化经济改革,期望能在全国范围内推广古吉拉特模式,与他国开展经济外交,希冀能利用一切国际国内资源发展经济。

(三)世界经济复苏缓慢、分化加剧

自2014年5月莫迪上任以来,国际油价大幅下跌,大宗商品价格趋于下降,国际金融市场大幅震荡,国际贸易与对外直接投低速发展,全球失业率升高,存在通货紧缩风险。总体来看,世界经济复苏疲软,增长态势缓慢,各经济体增速分化加剧,呈现出全球经济发展不平衡的特点。与此同时,经济全球化和区域一体化、以经济为核心的综合国力竞争仍然是世界发展的主题;各国经济联系不断加强、各国经济相互依赖与依存仍然是世界经济的主旋律。

---

① 张贡生.经济全球化问题研究综述 [J].中共济南市委党校学报,2001(4):14.

据国际货币基金组织预测,2014年世界经济增长3.3%,与2013年持平,发达经济体增长1.8%,高于2013年的1.4%;新兴市场和发展中国家增长4.4%,低于2013年的4.7%。[①]其中,发达经济体内部分化加剧,美国经济强劲复苏、欧盟和日本经济处于停滞状态。新兴市场和发展中国家增速进一步放缓,且发展不平衡加剧。俄罗斯和独联体国家经济疲软,金融风险陡增。西方国家联手制裁俄罗斯导致其经济陷入困境;巴西经济陷入全面衰退,大宗商品出口大幅下滑,贸易收支恶化,通胀压力居高不下;南非经济形势相对较好,外商直接投资显著增加,通胀压力得到缓解,但贸易收支恶化,失业率高达25.4%,经济增速较缓慢;中国经济加速增长,经济结构持续优化,就业与居民收入增长较快,化解产能过剩和节能减排取得积极进展。2014年中美两国对世界经济增长的贡献率达52.8%,世界经济呈现出由美国为代表的"单引擎"转向由中美两国为代表的"双引擎"驱动格局。[②]

世界经济复苏缓慢、各经济体分化加剧、发展不平衡不充分是莫迪政府面临的严峻问题,为确保巩固印度在南亚次大陆的主导地位,应对不断变化的国际经济形势,如何在"双引擎"中寻找适合印度的道路,成为莫迪政府必须思考的方向。莫迪政府必须在全球范围内寻求有利于印度发展的政治、经济、文化等资源,因而,莫迪政府的经济外交政策呼之欲出。

二、国际政治环境

(一)世界秩序面临前所未有的大调整

伴随着世界经济的增长乏力,国际政治形势经历了深刻变化,大国关系出现比较重要的重组,地区秩序在进行深层次调整。以美国为首的发达国家在世界力量格局中的比重持续下降,以南非为代表的发展中国家,中国、印度等发展中新型大国在世界力量格局中所占的比重和地位持续提升。虽然和平与发展仍是世界的主题,但同时世界形势面临的大发展、大变革、大

---

① 国家发展改革委外经所《国际经济形势跟踪》课题组.2014年世界经济形势回顾及2015年展望[J].中国经贸导刊,2015(1):13.

② 陈须隆,朱中博.2014年国际形势与中国外交研讨会纪要[J].国际问题研究,2015(1):130.

调整,将导致世界秩序和地区格局演变成为一种新常态。

一是地缘政治逐渐回归。2014年围绕乌克兰危机事件使欧洲重新成为地缘政治博弈的焦点。乌克兰危机撕裂俄罗斯与西方国家的关系,美国拉拢乌克兰,削弱俄罗斯,俄乌关系严重恶化,美俄关系跌到冷战结束后20年来的最低点。欧洲安全体系支离破碎,安全红利消失,对美国依赖增大,内部靠一体化、外部靠北约的旧安全模式被打破。[①]乌克兰危机的持续发酵,增大了以俄罗斯为一方和以美国、欧洲大国、日本为另一方之间关系的紧张,并留下一个难以解决的结构性矛盾。俄罗斯与西方国家关系的恶化,导致了中国、印度、巴西等国战略空间的扩大。

二是地区秩序出现调整。自中国提出共建"丝绸之路经济带"和"21世纪海上丝绸之路"的"一带一路"合作倡议以来,东亚、南亚、东南亚是中国"一带一路"倡议的重点方向,亚太地区成为中国开展合作、发展关系的重要地区。美国奥巴马政府不断加码"亚太再平衡"战略,推动"跨太平洋伙伴关系协议"(TPP)谈判,拉拢日本、澳大利亚、加拿大,支持印度打压中国,不断增强美国在亚太地区的影响力,使得在亚太地区呈现中美两国二元竞争的格局。特朗普上台后,逐渐从"亚太再平衡"战略过渡到"印太战略",组建美、日、澳、印四国同盟,企图围堵中国的崛起。

三是"伊斯兰国"(IS)迅速崛起。恐怖主义一直威胁世界发展,对国际秩序与国际格局产生重要影响。崛起于西亚北非的国际极端组织"伊斯兰国",其成员思想极端、手段残忍,打破了西亚北非的政治局势,严重威胁世界安全。2019年4月21—22日,斯里兰卡国内发生了9起连环爆炸案,造成300多人死亡,500多人受伤,给斯里兰卡国内经济造成巨大损失,这是斯里兰卡历史上伊斯兰极端组织发动的第一次恐怖袭击事件,其幕后元凶为本土极端组织NTJ,且受到"伊斯兰国"的支持。加强恐怖主义的全球治理,应对"伊斯兰国"毒瘤蔓延,成为世界各国共同的选择。维护南亚地区和平稳定,打击"伊斯兰国"恐怖主义势力,成为莫迪政府不可回避的重要议题。

---

① 陈须隆,朱中博.2014年国际形势与中国外交研讨会纪要 [J]. 国际问题研究,2015(1):129.

（二）大国竞争、地缘政治经济斗争加剧

近年来，随着中印崛起，国际地位不断上升，两国在亚太地区的影响力举足轻重。美国为确保其在全球的绝对领导力，提出"亚太再平衡"战略，特朗普上台后随即提出"印太战略"；中国与越南在南海问题上摩擦不断；中国与日本在历史问题和钓鱼岛问题上摩擦升级。印度作为亚太地区主要大国之一，作为南亚地区的领导者，与一些南亚大国和周边国家同样存在诸多矛盾和问题。如中印边境争端、印巴克什米尔争端等历史问题，不是一朝一夕就能解决的。另外，印度的"东向行动"政策实施也并非一帆风顺。为解决历史遗留问题、加大与周边国家竞争的实力、应对不断变化的地区和国际安全形势、亚太地区权力格局变化，加强与区域大国的关系，在新一轮博弈中获得优势地位，莫迪政府开展经济外交不失为一种明智之举。莫迪政府利用国外资金和资源，不仅可以促进印度国内的经济发展，还可以通过经济往来加深与大国之间的友好关系。

第三节 莫迪政府经济外交形成的国内背景

自 15 世纪世界地理大发现之后，欧洲列强相继入侵争夺南亚，南亚的地缘战略地位逐渐凸显出来，20 世纪中叶，印度、巴基斯坦、孟加拉国等相继独立建国，南亚地区的地缘政治格局逐渐形成。冷战期间，南亚地区成为美苏争夺的重要地带。冷战结束后，南亚地区的战略地位逐渐下降。进入 21 世纪，美国与阿富汗之间战争的爆发，使南亚重新成为各大国拉拢的重要地区。

一、印度的地缘政治环境

从地缘环境上看，南亚次大陆从古至今一直被看作是一个较为独立而完整的地理板块，印度凭借天然的地缘优势，充分发挥了对整个南亚地区的外交主导作用。麦金德在其著作《历史的地理枢纽》中写道，欧亚大陆中部和北部是影响世界政治的一个"枢纽地区"，这一地区的东、南、西三面是呈

巨大新月形的边缘地区,其中德国、奥地利、土耳其、印度和中国组成了内新月形地区,英国、南非、澳大利亚、美国、加拿大和日本组成了外新月形地区,"枢纽地区"国家向边缘地区的扩张,对世界帝国的形成有决定性影响。①随后,麦金德将"枢纽地区"改为"心脏地带",以印度为主的南亚次大陆是心脏地带的中心,谁控制了心脏地带,谁就统治了世界岛。斯皮克曼在其著作《世界地理》中认为,控制世界的并非"心脏地带",而是欧亚大陆的海岸地带,或称"边缘新月地带",其中包括欧洲海洋国家、中近东、印度、东南亚和中国。和大陆边缘地区相比,大陆心脏地区的重要性越来越小,谁控制了边缘地带,谁就控制了欧亚大陆,谁控制了欧亚大陆,谁就控制了世界。以印度为主的南亚次大陆是欧亚大陆的边缘地带,具有非常重要的地缘价值。

从地理上看,印度地处欧亚大陆南段的核心,在印度洋北部沿岸的南亚次大陆,其西北部横亘着兴都库什山、喀喇昆仑山脉和喜马拉雅山脉,西靠阿拉伯海,东临孟加拉湾,南与斯里兰卡、马尔代夫隔海相望。独立后的印度是南亚次大陆的超级大国,是南亚地区国土面积最大、人口最多、经济最发达的国家,而南亚其他国家却不可与之抗衡,南亚地区呈现出众星围月而不拱月的态势,印度完全具备建立地区大国的地缘优势。

从陆地环境看,印度所在的南亚次大陆是一个相对独立的地理单元,高大的喜马拉雅山脉是印度天然的屏障,这使得印度受其他陆上强国侵略的威胁大大降低。但克什米尔问题使印度自独立以来将巴基斯坦视为历史宿敌,崛起的中国是印度地缘想象中的劲敌。如何处理印巴关系与中印关系是关系印度陆疆安全的重要考量。

从海洋环境看,印度洋地处欧洲和亚洲之间,扼太平洋和大西洋之咽喉,是西亚和东南亚的桥梁,是连接东亚、欧洲和非洲大部分地区的枢纽,是世界最繁忙的海上贸易通道。世界上大部分商品和资源都要经过印度洋的通道,世界第一大能源通道马六甲海峡和世界第二大能源通道霍尔木兹海峡分别位于印度洋东西两侧,中国、日本、韩国、东盟等所需石油和海外商品都需经过印度洋海上通道。印度洋的地理位置、运输通道及丰富的资源使得印度洋成为各大国博弈的舞台。

---

① [英国]哈·麦金德.历史的地理枢纽[M].周定瑛译,西安:陕西人民出版社,2013:10.

二、印度独特的文化传统

作为世界四大文明古国之一,印度有着丰富的、独特的文化资源,不仅具有古老智慧的政治文化,还拥有得天独厚的宗教文化;不仅拥有令人称赞的音乐艺术和电影文化,还拥有具有世界影响力的瑜伽文化。印度独特的文化对其经济发展、社会进步产生了重要影响,与此同时,印度文化对其外交政策的制定与实施也产生了重要影响。印度独特的文化对其开展经济外交有着不可估量的作用。

(一)印度经济外交政策继承了传统的地缘政治思想

印度传统的地缘政治思想最早可追溯到公元前 4—前 3 世纪的孔雀王朝。孔雀王朝的开国大臣考底利耶所作《政事论》根据古代印度传统政治学思想提出了国家七要素说,认为国家是由君主、大臣、农村、城市、国库、军队和同盟所组成的集合体。[1]正是这 7 种要素构成了考底利耶地缘战略思想的基础。考底利耶奉行现实主义的思想和传统,在分析国际关系时,他首先把自己的邻国视为天然的敌人,而紧临直接邻国的国家有可能成为自己的朋友,紧接着友好国家的国家可能是一个不友好国家,或敌人的友好国家,再接着便是友好国家,或友好国家的友好国家,以此类推。在遵循"鱼的法则"(即大鱼吃小鱼)的世界里,国王生存的唯一途径就是成为一个拥有无上权势的征服者,他要称霸,统一"从山到海"的整个印度。因为只有规模和权势庞大、且国内不存在任何不稳定情形的帝国,才能遏制大鱼或外来入侵者。[2]这种"邻国决定论"的圈层结构,存在着典型的"地理决定论"逻辑,与莫迪政府就任后开展经济外交,奉行"邻国优先"政策有着天然的联系。

印度经济外交政策除继承了传统的地缘政治思想之外,现代地缘政治思想也对其产生了重要影响。20 世纪 30—40 年代,印度学者和政治家通过发掘次大陆独特的区域地理特征与印度族群、语言、宗教和历史间的紧密联系,建构出一种现代意义上的、以强调印度"地理完整性"为主要内涵的"地

---

① 晋劼.《政事论》思想与策略 [J].南亚研究,1986(4):10.

② 章节根.论印度的战略文化 [J].国际论坛,2007(2):69.

缘政治想象"。①此种地缘政治想象指出印度的自然疆界包括兴都库什山脉、喜马拉雅山脉、阿拉伯海和孟加拉湾在内的领土范围。强调领土的完整性与国家的整体性成为影响莫迪经济外交的重要因素。

(二)独特的宗教文化影响印度经济外交政策

被称为"宗教博物馆"的印度不仅有印度教、佛教、耆那教和锡克教等诸多本土宗教,还有伊斯兰教、基督教、犹太教等诸多外来宗教。其独特的宗教文化影响了莫迪政府的经济外交政策。

1.佛教的非暴力思想导向莫迪政府开展经济合作外交

孔雀王朝的第三代帝王阿育王在征服偈陵伽时,充分认识到战争的残酷性,于是宣布帝国将不再主动发动战争,即使是在不得已的情况下发动战争,也要尽量减少伤亡,他将佛教作为印度的国教,对外实行和平政策。他倡导的正法主要包括:对人要仁爱慈悲,在所有场合,在每一个方面,均充分尊重对手;要多做有助于公众的好事;宗教和谐相处,禁止教派攻讦和冲突。②正法政策,是从非暴力原则出发制定的一套广泛适用于个人伦理、社会政治和国际关系各个方面的温和政策。概括起来就是:在战略缔造和实施中,不仅一国的战略目标应当是正当的,而且其实现战略目标的手段也应当是正当的。③莫迪政府继承了阿育王的非暴力思想,并将其发扬运用到印度的经济外交政策实践中,开展经济合作外交。

2.印度教民族主义思想导向莫迪政府开展经济制裁外交

作为印度文明的核心,印度教不仅是一种宗教,还是一种社会制度。伴随着英殖民的加剧以及伊斯兰复兴运动的兴起,印度教民族主义逐渐兴起,而印度人民党上台执政,却导致印度民族主义逐渐成为印度政治文化的主流。印度教民族主义作为一种强烈的社会政治思潮,其强硬派往往主张暴力,煽动宗教教派冲突。更为严重的是,在印度国内推崇"大印度主义",印度是独特的、无可比拟的,其他南亚小国如孟加拉国、尼泊尔、斯里兰卡等不值得一提。这种印度大国沙文主义,导致莫迪政府一度对尼泊尔等小国采取制裁外交的手段。

---

① 葛汉文.印度的地缘政治思想 [J].世界经济与政治,2013(5):21.
② 肖军.论政治文化传统与印度外交思想的二元性 [J].南亚研究,2012(3):113.
③ 宋德星.从战略文化视角看印度的大国地位追求 [J].现代国际关系,2008(6):27.

3. "同宗同源"思想导向莫迪政府开展经济援助外交

莫迪政府在开展经济外交时强调"同宗同源",即利用印度与其南亚邻国间的文化认同作为推行邻国经济外交政策的手段之一。由于历史上印度次大陆作为一个未被分割的独立地理单元,在次大陆形成了以印度为中心的印度文化圈。印度将印度文化圈视为自己的势力范围,决不允许其他域外国家染指这一地区。为保持其他南亚国家对印度宗教文化的认同,莫迪政府通过经济援助外交手段来处理与南亚邻国的关系。

(三)瑜伽国际化丰富了印度经济外交的内容

瑜伽作为印度最重要的文化资源,于19世纪末开始了现代化与国际化的进程,在世界范围内造成广泛的影响。辛格政府时期,进一步提高瑜伽在印度政府中的地位。自2006年开始,印度政府就瑜伽文化知识产权的归属问题在国际上进行了一场专利保卫战。2008年,印度政府开始在印度"传统知识电子图书馆"(Traditional Knowledge Digital Library)下建立瑜伽体式公共数据库。[①]莫迪就任总理后,推动设立"国际瑜伽日"和改组管辖瑜伽的部门,在达沃斯世界经济论坛、二十国集团会议、金砖国家峰会等重大国际场合,善于使用推特等新媒体和青年人互动,向世界推广瑜伽文化,塑造了良好的国家形象。莫迪政府通过使瑜伽国际化,充分挖掘印度文化的软实力,以服务于塑造良好的投资环境需要,进一步吸引外商投资,丰富了印度经济外交的内容。

三、辛格政府毁誉参半的政治遗产

被誉为"经济改革之父"的曼莫汉·辛格自2004年就任印度总理后,对内开展一系列经济改革,对外逐渐形成了以"曼莫汉主义"为核心的外交政策。无论是对内的经济改革还是对外关系发展,都强调印度最重要的目标必须是创造一个有利于其经济发展和印度人民福祉的全球环境。但纵观曼莫汉·辛格在长达10年的总理任期内,其表现可谓"喜忧参半",这对莫迪

---

① 巢巍.文化向外交的跃变——印度瑜伽软外交之路初探[J].南京师大学报(社会科学版),2018(3):75.

政府上任后开展国内经济改革以及经济外交提供了重要经验教训和参考。

对内经济改革举步维艰。曼莫汉·辛格上任伊始,谨慎地开启经济改革。其一,继续放松对私营经济的限制,鼓励公私在经济特区内合作,以公有、私有、合作经济或者政府及其代理等形式,陆续建立35个经济特区。进一步扩大私营经济活动的领域。允许私人企业开办铁路集装箱运输业务,鼓励私人企业建集装箱站,开展门到门运输服务,为主要港口货物进出口服务。其二,继续放松对外国投资的限制,提高政府办事效率,提高外资所占比例。其三,继续坚持财政税收改革和金融制度改革。[①]但由于执政联盟中左派的极力反对,曼莫汉·辛格第一任期的经济改革宣告流产。

2009年曼莫汉·辛格再次赢得大选之后,重启经济改革。辛格期冀全面经济改革推动印度国内形成以市场为导向的价格机制、人力资源市场、税收体系、财政金融等制度。然而,由于国际金融危机的影响使得辛格的经济改革再次被搁置。其经济改革未取得相应的成效,导致印度经济滑入慢车道,增速持续放缓。主要表现为财政和贸易双赤字严重,国内通货膨胀持续高位运行,经常项目情况恶化,卢比大幅度贬值,失业率居高不下。辛格政府经济改革的失败教训为莫迪上任后开展经济改革提供了转向思路,成为莫迪政府经济改革的深层次动因。

对外经济关系良性开展。曼莫汉·辛格政府时期,印度继续坚持"古杰拉尔主义",在南亚地区实行"经济优先"的睦邻政策,为南亚国家提供大量援助。印巴关系持续改善、印斯关系逐渐恢复。印美建立战略伙伴关系,美国为印度提供大量的经济援助,还支持印度的"大国战略"。印俄伙伴关系继续加强,两国在军事技术合作与军售、航天与空间技术等领域开展广泛合作。印度与东盟的关系逐渐深化,将东南亚地区作为印度亚太战略的重要支点,为印度经济发展获得更为广阔的战略空间。此外,辛格政府还继续加强与日本、澳大利亚等国的经济联系,印度战略逐渐走出印度洋,向太平洋进发,不仅有利于本国经济外交的开展,还有利于平衡中印不对称的力量。曼莫汉·辛格政府时期所形成良好的经济外交局面为莫迪上任后开展经济外交奠定了坚实的基础。

---

① 文富德.印度难以推行第二代经济改革的原因及前景 [J].南亚研究季刊,2014（3）:39.

四、莫迪个人因素的影响

2014 年赢得印度大选前,莫迪曾连续三届担任古吉拉特邦首席部长。他提出"振兴古吉拉特邦",加快基础设施建设,不断扩大开放,积极吸引外资投资设厂,古吉拉特邦经济发展良好,基础设施建设、公共服务改善尤为突出。莫迪担任总理后,期冀将"古吉拉特模式"推广到全国,因而,印度不断推进财政和税制改革、优化营商环境,以吸引外资进入印度。

此外,国内外学者认为莫迪既是一个"改革家",擅长推动以市场为基础的经济改革,放松对经济的管制,开放更多的国内市场,吸引私人投资和外资,创造更多的就业机会。还是一个亲商的"务实主义者","亲商"促使莫迪改善国内经济发展环境,吸引外资,发展经济。"务实"促使莫迪在发展对外关系时会将经济外交放在突出的位置,积极发展与世界各国特别是经济大国的经济合作。[1]

---

① 陈利君.印度新政府及其对外政策走势判断 [J].印度洋经济体研究,2014(4):41.

第三章
莫迪政府经济外交的实施

2014年纳伦德拉·莫迪及其领导的印度人民党在印度大选中取得成功并在2019年获得连任。莫迪政府上台以来,为促进经济发展实施了一系列改革措施,包括"印度制造""数字印度""智慧城市"和"清洁能源"等,积极吸引外国投资,促进基础设施和制造业的发展;开展货物和服务税(GST)①改革,旨在在印度29个邦建立统一的商品和服务税,促进国内市场的统一,进一步提升印度经济跃升的潜力。目前,印度是世界上增长最快的新兴经济体之一,2019年印度超越英国成为世界第五大经济体。

拓展国际市场、保障原材料稳定供应、促进先进技术向国内转移、吸引外国投资对印度经济的发展至关重要。保证印度经济平稳快速增长,是莫迪政府的重要任务,也是其赢得2019年大选的关键。因此,印度经济外交政策与其国内经济改革紧密相连。莫迪政府经济外交的实施,以与美国、中国、日本、澳大利亚等国的大国经济外交为重点,与南亚直接接壤的周边国家的经济外交为基础;以"东向行动"、西联战略、连接中亚政策,以及开展对南印度洋国家的经济外交为战略依托,构成印度面向东西南北的特色经济外交;通过国际组织开展多边经济外交则是印度开展国际合作、提升政治话语权的重要舞台。本章试图从大国经济外交、周边国家经济外交、特色经济外交以及多边经济外交等方面分析莫迪政府经济外交战略的实施。

第一节 莫迪政府的大国经济外交

大国经济外交立足于探讨莫迪政府与主要大国经济关系发展变化的趋势。印度一向是具有政治抱负的国家,对于全球治理改革、多边贸易谈判等

---

① GST全名为货物和劳务税(The Good and Services Tax),是一种只针对消费环节征税的间接税,在以直接税为主体的大多数发达国家中,此类税制通常被称销售税或消费税。

全球性议题,印度不仅仅局限于参与国际事务,更希望作为世界领导者的角色,通过影响、修正和制定国际规则来塑造有利于本国发展的世界秩序和外部环境。莫迪政府同美国、中国、日本、俄罗斯、澳大利亚以及欧盟国家开展广泛的经济外交,扩展全面合作关系,促进印度大国地位的提升,积极寻求有利的国际规则,营造对本国经济发展有利的外部环境,改变不合理的国际经济秩序,同时吸引外国投资,促进贸易增长,以保证印度经济快速增长。

一、莫迪政府同美国的经济外交关系

基于许多领域的共同利益,印美两国已发展成全面的全球战略伙伴关系。奥巴马时期,在美国"重返亚太"的大背景下,印美双方基于在印度—太平洋地区的军事防务、反恐、全球合作、能源贸易等地区与国际事务上越来越大的共同利益,美印关系进一步提升。印太地区是全球政治经济最活跃的地区,是 21 世纪全球最重要的部分,中国的逐渐崛起以及在亚太日益增加的影响力加深了印美两国共同的不安全感。印度目前正处于快速发展的过程当中,特别是莫迪政府上任以来,印度经济发展快速,在 2019 年超过英国成为世界第五大经济体,毫无疑问,印度在地区及世界舞台上的影响力与日俱增。印度实施"东向行动",也意在加强在印太地区的影响力。因此,印度是美国的天然合作伙伴,美国将印度视为其亚洲的战略支点、平衡中国崛起的重要战略力量。对于印度来说,美国是"印度在全球问题上最重要的伙伴"。[①]莫迪希望能与世界上唯一超级大国美国加强双边关系,在地区和全球事务上获得美国的支持,同时希望获得美国的先进技术、能源资源以及经贸投资,促进印度国内经济高速增长。

自莫迪上任以来,美印高层互动频繁,为两国经济外交发展提供了持续动力。2014 年 9 月,莫迪对美国进行国事访问,美国总统奥巴马在白宫接见了莫迪,双方举行会晤磋商,讨论了经贸、能源、基础设施建设、高科技、气候变化和全球安全等诸多问题。其中经贸是莫迪此次访问美国的关键问题。

① Walter C. Ladwig III ,Anit Mukherjee, "The United States, India, and the Future of the Indo-Pacific Strategy" [EB/OL]. (2019-06-20)[2019-06-23].The National Bureau of Asian Research.https://www.nbr.org/publication/the-united-states-india-and-the-future-of-the-indo-pacific-strategy/.

一是两国同意启动美印投资倡议,其目的是为印度的资本市场和基础设施建设筹集资金;二是采取措施扩大两国的贸易额;三是建立联络小组推动落实两国之前签订的民用核能合作协议;四是讨论世界贸易组织目前面临的僵局,要求两国官员尽快就此问题与其他会员国讨论下一步行动。

2015 年 1 月 25 日,奥巴马访问印度,双方在经贸、国防民用核能合作及气候变化方面开展了广泛的合作。莫迪在与奥巴马会晤之后指出:"在印美双方的共同努力下,两国就加强清洁和可再生能源领域的合作达成一致,美方将在银行业合作与'清洁印度运动'项目上向印方提供更多帮助。"①当年9 月,莫迪总理第二次访问美国,旨在利用美国的资本和技术,加强与美国工业在一系列多样化领域的现有投资和技术伙伴关系,特别是可再生能源、数字经济、创新和制造业。

2016 年 6 月,应美国总统奥巴马邀请,莫迪访问美国。这次访问巩固了近两年来印度与美国关系已取得的进展,并加强了未来在各方面的合作。8月,莫迪与美国国务卿约翰·克里在新德里举行会谈,双方讨论了自 6 月莫迪访问美国以来双边关系的进展,讨论了第二轮印美战略与商业对话的进展。

2017 年 6 月,莫迪总理再次对美国进行国事访问,进一步加强了两国的战略伙伴关系,双方承诺开展广泛的经济合作,促进公平贸易,技术、创新和知识经济也是关注的重要领域。此前,莫迪正在印度国内进行经济改革,得到美国的认可,印度的转型为美国企业提供了大量的商业和投资机会。莫迪在《华尔街日报》发表的一篇文章中写道:"商品和服务税将把印度变成一个拥有 13 亿人口的统一的、幅员辽阔的市场。"印美两国企业之间的伙伴关系可以产生巨大的成果,在未来 10 年将达到数十亿美元。②

2018 年 11 月 14 日,莫迪总理在新加坡参加东亚峰会期间,与美国副总统彭斯举行双边会晤,就两国经贸、防务等领域合作举行对话。③

① 汪平. 印美宣布民用核能合作协议问题获得突破 [EB/OL]. 新华网,(2015-1-25)[2020-3-22].http://www.xinhuanet.com/world/2015-01/25/c_127418740.htm.

② "Destroying terrorist safe havens our aim: PM Modi after talks with US President Trump" [EB/OL].Hindustantimes(2017-06-27)[2019-10-24]. https://www.hindustantimes.com/india-news/live-updates-pm-narendra-modi-us-president-donald-trump-s-white-house-meet-bilateral-talks/story-KKOC2fWlV301mcDyf37YvM.html.

③ 章华龙. 莫迪与彭斯新加坡举行双边会晤 [N/OL]. 文汇报,(2018-11-14)[2020-3-22].http://dzb.whb.cn/html/2018-11/15/content_721400.html.

2019 年 9 月,莫迪和美国总统特朗普在纽约会晤,进一步巩固印美之间的外交关系。随后莫迪在休斯敦与特朗普共同出席了"你好,莫迪"集会,约有 5 万名观众参加,其中有不少是印度裔美国人,突出了印美民间社会联系和美籍印裔社区的价值。目前美国有 400 多万印裔美国人,还有 20 万印度学生在不同机构学习。美国大公司的许多 CEO,如微软、谷歌、Adobe、花旗集团等,都是由美籍印度人担任。据报道,在之前的美国大选中,许多美籍印度人都把选票投给了民主党。

2020 年 2 月,美国总统特朗普对印度进行了国事访问,双方就能源、贸易、科技、教育、空间、人文交流、防务、反恐等领域的合作进行探讨和规划。此次特朗普访印同样也给他安排了声势浩大的集会。在艾哈迈达巴德,特朗普参加了一个有超过 12.5 万人参加的板球体育馆的落成典礼,并发表重要演讲。特朗普此访体现了美国对印度的重视,双方宣布将两国关系提升至"全面全球战略伙伴"。

在经贸领域,双方认识到印美关系尤其是经济关系对于两国都十分重要。美国是印度重要的经贸伙伴,两国贸易额持续增加,2014-2015 财年,两国双边贸易额为 64 263.26 百万美元,到 2018-2019 财年,两国双边贸易额增加到 87 955.76 百万美元。进口方面,2014-2015 财年印度从美国进口 21 814.60 万美元,占印度全球进口额的 4.87%。此后,印度从美国进口金额不断增长,到 2018-2019 财年,印度从美国进口额为 35 549.48 万美元,占印度全球进口额的 6.92%,同比增长 10.42%。2018 年美国跃升为印度第二大贸易进口国。出口方面,美国是印度最大贸易出口对象。2014-2015 财年印度对美国出口额为 42 448.66 百万美元,占印度全球出口的 13.68%,到 2018 年印度对美出口为 52 406.27 百万美元,占印度全球出口的 15.88%,同比增长 9.46%。

然而两国之间的经贸摩擦不断发生。美国认为印度政府的贸易政策十分保守,美国商界对印度市场的封闭性一直颇有怨言,对印度在知识产权保护问题上也一直批评不断,特别是在贸易逆差方面引起特朗普政府的强烈不满,以 2018 年为例,美国对印度贸易逆差高达 16 856.79 百万美元。截至 2018 年 11 月,美国在 WTO 被诉 151 起贸易争端,其中印度发起 11 起,在数量上位列第四。[①]2019 年 1 月，美国向 WTO 提出改革草案，主张取消发展中成员"特殊与差别待遇"，并于 2 月 15 日就印度 5 种农产品获得政府价格补贴提出申诉。

特朗普多次称印度是"关税之王"，在莫迪连任后的第一天，2019 年 5 月 31 日，美国总统特朗普宣布，由于"印度未能确保向美国提供公平、合理的市场准入条件"，从 6 月 5 日起终止对印度的发展中国家普惠制待遇。美国还以 301 条款中的涉及"国家安全"的关税为由，对印度钢铁和铝产品征收更高关税，而印度则报复性地提高了从美国进口的杏仁、苹果、乳制品、医疗设备和摩托车的关税。美印两国的经贸部门为解决经贸摩擦问题，启动了一系列经贸谈判和磋商，但收获甚微。

对外投资方面，美国是印度第六大外国投资者。2013-2014 财年美国对印度投资额为 1824 百万美元，2014-2015 财年上升到 4192 百万美元，2016-2017 财年持续下跌，分别是 2379 百万美元、2095 百万美元，到 2017-2018 财年上升至 3139 百万美元。2014-2015 财年至 2018-2019 财年，美国对印度投资总额占印度吸引外资总额的 6%。由于印度国内存在市场准入问题，美国企业要进入印度市场仍面临诸多问题。因此，美国期望印度莫迪政府能更进一步推动国内经济改革，双方可以选定一些特定领域如制造业及基础设施领域进行合作。两国铁路、公路运输部签署了谅解备忘录，印度并与美国运输部建立了双边运输伙伴关系。美印两国在智能城市上也取得了实质性进展。2016 年 2 月 7—12 日，由美国商务部副部长布鲁斯·安德鲁斯（Bruce Andrews）率领的一个大型贸易代表团访问了德里、钦奈和孟买，以确定"智慧城市"计划的具体项目。据印度媒体报道，印度总理访问美国硅谷旨在吸引外资，提振国内制造业的信心。莫迪在国内推行"数字印度"计划，旨在将印度的 60 万个村落用光纤网络连接起来，莫迪访问硅谷，寻求财富五百强企业的投资，与美国在高新技术领域的合作，推动印度国内建立可靠的数字基础设施。印度工商联合会称"数字印度"计划为印美进一步加强各层面经贸合作提供新平台。[②]

能源是莫迪政府对美国经济外交的一个重要支柱。美国能源出口是两

---

① 王海霞.印美经贸摩擦何以步步升级 [J].世界知识,2019（15）：36-37.王海霞.印美经贸摩擦何以步步升级 [J].世界知识,2019（15）：36-37.

② 中国驻印度经商参处.（2015-09-30）.

国贸易关系中一个重要的增长领域。美国是印度第六大石油供应国,[①]2018年印度购买了4820万桶美国原油,较2017年的960万桶大幅增加。[②]在应对全球气候变暖问题上,美国鼓励和促进两国在清洁能源领域的合作和投资。另外,美国还积极支持印度加入核供应国集团,支持印度开展民用核能项目。2014年9月莫迪总理访问美国期间,美国进出口银行承诺为印度提供10亿美元资金,促进印度向低碳型经济转型。2015年9月21日,印美能源对话的最后一轮部长级会议在华盛顿特区举行,印度和美国启动了一项3000万美元的计划,以扩大可再生能源与印度电网的整合。2016年9月,在老挝万象举行的第14届印度–东盟峰会和第11届东亚峰会期间,印度总理莫迪与美国总统奥巴马讨论了印美在核能、太阳能和创新领域的合作进展,美国强烈支持印度加入核供应国集团(NSG)。2017年两国的能源伙伴对话关系被提升为战略能源伙伴关系。2019年9月,莫迪在休斯敦与美国能源行业的首席执行官们举行圆桌会议,旨在加强两国能源方面的合作,努力实现能源安全,扩大印度和美国之间的相互投资机会。[③]

在全球及印太地区的共同利益,使美印不断深化双边战略伙伴关系。经贸关系也是两国关系中的重要方面,尽管印美经贸摩擦不断,莫迪在一些场合中毫不回避地捍卫全球化趋势,反对"美国优先"的保护主义,但在政治、军事、国防等其他许多问题上印度仍然倾向于支持美国。由于两国存在广泛的利益和合作,经贸问题不会影响美印合作的主流。在全球及地区战略层面上,美印防务合作和军事战略合作的基本面没有改变,两国将继续加

---

① "India's import of US oil jumps 10-fold to 2,50,000 bpd, says US Energy Secy" [EB/OL].Hindustantimes, (2020-02-25)[2020-03-25].https://www.hindustantimes.com/business-news/india-s-import-of-us-oil-jumps-10-fold-to-2-50-000-bpd-says-us-energy-secy/story-PyyG9hcl6h79qWW3UUpeGL.html.

② "US willing to meet India's energy demand; trade talks continue: White House" [EB/OL].Hindustantimes, (2010-02-24)[2020-03-25].https://www.hindustantimes.com/india-news/us-willing-to-meet-india-s-energy-demand-trade-talks-continue-white-house/story-NGs4XsJFn6USa1NmcLN5yL.html.

③ "Ahead of Howdy, Modi'sevent, PM Narendra Modi meets CEOs of oil firms, says 'Impossible not to talk energy in Houston'" [EB/OL].Hindustantimes. (2019-09-22)[2020-03-24].https://www.hindustantimes.com/india-news/howdy-modi-event-pm-narendra-modi-holds-fruitful-interaction-with-energy-sector-ceos-in-houston-mea/story-0ocdB5VKvxLeD2s4MXVTtM.html.

强政治军事领域的战略携手,持续推进防务贸易和军事安全合作,这也将推进两国经济外交的良性发展,促进经贸谈判的磋商和问题解决。

二、莫迪政府同日本的经济外交关系

2016 年安倍晋三提出了"自由、开放的印度洋太平洋战略",西太平洋和印度洋即成为日本的地缘战略目标;随着莫迪政府"东向行动"战略的开展与实施,印度的外交轴心逐渐转移到印太地区,由此印日两国在印太地区达成战略共识,两国政治经济关系的快速发展主要寄希望于各自的印太战略发挥更突出的作用。[①]日本是世界上第三大经济体,在亚太地区更是具有举足轻重的战略地位。印度被日本视为在印太的重要外交抓手,日本多年来一直通过扩大对印度的政府官方援助(ODA)和经贸交流加强双边关系,把对印度的经济援助定为日本外交战略的重要支柱之一。

通过高频度的首脑互访,印度和日本两国快速增强了彼此的政治经济联系,两国已发展成特殊的全球性战略伙伴关系。2014 年 8 月,莫迪开启了访问日本的旅程。莫迪此访参观了京都,晋见了天皇,与安倍晋三举行会晤,发表了《东京宣言》,宣布两国将建立"特别战略与全球伙伴关系"。莫迪此访在经济外交方面取得巨大成功。安倍对莫迪承诺将对印度投资 3.5 万亿日元,日本政府还承诺大力推动日本企业直接投资印度。为鼓励日本到印度投资,莫迪同意改善印度的税制、金融法规与商业环境,同时设立专责机构解决日本企业投资印度所面临的困难。双方努力推动在建设现代化基础设施方面开展合作,重申日本将帮助开发印度东北部地区,帮助印度国内建设三条工业走廊。日本承诺参与印度的交通建设,援助印度高铁建设,印度现行规划的古吉拉特邦—孟买段的高速铁路工程就是以日本新干线铁路作为预订引进系统。另外,日本将帮助印度的核电事业发展。印度为能够与日本在民用核能方面进行合作,允许国际原子能机构对本国民用设施进行更多核查,为加大日本向印度出口核电站技术和设备清除障碍。2015 年 12 月,日本首相安倍访问印度,两国联合发布了《印度和日本愿景 2025》,提出共同致力于建设"和平与繁荣的亚太地区与世界",推进可持续发展的基础

---

① 宋海洋 . "印太"时代的来临与印日关系的发展前景 [J]. 当代亚太,2018(5):66-93/158.

设施建设,以扩大印度国内及与其他国家之间的互联互通,重申加强双边及与其他利益攸关方协调合作的重要性。另外,两国政府通过谈判达成了高铁协议,日本援助印度建设孟买—艾哈迈达巴德500公里、价值150亿美元的首条高铁,日本将以贷款形式提供80%的项目建设资金,贷款利率和期限分是0.1%和50年,日本政府还提出一揽子援助方案,涉及以贷款形式提供占项目成本81%的资金援助;①两国还就民用核能合作技术达成原则共识。②除此之外,日本还将参与印度地下水道建设,两国还将在稀土战略资源方面开展合作。稀土对于日本汽车与国防领域均为战略资源,日本丰田汽车已与印度国营企业印度稀土公司签署开发合约,在莫迪访问日本期间两国签署了一份每年"合作开发并加工1000吨印度稀土"的商业协定,以满足日本稀土总需求的15%。2016年11月,莫迪访问日本,就安保、经济合作等推进两国关系发展,其间双方发表的联合宣言,进一步重申两国将通过双边或与其他伙伴的合作,加强亚洲与非洲的互联互通,实现印太区域的自由与开放。莫迪就此次访日强调称:"认识到日本在印度外交和经济政策中的重要性。"2017年5月,印日联合推出了"亚非增长走廊",旨在促进南亚、东南亚与非洲的互联互通,加强两国在印太地区的战略存在与协调。

印日两国从经济外交进一步扩展到地区战略合作领域。2017年9月,日本首相安倍晋三对印度进行正式访问。莫迪与安倍在古吉拉特邦举行会晤,两国总理就两国特殊战略与全球伙伴关系下的一系列问题进行了战略磋商,并签署了15项协议,以进一步扩大两国的战略伙伴关系,同意加强在印度—太平洋地区的合作。两国同意推动日本自由开放的"印太战略"与印度的"东向"政策对接,包括加强海上安全合作、加强印太大区域互联互通、加强与东盟的合作、促进两国战略家和专家交流等。两国总理表示,将共同努力加强印度和包括非洲在内的印太地区其他国家的互联互通。③2018

① "日本拿下印度高铁,接下来要看中国了"[EB/OL].福布斯中文网,(2015-12-17)[2020-02-25].http://forex.eastmoney.com/news/28,20151217576781221.html.

②"印度日本达致高铁及核能合作协议"[EB/OL].联合早报网,(2015-12-13)[2018-02-23].http://www.zaobao.com/news/world/story20151213-559271.

③ "Partnership for prosperity': Full text of the India-Japan joint statement" [EB/OL].Hindustantimes,(2017-09-14)[2020-02-20].https://www.hindustantimes.com/india-news/full-text-of-the-india-japan-joint-statement/story-PpZBbRiwmpO9Ww15b-dxQ4J.html.

年 10 月 28 日,莫迪出访日本,与安倍进行双方的第 12 次会晤,此轮印日首脑会谈聚焦双方共同关心的地区和全球问题,包括探讨深化在印太地区的合作方式、加强防务安全合作,以及在第三方合作框架下推动亚非地区基础设施建设等。除此之外,安倍和莫迪还将为德里孟买工业走廊、孟买至艾哈迈达巴德高速铁路项目、钦奈地铁项目等注入更大推力,并将着眼物联网时代,建立企业、技术和人才等多方面的合作关系。

经济外交成为印日两国关系的重要方面。2000—2018 年,日本累计投资印度 29 193.28 百万美元,日本是印度第三大外国直接投资国。在高度的政治互信下,日本成为唯一被允许投资印度东北部基础设施的大国。两国经济合作项目不断升级,不仅局限于国内重要领域投资合作,并且逐渐向地区及全球战略层面发展,横跨印度洋的"亚非经济走廊"就是很好的例子。随着两国战略共识的高度一致,印日两国建立了全面的战略伙伴关系,日本已成为印度主要的地缘经济伙伴,两国的政治经济合作不断深化。

三、莫迪政府同中国的经济外交关系

中国的崛起以及印度的经济增长使世界迎来了亚洲世纪,作为区域内两个正在崛起的大国,竞争与合作是两国关系发展的主旋律。中国和印度作为亚洲新兴经济体的代表、金砖国家的重要成员国,两国关系的走向不仅关乎整个亚洲的稳定,也影响着世界的经济格局。[①]对于莫迪政府而言,对华关系在莫迪周边外交中占据重要地位。在印度外交对象的序列中,中国仍是除美国外的第二大重要国家。[②]中国作为印度最重要的邻国,是世界第一人口大国、世界第二大经济体,是目前世界上最大的市场之一,也是一个拥有过剩资本可供投资的国家。与中国的经贸合作,可以使印度受益于中国的市场和资本,促进国内经济发展。另外,中印就全球贸易秩序和气候变化等问题在国际舞台上也有共同的利益,这促使两国在金砖国家组织、新开发银行(New Development Bank)和亚洲基础设施投资银行(AIIB)等多个国际机制中展开合作。然而,印度自独立以来就将中国视为最大的对手,两

---

① 张环.莫迪访华将谱写中印关系新篇章.[N] 金融时报.(2015-05-14)(08).

② [印度] 威奈·莱,[美国] 威廉·L.西蒙.思考印度 [M] 上海:上海大学出版社.2010.

国之间还存在着长期未解决的边界争端。中国与巴基斯坦联手打造"中巴经济走廊"也被印度视为冒犯了其主权。随着印度在印度—太平洋地区海上存在的扩张与中国"一带一路"倡议越来越多的交叉,印度认为中国崛起压缩了印度的战略空间。因此,印度一直在加强与美国、日本、澳大利亚和东南亚国家在政治、经济和安全方面的伙伴关系,以便形成一个强有力的制衡联盟对抗中国。与此相适应,莫迪政府对中国的经济外交也体现了经济合作和制裁竞争。

莫迪上台以来,中印两国关系发展态势良好。2014年9月习近平主席访问印度,并在莫迪家乡古吉拉特与莫迪会晤。习近平主席在印度世界事务委员会发表演讲时,用"三个伙伴"为中印关系定性并获得印方认可,即"中印两国要做更加紧密的发展伙伴,共同实现民族复兴;中印两国要做引领增长的合作伙伴,携手推进亚洲繁荣振兴;中印两国要做战略协作的全球伙伴,推动国际秩序朝更加公正合理的方向发展"。[①]莫迪推崇中国的发展经验,欲借力中国发展促进印度复兴。莫迪表示中国未来5年内将对印投资200亿美元,加强印度国内各个方面的建设,期望中印在双边铁路等方面开展广泛的合作。中印双方签署了包括核能合作、深化铁路合作及上海和孟买建立友好城市等12项协议。莫迪还强调在地区和全球层面加强与中国合作,承诺在"丝绸之路经济带"、金砖国家银行、亚洲基础设施投资银行、国际货币基金组织、世界贸易组织和联合国等多边合作框架下展开合作。[②]

2015年5月,莫迪对中国进行正式访问,期待和中国"构建更加紧密的发展伙伴关系"。两国签订了21项合作协议,全面促进中印经贸关系、地区合作、人文交流,以实现为印度产品打入中国市场拓宽渠道,为印度争取更多来自中国的投资,开拓新能源合作领域,放宽签证限制,加强旅游、教育、医疗等服务贸易的往来等四大经贸重任。[③]2016年9月,印度总理莫迪来华出席二十国集团杭州峰会,习近平主席同其会见。10月,习近平主席赴印度出席金砖国家领导人第八次会晤。2017年6月,习近平主席在出席上海合

① 习近平."携手追寻民族复兴之梦——在印度世界事务委员会的演讲".[EB/OL].(2014-09-19)[2020-03-20].新华网,http://www.xinhuanet.com//politics/2014-09/19/c_1112539621.htm.

② 张旭东.喜马拉雅山联结的复兴之梦[J].今日中国(中文版).2014.

③ 刘小雪.莫迪来华的四大经贸重任[J].中国经济周刊,2015(19):78-80.

作组织阿斯塔纳峰会期间同印度总理莫迪会见。7月，习近平主席在二十国集团汉堡峰会期间同印度总理莫迪进行简短交谈。9月，印度总理莫迪来华出席金砖国家领导人第九次会晤和新兴市场国家与发展中国家对话会，习近平主席同其会见。2018年4月，莫迪总理和习近平主席在武汉举行非正式会晤，并决定建立中印高级别人文交流机制。

纵观自印度独立后和新中国成立以来两国的关系，其中最具活力的一直是两国的经济关系。[①]在双边贸易方面，中国是印度最大贸易伙伴。根据中国商务部国别贸易报告，2015年中印双边贸易额约为708.3亿美元，到2018年两国双边贸易已突破900亿美元，中国成为印度第一大贸易进口国，同时也是印度第四大出口国。印度对华贸易存在巨大赤字，中印贸易结构失衡。2014年习主席访印时，中国与印度签署了若干个重要备忘录，强调两国经贸合作计划，加快推动印度向中国出口的步伐，扭转印度对中国的贸易赤字，努力实现中印两国贸易平衡。[②]在直接投资方面，中国作为制造业大国，将为莫迪政府大力振兴制造业提供经验。与此同时，中国承诺将帮助印度改造升级老化的铁路系统，投资建设两个工业园，并争取未来5年内向印度工业和基础设施发展项目投资200亿美元。[③]中印两国正以前所未有的力度加大在经贸领域的双边合作，双方在基础设施领域签署了合作协议，中印在包括清洁能源、公路、铁路、高铁、港口、机场、通信等基础设施领域，以及制药、高科技合作方面成就斐然。中印经贸合作在两国经济外交关系中的作用将持续放大。一些印度公司已经在中国投资，而像华为这样的中国公司在印度有重要的存在。然而，这种相互投资仍然相当有限，对中国有利的贸易不平衡现象仍然存在，并且还在不断加剧。另外还有一些与印度产品的市场准入有关的问题。因此，尽管双方的政治领导人都致力于解决悬而未决的问题，但经济方面的情况却是喜忧参半，在印度发起的反倾销国家中，对中国产品采取的反倾销措施最多。

尽管中印两国存在边界问题、西藏问题等，且互为地缘政治对手，地缘

---

① 曼莫汉.辛格.新时代的印度与中国[N].学习时报.2013-11-18（002）.

② 蓝建学.新时期印度外交与中印关系[J].国际问题研究，2015（3）：51-63.

③ 赵晓娜.未来5年中印贸易额将提至1500亿美元，助全球经济增长[N/OB].南方日报.（2014-9-23）[2019-11-30].新华网, http://news.xinhuanet.com/fortune/2014-09/23/c_127020364.htm.

经济学逐渐在推动中印关系方面发挥核心作用,贸易将成为印度对华政策的中心考量。中国可能给印度的政治和安全领域带来巨大压力,但中国也是印度关键领域的最大投资者,中国将会推动印度的经济增长。印度在利用中国的投资来推动自身经济增长的同时,也为亚洲和世界开创了一种以民主为基础的发展模式,以及以国际规则和制度为基础的安全主张。[1]印度政府面临着复杂的任务,它既要把握住"亚洲世纪"的机遇,又要在印太地区的博弈之中寻找对策。

四、莫迪政府同俄罗斯的经济外交关系

俄罗斯是印度的传统伙伴,从苏联时期开始两国就已经是战略伙伴关系,俄印在经贸、军工、能源和安全等多个领域拥有良好的合作潜能,俄印关系因此也被称为"特殊战略伙伴关系"。对俄罗斯来说,印度是其在南亚最重要的战略伙伴,是重要的非西方体系合作者。在经济和技术合作方面,鉴于自身技术和产品的竞争力,俄罗斯认为印度是自己唯一尚具明显优势的市场。[2]印度也高度重视印俄关系,两国同属金砖国家、二十国集团的重要成员,俄罗斯是印度在国际事务或多边合作中的重要支持力量,在印度申请加入联合国安理会常任理事国、上海合作组织等方面,俄罗斯均给予积极支持。

莫迪上台后,俄印高层保持着积极的政治互动,并推动经济外交的发展。2014年12月,在俄印首脑峰会上,印俄双方签署了多达20项的合作协议,加强了印俄两国在能源、军工、经贸等领域的紧密合作。2015年12月,莫迪抵达莫斯科开始对俄罗斯进行国事访问,深化两国在经济、能源、安全领域的合作。莫迪与普京在会晤中商讨了经贸、科技、人文领域的议题,并重点关注核能、油气、交通、工业、军事技术等领域的大型项目。两国首脑还就联合国、金砖国家、二十国集团、上合组织等多边框架下的合作进行讨论。2017年是印度与俄罗斯建交70周年,印度总理莫迪于6月1日开始访问俄罗斯,莫迪与俄总统普京共同出席第18届印俄年度峰会,并参加圣彼得堡国际经济论坛。印俄间贸易额一直处于较低水平,这与两国的经济潜力不

---

[1]　Samir Saran."India and major powers: China",https://www.orfonline.org/expert-speak/india-and-major-powers-china-54113/.

[2]　宋博,石靖.俄罗斯为什么重视与印度的关系 [J].世界知识,2017(19):33-35.

符。莫迪在印俄建交 70 周年之际访俄,寻求增进双边关系,两国领导人决定进一步提高两国的贸易额。[①]2018 年 5 月,莫迪总理与普京总统在索契举行非正式会晤,这是莫迪总理首次以此种形式与俄罗斯领导人会晤。鉴于印俄在许多领域存在着"技术和资源条件上的互补性",两国达成了"积极推动在第三国的合作项目"倡议。此外,双方还讨论了在联合国、金砖国家、上海合作组织、二十国集团、东亚峰会等多边机制中就有关问题开展合作。

俄印两国主要聚焦于军事防务等传统领域合作,俄罗斯是印度最大的军备进口国,俄对印出口的军事装备总金额占其近年军事出口总额的三分之一以上,印度自俄罗斯进口的武器装备也占其武器进口的 65%。[②] 然而两国的经贸交流一直处于低谷,两国均不是对方的主要贸易伙伴,这与两国的经济体量不符。能源合作是两国关系的重要方面,也是印俄战略伙伴关系的重要支柱。印度是全球第三大能源消费国,而俄罗斯则是全球主要的油气生产和输出国之一。两国在能源合作方面实现战略互补,是印度获得能源产业的重要外资来源,而且有利于印度实现能源进口渠道的多元化。2019 年举行的印俄年度双边峰会上两国达成能源协议。莫迪表示,印度国有企业已经在俄罗斯拥有 4 个油田和天然气田的股份,它们将继续考虑在这个资源丰富的国家投资生产石油。[③]除能源贸易外,两国还在地质勘探、油气田的开发,以及海上资源勘探等能源上下游产业上展开合作。能源领域的合作有望推动两国经济关系的深入发展。

五、莫迪政府同欧洲民主国家的经济外交关系

印欧关系始于 20 世纪 60 年代初,印度是最早与欧盟(当时的欧洲经济共同体)建立外交关系的国家之一。基于印度快速发展的经济和在南亚及

---

① 印度总理莫迪访俄会晤普京:感谢您让印度加入上合组织 [EB/OL]. 环球时报,(2017-06-02)[2020-02-23].http://m.haiwainet.cn/middle/3541090/2017/0602/content_30945613_1.html.

② 柳玉鹏、徐珍珍."莫迪带 70 亿大单向普京证明友谊,欲破"亲美远俄"传言"[N/OL].环球时报,(2015-12-24)[2020-3-23].http://news.china.com/international/1000/20151224/21007108.html.

③ 印度和俄罗斯签署能源协议 [EB/OL]. 中国石化新闻网,(2019-9-9).[2020-03-25].http://finance.sina.com.cn/money/future/nyzx/2019-09-09/doc-iicezueu4456106.shtml

世界格局中日益增长的力量,2004 年在海牙举行的第五届印欧峰会上,印欧关系升级为"战略伙伴关系"。从贸易、投资和技术引进方面考虑,欧盟国家是印度发展经济和追求大国地位所不可或缺的伙伴。[1]欧盟是印度重要的贸易伙伴,双边贸易总额超过 1000 亿美元。2016 年,印度是欧盟的第九大贸易伙伴(占欧盟与世界贸易的 2.2%),排在韩国(2.5%)之后,领先于加拿大(1.9%)。英国、德国、荷兰、比利时均是印度对外贸易的主要出口国之一,德国、比利时也是印度对外贸易的主要进口国之一。欧盟国家是印度重要的外国投资来源国,在印度外国直接投资的前 10 名中,欧盟国家英国、荷兰、法国、德国就占据 4 位。在 2008 年全球金融经济危机之后,欧盟的贸易保护主义逐渐抬头。2013 年印欧自由贸易协定谈判因关税问题陷入僵局,印度与欧盟的关系也一度陷入低谷。尽管双方作出了数轮谈判努力,但至今仍未恢复。在过去的 15 年里,双方的分歧越来越大。印欧战略伙伴关系因经济分歧而日渐萎靡,双方都需要摆脱日益增长的贸易保护主义倾向,印欧签订的自由贸易协定将会为双方带来更多新的共同利益。2019 年 11 月,印度在拒绝加入"区域全面经济伙伴关系协定"(RCEP)后,其贸易部长皮尤什·戈亚尔表示,将推动印度与欧盟达成贸易协定,德国总理默克尔也呼吁重启谈判以最终达成协议。

(一)莫迪政府与法国的经济外交关系

法国是印度重要战略伙伴,两国有着长期的军事防务关系,民用核能、空间和国防合作是两国战略关系的三大支柱。[2]随着世界的焦点从欧洲-大西洋转移到亚太地区,法国看到了地缘政治的变化,决定将印度作为其在印度洋的首选伙伴,[3]在更广泛的地缘政治领域开展战略合作。另外,法国是国际上支持印度的重要政治力量。一直以来法国表示支持印度加入联

---

① 林民旺.印度-欧盟战略伙伴关系的动力及发展前景——基于印度视角的分析 [J]. 国际政治经济评论,2015(4):67-81.

② "How Delhi and Paris became friends " [EB/OL].Hindustantimes,(2019-08-27) [2020-02-26].https://www.hindustantimes.com/analysis/how-delhi-and-paris-became-best-friends/story-qkfML1QMvFzit1fOBR0JeP.html.

③ "Why France is a reliable strategic partner for India" [EB/OL].Hindustantimes, (2020-01-20) [2020-02-26].https://www.hindustantimes.com/analysis/why-france-is-a-reliable-strategic-partner-for-india/story-IhSQrZRkV9bOAMO8ndUkbN.html.

合国常任理事国,在克什米尔和巴基斯坦问题上,法国明确表示支持印度。2019 年 12 月,中国试图在一场非正式闭门会议上提出克什米尔问题,而法国带头阻止了中国的倡议。在联合国安理会和金融行动特别工作组(FATF)等论坛上,法国也支持印度向巴基斯坦施压,要求其打击恐怖分子及其资金来源。①

两国政治关系的深化推动印法经济外交的开展。2015 年 4 月,莫迪总理先后出访了法国和德国,这是莫迪就任总理后的首次欧洲之行。在访问法国和德国期间,莫迪政府努力鼓吹"印度制造",大力推动印度与欧洲的经济合作,以吸引欧洲国家为印度的能源、交通、基础设施建设注入资金。同时莫迪还宣布向法国购买"可即战"的 36 架、总值大约 40 亿欧元的"阵风"战机。印法两国在军工业领域的成功合作标志着莫迪访法取得突破性进展,双方在发展战略上的相互需求不断扩大。2016 年 1 月,法国总统弗朗索瓦·奥朗德与印度总理纳伦德拉·莫迪在新德里海得拉巴大厦会面,奥朗德承诺每年向印度追加 10 亿美元(约合 6700 亿卢比)的投资。②奥朗德访问期间,法国重申支持印度成为联合国安理会常任理事国。③2017 年 6 月,莫迪抵达巴黎与法国总统马克龙就恐怖主义、印度申请加入核供应国集团以及气候变化等一系列关键问题举行会谈。两国关系不断发展,法国外交部表示,有 1000 多家法国公司在印度经营业务,两国合作涉及的领域从国防扩大到新技术。④2018 年 3 月,法国总统埃马纽埃尔·马克龙抵达新德里,

---

① "Deny safe havens and financing to terrorists, say India and France" [EB/OL].Hindustantimes,(2020-02-28)[2020-03-25].https://www.hindustantimes.com/india-news/deny-safe-havens-and-financing-to-terrorists-say-india-and-france/story-knXQBArnyKo5O4JJE53j1L.html.

② "France to invest \$1bn more in India every year" [EB/OL].Hindustantimes,(2016-01-25)[2020-02-25].https://www.hindustantimes.com/india/france-to-invest-1bn-more-in-india-every-year/story-lbubmPd2qeUZABZKWqpGeL.html.

③ "India, France have done well to actively build on common interests" [EB/OL].Hindustantimes,(2016-01-29)[2020-02-25].https://www.hindustantimes.com/analysis/india-france-have-done-well-to-actively-build-on-common-interests/story-nXDDqGwGp6vBeEWpP8bu2H.html

④ "France to push for stability in India talks amid Trump climate turmoil"[EB/OL].Hindustantimes,(2017-01-03)[2020-02-28]. https://www.hindustantimes.com/india-news/modi-s-four-nation-tour-france-to-push-for-stability-in-india-talks-amid-trump-climate-turmoil/story-nQ2rQMU4e1Xj15g8vRSncN.html.

开始对印度进行访问,访问期间两国签署了一系列协议,涉及国防、太空、教育、安全和清洁能源等多个领域。马克龙还与莫迪共同主持国际太阳能联盟的成立大会。马克龙表示,希望法国成为印度的最佳合作伙伴。[①]

2017年英国与欧盟正式启动脱欧谈判,欧盟正在发生变化。英国脱欧后,英国在欧盟的地位将会下降,而法国成为欧盟内唯一的核大国和唯一的联合国安理会常任理事国,这为法国增强在欧盟的领导力提供了空间。[②]在不断演变的全球地缘政治和亚洲的安全与经济架构中,法国与印度的战略伙伴关系将更加牢固。这不仅能够促进印法两国的经贸合作,同时也有助于改善因经贸分歧而停滞不前的印欧关系,促进印欧贸易协定判断达成,加强印欧国际对话和多边合作,共同应对全球挑战。

(二)莫迪政府与英国的经济外交关系

印度曾是不列颠帝国最大的海外殖民地,被誉为"女王皇冠上最亮的明珠",印度与英国在历史上有着千丝万缕的联系,两国在经贸、反恐、能源、气候变化等多个领域开展合作。近年来,印度一度被视为未来全球经济增长的引擎,随着印度对外开放进程的进一步推进,庞大的市场和人口红利使英国越来越重视印度。而对印度而言,随着国内经济改革的发展,莫迪需要国外的投资者来推动国内的经济发展和基础设施建设。近年来,英国是印度第三大外来投资国,仅次于毛里求斯和新加坡。资金和技术是印度看重英国的重要方面。另外,英国一度在印度与欧洲的合作与经贸关系中有着重要的作用,印度很多公司将英国视为进入欧洲市场的切入点。

2015年11月,莫迪开始进行对英国为期3天的国事访问,并与英国首相卡梅伦举行会谈,这是印度总理自2006年来首次访问英国。访问期间,两国签署了价值约90亿英镑(约137亿美元)的经贸协议,其中包括合建太阳能电站,光伏目标、核电项目等。英国将帮助印度建造100个"智慧城

---

① "France best partner for India, says Emmanuel Macron" [EB/OL].Hindustantimes, (2018-3-10) [2019-02-20]. https://www.hindustantimes.com/india-news/france-best-partner-for-india-says-emmanuel-macron/story-qj9BKV49CGnqAVqIVQPgMK.html.

② "Emmanuel Macron's visit could reshape India-France strategic ties" [EB/OL]. Hindustantimes, (2018-03-08) [2020-03-06].https://www.hindustantimes.com/analysis/emmanuel-macron-s-visit-could-reshape-india-france-strategic-ties/story-E3LhwG-DhvaDVUwAaTVcERO.html.

市",在环境监测和环境保护方面对印度提供帮助。①2016 年 11 月,英国首相特蕾莎·梅抵达印度首都新德里,对印度进行国事访问。印度总理莫迪与英国首相特雷莎·梅在新德里印英技术峰会上就进一步拓展两国间的贸易合作举行了会谈。特蕾莎·梅表示:"与印度的经贸合作并不需要等到英国正式离开欧盟才开始,我将通过此次访问,试图减少英国与印度的贸易壁垒,并为英国脱欧后的自由贸易铺平道路。"峰会结束后,两国官员签署了商业便利性协议和知识产权保护协议,并成立了一个促进贸易的联合小组。②2019 年 8 月,莫迪在七国集团(G7)峰会期间与英国首相鲍里斯·约翰逊进行了会晤。双方讨论的重点是加强双边关系,尤其是在贸易和投资、国防安全、科技和教育领域深化合作关系。2020 年 1 月 31 日,英国正式脱离欧盟。英国此举使其在寻找新的贸易伙伴、资本和劳动力来源方面处于艰难困境。英国在从欧洲大陆吸引人力无望时,将寻求从印度吸引人才,因为印度有着庞大的说英语人群,此举将实现英国引进高技能人才的目标。③印度和欧盟经历了马拉松式的谈判,但至今没有达成自由贸易协定。随着英国退出到欧盟规则之外,印度与英国这个世界第五大经济体的谈判更加容易,印度公司将期待英国提供更加自由宽松的市场。在英国脱欧前夕,英国政府在一份声明中表示:"2 月 1 日,英国将在欧盟以外 13 个国家的 18 个城市发起新的'准备贸易'运动,以加深英国与未来全球伙伴的关系。"④在英国正式脱离欧盟一天后,印度成为英国政府发起的新一轮贸易运动的目标国家之一。在英国结束 47 年的欧盟成员国身份之际,与印度探讨直接双边贸易协定,将更利于提振停滞不前的英印贸易关系。

---

① "莫迪访英为太阳能融资" [N/OL]. 中国能源报, (2015-11-25) [2018-10-23]. http://info.glinfo.com/15/1125/08/D29E7C1624E0F736.html.

② "特蕾莎·梅首访印度,称要为英国"脱欧"后的自由贸易铺路" [EB/OL]. 中国网, (2016-11-8) [2020-02-03].http://sl.china.com.cn/2016/1108/12396.shtml.

③ PTI, "Post Brexit, UK may look for direct bilateral trade links with India,others" [EB/OL].Hindustantimes, (2016-06-28) [2016-06-28].https://www.hindustantimes.com/business-news/post-brexit-uk-may-look-for-direct-bilateral-trade-links-with-india-others/story-mQr5sOyJzlxvkvrsBYIwHP.html.

④ "India on target list for post-Brexit UK trade campaign,Press Trust of India" [EB/OL].Hindustantimes , (2020-1-31) [2020-03-06].https://www.hindustantimes.com/business-news/india-on-target-list-for-post-brexit-uk-trade-campaign/story-O9zsz6QOxar9ICy55ijMNP.html.

六、莫迪政府与澳大利亚的经济外交关系

在亚太地区及国际形势发生重大变化下的情况下,亚太地缘政治力量变动,澳大利亚与印度调整各自的对外经济战略,积极推动双边合作,两国关系呈快速发展势头。印澳双边关系在包括贸易和投资、国防和安全、教育和技能、能源和资源、科学技术和水资源管理等多个领域取得重要进展。澳大利亚不仅矿产资源丰富、农牧业发展水平高,还是印度申请加入核供应国集团的坚定支持者,它拥有丰富的铀资源,可帮助印度实现增加核能生产。而印度人力资源丰富,对能源资源需求巨大,两国经济互补性强,经贸合作潜力巨大。两国之间巨大的产业互补性为推动双边经贸合作提供动力。澳大利亚和印度不仅有着相同的民主价值观,还拥有巨大的安全和经济利益共同点,为深化两国经济外交关系提供助力。

莫迪就任以来,印澳两国经济外交关系进一步发展。澳大利亚正在成为印度多个领域的重要合作伙伴,包括矿产资源开发、科学、技术、教育、技能和水资源管理等。2014年9月澳大利亚总理访问印度,两国签订《和平使用核能备忘录》,澳大利亚向印度出售铀并增加传统燃料的供应,帮助印度解决能源长期短缺的问题。11月14日,莫迪抵达澳大利亚参加二十国集团经济峰会,随后对澳大利亚进行国事访问,这是1986年以来印度总理首次访问澳大利亚。在莫迪访问澳大利亚期间,印澳两国推进自贸协定谈判,双方就加快设定两国安全保障合作框架及加速经济合作协定(EPA)交涉等一揽子问题达成一致意见。莫迪期望澳大利亚资金流入印度,支持国内的大规模基建项目。莫迪此访还期望能够加强同澳大利亚的能源合作,印度最大的私营部门港口运营集团及印度国家银行签订了10亿美元的贷款合约,以60亿美元价格购买澳大利亚煤矿。2015年4月,澳大利亚外长毕晓普(Julie Bishop)对印度进行为期3天的访问,以巩固澳印两国之间近期签署的一系列经济和国防合作协议,其间还就澳大利亚向印度出售铀矿石以做民用一事达成相关细节协议。[①]2015年印度宣布批准双边民用航空核合作协议,这使得澳大利亚公司开始向印度出口铀。2016年9月4日在杭州

---

① 彭海艳,谭利娅."澳大利亚外长访印,有望与印度达成售铀协议"[EB/OL].环球网,(2015-4-15)[2020-03-06].https://world.huanqiu.com/article/9CaKrnJJYB0.

举行 G20 峰会期间,莫迪总理与澳大利亚总理马尔科姆·特恩布尔举行了双边会谈,两位领导人讨论了印澳关系,包括贸易、投资、国防、安全、高等教育等各个方面的内容,进一步加强合作关系。2017 年在澳大利亚发布的外交政策白皮书中,将印度列入前列国际合作伙伴。2018 年 4 月 19 日,莫迪在伦敦与澳大利亚总理会晤,进一步加强了两国战略伙伴关系。虽然印澳两国的经济外交关系逐渐加强,但两国在经贸领域的合作发展极为缓慢,两国贸易额在 2014-2015 财年为 13 029.38 百万美元,2018-2019 财年度两国双边贸易额上升到 16 651.65 百万美元,虽略有增加,但澳大利亚在印度对外贸易中占比不到 2%。未来,印澳两国除加强双边外交之外,还将在环印度洋地区联盟、东盟地区论坛和二十国集团等地区组织中加强经济合作,将两国关系升级为战略伙伴关系。

七、莫迪政府同韩国的经济外交关系

印度与韩国于 2009 年签署自由贸易协定、2010 年建立战略伙伴关系,双方经贸合作取得长足发展。2014 年 1 月,韩国总统朴槿惠访问印度,双方确认进一步扩大和巩固两国的战略伙伴关系。[①]5 月印度莫迪总理上台后,朴槿惠邀请莫迪访问韩国。2015 年 5 月 18 日,印度莫迪总理开始对韩国进行为期 2 天的国事访问,这是莫迪就任总理以来首次访问韩国。其中,最主要的突破就是双方确定将两国的"战略伙伴"关系提升为"特殊战略伙伴"关系。两国在外交、安全、国防、经济、贸易、科学技术、社会和文化科学技术等领域达成一系列协议。2017 年文在寅上台后,韩国通过"南方政策"(Southern Policy),开启了对美国、日本、中国、俄罗斯关系的关注,而印度在其中扮演了关键角色。2019 年 2 月,莫迪对韩国进行国事访问,进一步加强与韩国的特殊战略伙伴关系。

在贸易方面,2014 年印度与韩国的双边贸易额为 18 132.06 百万美元,到 2018 年两国双边贸易额增长到 21 464.04 百万美元,是印度第七大进口国。印韩经济互补性强,为两国展开全面经济合作奠定了坚实的基础。对于韩国来说,印度拥有众多的人口,并且享有世界上仅有的人口红利,且经

① 李益波.印韩战略伙伴关系:现状、走向与影响 [J].南亚研究季刊,2014(3):7.

济不断蓬勃发展,为韩国提供了巨大的市场和投资场所。^①对于印度来说,近些年尤其是莫迪上台前,印度经济增长乏力,陷入发展困境,投资不振、失业率居高不下,急需从发达的韩国寻求资金和技术来提振本国经济。在投资方面,韩国持续增加对印度投资,已成为印度亚洲最重要的投资国。莫迪2015年5月访问韩国,通过发掘印韩"全面经济伙伴关系协定"(CEPA)的潜力,以发展双边的贸易与投资,决定于2016年6月前完成CEPA修订谈判,同时,印度将对韩国首次实施消极方式的自由化投资政策。印度计划在2012—2017年投资1万亿美元用于基础设施建设,韩国愿意为印度基础设施建设提供10亿美元的经济发展合作基金和90亿美元的出口信贷。^②2017年5月,印度和韩国同意通过技术转让、合资企业、商业联盟和促进相互市场准入等方式,深化两国中小企业之间的合作。早在2014年12月,印度外长访韩时就邀请韩国作为"在印度制造"的重要伙伴之一。韩国结合自身优势,目前主要在印度的汽车、炼油、化工、基础设施建设等领域投资。^③

目前印韩两国经贸关系已经突飞猛进,印度成为韩国最重要的战略合作伙伴,印度将韩国视为自己实现经济现代化的重要合作伙伴,现代(Hyundai)、LG和三星(Samsung)等韩国企业在印度家喻户晓,而两国的防务合作也在不断发展。韩国也已成为印度重要的亚洲投资国,双方在贸易、投资、核能等领域的合作不断拓展。莫迪政府把韩国定位为"新兴东亚体系结构"的重要组成部分,印韩两国的经济外交关系将继续深入全面地发展。

第二节 莫迪政府的南亚经济外交

印度是南亚国家中面积最大、人口最多、经济最发达的国家。自印度独立以来,历届政府领导人在制定外交政策时都把南亚诸国当作印度的后花园,视作自己的势力范围,防止他国染指该地区,从而确保印度在南亚次大

---

① 对外投资合作国别(地区)印度指南(2014年版).
② 于迎丽.韩国与印度从经济合作走向战略协作[J].东北亚学报,2014(4):18-23.
③ 李益波.印韩战略伙伴关系:现状、走向与影响[J].南亚研究季刊,2014(3):7-12.

陆地区的霸权地位。印度历届政府都将南亚诸国视为其"直接邻国"。自冷战结束后,印度的周边外交战略从"近邻"周边外交逐渐演绎到"扩展的周边外交"。其周边国家不仅包括中国、尼泊尔、不丹、阿富汗等陆上邻国以及斯里兰卡、马尔代夫、印度尼西亚等海上邻国,还包括东南亚的越南、缅甸等"扩展的邻国"。莫迪上任后,为将印度打造成为地区性和全球的领导型大国,实施以南亚国家为基础的"邻国优先"政策。莫迪多次在外交场合中提到高度重视与"直接邻国"的关系,南亚的"直接邻国"是莫迪政府经济外交的重要对象,"邻国优先"成为莫迪政府外交政策的重要部分。[①]从"英迪拉主义"到"古杰拉尔主义",再到"莫迪主义",印度历届政府的外交政策都突出了对邻国的控制以及对域外势力的排斥。由于印度长期在南亚地区推行霸权主义,也引发了南亚区内小国对印度的不满情绪。莫迪执政后,积极开展睦邻友好的外交政策,对南亚邻国实施经济外交,以改善与邻国的关系,通过更为友善的方式,加强区内国家对印度的向心力,以此争取更大的政治战略利益。

一、莫迪政府同巴基斯坦的经济外交关系

巴基斯坦是印度在南亚地区的老对手。由于历史、边境、民族等问题因素,印巴关系很难有实质性改善,但莫迪政府依然与巴基斯坦在贸易和能源方面保持了一定合作。2014 年 3 月 4 日,巴基斯坦外交部代表团赴新德里与印度代表团举行了会谈,目的是简化印巴实控线地区的贸易审查流程,更好地促进印巴边境贸易。2014 年 4 月 26 日,巴基斯坦拉哈尔联邦商务部长对近两年来的印巴经贸关系做出了非常积极乐观的评价。他表示,与印度开放双边贸易以来,从总体上讲,巴基斯坦贸易形势良好,巴现政府着重提高国内的能源行业,加强与印度的能源合作对巴经济复兴产生了重要的促进作用。[②]由于巴基斯坦并未给予印度贸易最惠国待遇,印巴贸易额数量较

---

① Ved Singh, "India's Economic Diplomacy" [EB/OL].The National Bureau of Asian Research,（2015-01-15）[2020-04-05].https://www.nbr.org/publication/indias-economic-diplomacy/.

② 张超哲.2014 年的印巴关系:改而不善 [J]. 印度洋经济体研究,2015（3）:64-78/143.

少。2014 年,印巴贸易额仅有 24 亿美元,与两年前的 23.5 亿美元相比增长甚微。[①]能源短缺是南亚多数国家面临的困境,印巴两国在能源合作方面取得一定进展。2014 年 5 月 30 日,莫迪政府宣布计划重新对巴基斯坦供应燃料,巴基斯坦宣布向印度出口原油。2015 年 1 月,巴基斯坦政府内阁最终同意与印度签署电力交易谅解备忘录。巴基斯坦水利电力部与印度方面已经就这些事项开始商讨。[②]

然而外交上印度对巴基斯坦一向是以打压、对抗、孤立为主,经济制裁是印度对巴经济外交的重要内容。2019 年 3 月,巴基斯坦总理伊姆兰·汗推出了 "Ehsas" 扶贫计划,以帮助该国的穷人获得更好的医疗保健、教育和工作机会。巴基斯坦和国际货币基金组织谈判了数月,以期获得该组织提供贷款,支持巴基斯坦的扶贫计划。印度通过在 "金融行动特别工作组"(Financial Action Task Force, FFAT)等论坛上向巴基斯坦施压。FFAT 全体会议审查了巴基斯坦政府为遏制恐怖主义融资而采取的行动报告,发现巴基斯坦做出的 27 点承诺并未全部兑现。FFAT 向巴基斯坦政府发出明确警告,要求其必须采取及时、可核实且可持续的措施,在未来 4 个月内兑现剩余的 13 个承诺,否则可能被列入 "黑名单"。[③]

二、莫迪政府同孟加拉国的经济外交关系

印度是孟加拉国第一大地缘政治影响国和重要邻国,孟加拉国也是莫迪政府 "东向行动" 战略的助推剂和桥头堡,两国关系战略依存度较高。近年来孟加拉国经济稳定增长,2016 年孟加拉国 GDP 增速为 7.1%,2018 年其经济增速稳步提升至 7.9%。根据联合国发布的世界经济形势和前景报告,就

---

① "印巴边界贸易持续减少" [EB/OL]. 商务部,(2015-1-19)[2020-04-08].http://news.hexun.com/2015-01-19/172532965.html.

② "巴基斯坦允许从印度进口电力" [EB/OL]. 电缆网,(2014-1-22)[2018-09-29]. http://news.cableabc.com/world/20140122062820.html.

③ Shishir Gupta , "FATF retains Pakistan in 'grey list', delivers a sharp warning on blacklisting" [EB/OL].Hindustantimes,(2020-02-20)[2020-05-02].https://www.hindustantimes.com/india-news/fatf-retains-pakistan-in-grey-list-delivers-a-sharp-warning-on-blacklisting/story-yYUCJKB9NbAl7plCVuiJ7K.html.

GDP 而言,孟加拉国是继南苏丹和印度之后第三大增速最快的经济体。[①]

孟加拉国东、西、北三面与印度毗邻,东南与缅甸接壤,位于中印争议边界附近,其地缘战略地位极其重要。印度认为稳定的孟加拉国是印度东部防御的关键组成部分。如果与中国发生边境冲突,印度的通信线路将被限制在孟加拉国和尼泊尔之间狭窄的西里古里走廊。[②]独立之初,孟加拉国与印度之间的关系十分密切,印度为其独立提供了重要的军事帮助、外交支持以及经济援助。独立后的孟加拉国很快走上平衡乃至敌视、抗衡印度的道路,反印情绪公开化和长期化。[③]2009 年在人民联盟执政后,印孟关系持续升温,孟加拉国的反印情绪逐渐缓解。

两国关系自莫迪上任后不断取得新进展。2014 年 5 月莫迪政府上任后,非常重视南亚外交,推行"邻国优先"政策,积极开展与孟加拉国的经济外交。当年 6 月印度外长对孟加拉国进行访问并取得积极成果。[④]

2015 年 6 月 6—7 日,莫迪首次访问了孟加拉国。访问期间,两国签署了许多协议,其中包括领土边界、基础设施建设、过境运输等领域的协议。作为对边界协议的交换,印孟就海岸航运合作达成协议,允许印度使用孟加拉国吉大港和蒙拉港,这将极大便利两国贸易的开展。[⑤]此外,印孟两国还开通了达卡—西蒙—高哈蒂、加尔各答—达卡—阿加尔塔拉两条公交路线,莫迪总理与哈西娜总理还在达卡共同出席两国间新的巴士线路开通仪式,并一起展示巴士车票。这将有效改善印孟两国之间的交通状况,大大促进两国之间人员、商品的流通。同时,孟加拉国还与印度两家公司签署了有关修建发电厂的谅解备忘录。印度向孟加拉国投资 55 亿美元,帮助其建设燃煤和天然气发电站,从而缓解了该国的电力危机。莫迪还表示印度愿意向孟加拉国提

① "Bangladesh to become 3rd fastest growing economy in world in 2019" [EB/OL].Dhaka Tribune, (2019-01-22)[2020-04-05]. https://www.dhakatribune.com/business/2019/01/22/bangladesh-to-become-3rd-fastest-growing-economy-in-world-in-2019.

② "Bangladesh Relations with India",globalsecurity.org.https://www.globalsecurity.org/military/world/bangladesh/forrel-in.htm.

③ 邓红英.孟加拉国反印情绪的变化及其影响因素 [J].南亚研究,2016(4):101-114/151-152.

④ 孙现朴,陈宇.冷战后印孟关系中的主要问题及影响因素 [J].印度洋经济体研究,2015(3):36-48/142.

⑤ 蓝建学,宁胜男.印孟边界协议的看点在哪儿 [J].世界知识,2015(13):28-29.

供 20 亿美元的贷款额度,用于支持基础设施建设和其他发展项目的建设。[①]
莫迪的孟加拉国之行解决了边界飞地问题,有助于印孟两国开展大规模的
边境贸易,促进两国经贸关系的健康发展。当年 12 月,孟加拉国和印度举
行船运副部长级会谈,商讨印度以政府间合作项目的方式投资孟加拉国的
帕亚拉港口,同时商定印度使用孟加拉国的河道、沿海航线和蒙哥拉、吉大
港的相关费用,以进一步拉近两国关系,促进经贸发展。

2016 年 1 月,第二届次区域互联互通工作组会议在达卡举行,讨论了加
强互联互通的进一步措施,探讨了在水资源管理方面的各种合作方式。

2017 年 4 月,孟加拉国总理谢赫·哈西娜访问印度期间,印度向孟加拉
国提供了 45 亿美元信贷额度(LOC)。新的信贷将涵盖港口、铁路、道路、机
场、电力和能源、电信和航运等领域的建设项目。

2019 年 9 月在第 74 届联合国大会高级别会议间隙,印度总理莫迪与孟
加拉国总理哈西娜进行了会晤。两国领导人回顾了印孟双边关系与合作现
状,并且同意继续推动两国关系发展到新的高度。莫迪总理祝贺孟加拉国
在哈西娜总理的领导下实现了惊人的经济增长,并强调印度将保持与孟加
拉国之间的发展伙伴关系,促进两国的互联互通、能源合作以及经贸发展。[②]
考虑到印度对中孟关系发展的担心,哈西娜总理表示,孟加拉国与印度的关
系是根本性的,而与中国的关系则是以经济为主的。此外,她也表示希望包
括中国和印度在内的友邦之间能够保持平衡的关系。

三、莫迪政府同不丹的经济外交关系

不丹是印度的重要邻国,印度高度重视印不关系。不丹在经济、能源与
安保方面很大程度上依靠印度。印度独立后于 1949 年与不丹签署了友好
条约,规定不丹同意"在对外关系中接受印度政府的指导"。2007 年,印不
两国签署了新的友好条约,"强调两国在各个广泛的问题上加强合作,并强
调各自的领土不能被用于从事损害对方安全和利益的活动"。

---

① 蓝建学,宁胜男.印孟边界协议的看点在哪儿[J].世界知识,2015(13):28-29.
② "Prime Minister's meeting with the Prime Minister of Bangladesh" [EB/
OL].Ministry of External Affairs Government of India,(2019-09-27)[2020-04-
06]. https://www.mea.gov.in/press-releases.htm?dtl/31880/Prime+Ministers+meet-
ing+with+the+Prime+Minister+of+Bangladesh.

2014 年 6 月,莫迪上任后不到一个月,立即开始对不丹进行国事访问,巩固印度与不丹传统的"特殊关系",承诺对不丹提供更多经济援助,双方将在能源、基础设施、铁路连接、贸易和投资领域加强合作。印度新任外长苏杰生也选择不丹作为出访首站,延续了两国间定期进行交流和高层互换意见的传统,其重点在于"为两国间久经考验的友谊注入新的动力"。①莫迪表示,一个强大的印度不仅对不丹有利,甚至对整个南亚区域合作联盟发展也有利。一个没有任何内部问题的、强大印度将确保与邻国分享利益和机会,整个南亚地区将从更强大、更富有的印度中受益。②提供经济援助是印度与不丹开展经济外交的重要内容。在印度向不丹"十一五"(2013—2018 年)提供的 450 亿卢比援助计划的支持下,发展项目的工作在这一时期进展良好。印度承诺了 280 亿卢比作为项目捆绑援助(PTA)、85 亿卢比用于项目赠款,85 亿卢比用于不丹"十一五"(2013—2018 年)的小型发展项目。

2016 年不丹的"十一五"(2013—2018 年)进入第四年,双方全面审查了 PTA 和 SDP 项目的进展情况。2014 年莫迪访问不丹时承诺的援建印度 – 不丹电子图书馆项目也于当年 9 月 5 日启动。

2018 年是印度与不丹建交 50 周年,双方重申进一步加强水电领域的合作,强化双边关系。在当年 10 月不丹新一轮大选中获胜的新政党协同党(DNT),将继续把印度作为其对外政策的核心,继续保持与深化印不关系。不丹是印度最亲密的邻国,作为"睦邻优先"外交政策的一部分,莫迪总理希望推动印不之间包括互联互通在内的次区域合作。目前印度正在计划与孟加拉国、不丹和尼泊尔签署机动车协议,该协议也将被纳入"环孟加拉湾多领域经济技术合作倡议"(BIMSTEC,简称"环孟倡议")。③应莫迪总理

① "Alakh Ranjan,Changing Paradigm in India–Bhutan Relations" [EB/OL]. Vivekananda International Fountation,(2019–06–27)[2020–04–08]. https://www.vifindia. org/2019/june/27/changing–paradigm–in–india–bhutan–relations.

② "Bhutan and India: Evolving Ties in Changing Times .(Part 1)" [EB/OL].The Bhutanese,(2015–04–18)[2020–04–08]. https://thebhutanese.bt/bhutan–and–india– evolving–ties–in–changing–times–part–1/.

③ Dipanjan Roy Chaudhury, "PM Modi plans Bhutan trip to boost regional link" [EB/OL].The Economic times,(2019–01–15)[2020–05–08]. https://economictimes. indiatimes.com/news/politics–and–nation/pm–modi–plans–bhutan–trip–to–boost– regional–link/articleshow/70222028.cms#_ga=2.108978050.1432162277.1563357078– 1122180256.1552815019.

邀请,不丹总理策林·多杰于 2018 年 11 月对印度访问。访问期间,印度政府承诺提供 45 亿卢比,向不丹制定"十二五"规划提供援助。

2019 年 8 月,莫迪第二次访问不丹,也是其连任以来首次访问不丹。访问期间,莫迪总理和不丹总理策林·多杰进行了广泛的会谈,两国在空间研究、航空、信息技术、电力和教育等领域签署了 10 项协议,以推动印不两国在水电以外的领域进一步扩大合作。其中一项谅解备忘录包括在廷布建立卫星通信网络,以便利用南亚卫星。莫迪还宣布将印度对不丹的液化石油气供应量从每月 700 吨增加到 1000 吨。[①]印度是不丹最大的外来援助和投资来源国,也是不丹最大的贸易伙伴。但印度长期以来一直保持着对不丹的巨大贸易顺差和结构性利好。不丹 98% 的进口货物来自印度,而其出口到印度的货物占出口总量的 90%,不丹向印度出口除水电之外的主要商品是价格低廉的矿产资源和农林产品,从印度进口的却是附加值较大的轻工产品。水力发电是印度和不丹的主要合作领域之一,也是两国经济关系发展的重头戏。印度在不丹投资的三大水电项目总值高达 12 亿美元,装机容量达 1416MW。在两国的合作下,不丹的水力发电能力已超过 2000 兆瓦。不丹水电项目在印度的支持下运转,开发电力也出口至印度。水电出口占不丹国内收入的 40% 以上,占其国内生产总值的 25%。[②]印度对不丹的经济外交一定程度上促进了不丹国内的经济发展。但与此同时,印度对不丹的发展合作政策也体现了印度南亚地区政策的霸权性特征,高额的附加性贷款,不仅增加了不丹的经济负担,同时实际增强了不丹对印度的依赖,成为印度控制不丹内政外交的工具。

2017 年中印发生洞朗非法越界事件,根据印方 6 月 30 日的声明,印军越界进入洞朗是与不丹政府"协调"的结果,目的是帮助不丹阻止中国军队改变中不边界现状,同时表达印度自身的安全关切。印度"越俎代庖",悍然介入不丹事务,可以管窥到印度对不丹内政外交的控制。由此观之,印度对不丹的援助外交虽然一定程度上促进了其国内经济发展,但对其内政外交

---

① "India, Bhutan ink 10 pacts to boost ties"[EB/OL]. Hindustantimes,(2019−08−18)[2020−05−20].https://www.hindustantimes.com/india−news/india−bhutan−ink−10−pacts−to−boost−ties/story−B9ZLDb9gUYHgdv7T8CtOIK.html.

② 胡勇,高见.试析印度对不丹的发展合作政策[J].印度经济体研究,2017（5）:67−83/140.

的控制却使不丹逐渐丧失了国家主权,并对中国的边疆安全造成消极影响。

四、莫迪政府同尼泊尔的经济外交关系

印度另一个重要邻国尼泊尔,北面靠山,东西南面被印度环绕,是处于中印两国之间的内陆国。虽然其国土面积不大,但在地缘战略上却有重要意义。印度一直将尼泊尔视为保护国或中印之间的缓冲地带,是印度北部的战略屏障。由于地理上的限制,该国的贸易和运输都高度依赖印度。自莫迪上任以来,处理印度与周边国家的关系一直是其外交政策的核心,尼泊尔是莫迪政府开展邻国外交的重要基石。莫迪就任新总理后于 2014 年 8 月 3—4 日访问尼泊尔,这是印度总理 17 年来首次访问尼泊尔,彰显了莫迪对南亚地区,尤其是对尼泊尔的高度重视。莫迪政府承诺将向尼泊尔提供大约 10 亿美元的信用贷款,以促进尼泊尔的基础设施建设,其中包括帮助尼泊尔修建 3 条公路。10 月,印度与尼泊尔签署互售电力、深化能源合作的协议。11 月 25 日,莫迪再次访问尼泊尔,两国签署了包括基础设施和能源合作等领域在内的 10 项合作协议。2015 年 8 月 24 日,印度和尼泊尔签署谅解备忘录,将建造一条长 41 公里的跨境输油管道。莫迪政府在推动尼泊尔社会和经济发展方面起到重要作用。在莫迪的领导下,印度和尼泊尔的关系有了新的发展,两国之间定期进行高层交往。通过高层交往扩大了两国之间的合作领域,并改善了双边关系。印度和尼泊尔的合作已涉及教育、农业、交通、水电、旅游、工业、国防等领域。印度一直针对尼泊尔的需求向其提供援助,并进行直接投资,加强自身在尼泊尔发展中的作用,并且使两国合作领域更加多样化。[①]

印度对尼泊尔的经济外交,是以"大棒加胡萝卜"的方式,以强化对尼泊尔的政治经济控制。2015 年 9 月 20 日尼泊尔通过了新宪法后,印度公开表示不满,希望尼泊尔对宪法做出修改,但尼泊尔并未满足印度的要求,随后,印度与尼泊尔的矛盾凸显出来。9 月 23 日,印度借口尼泊尔南部社会局势动荡,在边境口岸加大"安检力度",大幅度减慢通关速度,接着又关闭了

---

① Alakh Ranjan , "Neighbourhood First: India's Policy towards Nepal" [EB/OL]. Vivekananda International Fountation, (2019-10-01)[2020-04-08].https://www.vifindia. org/2019/october/01/neighbourhood-first-india-s-policy-towards-nepal.

几乎所有的边疆口岸,突然开始对尼泊尔实施禁运,停止向其输送燃油,公然对尼泊尔实施经济制裁。作为回应,尼泊尔国内的反印情绪不断高涨,对莫迪政府的强权政治十分不满,逐渐寻求中国的支持,来抵御印度的霸权外交。2016 年 11 月,尼泊尔突然中止与印度基础设施建设公司关于修建从首都加德满都到靠近尼印边界特莱地区 76 公里的快速公路所有项目。直到 2017 年 12 月,尼泊尔国内左派联盟获得大选胜利,莫迪政府重申印度支持尼泊尔寻求稳定、繁荣和包容性发展,邀请并希望接待奥利访印,将与即将上任的新政府进行广泛开发、重建等项目合作,两国关系开始回暖。

2018 年 2 月,印度外长斯瓦拉吉访问尼泊尔,与尼泊尔所有主要政治领导人会面,重启两国关系。当年 4 月,尼泊尔新上任总理奥利对印度展开为期 3 天的国事访问,两国商谈在农业发展、贸易投资、基础设施建设、震后重建、跨境交通道路建设、跨境犯罪、恐怖主义等领域开展广泛的合作。尼泊尔愿意与印度建立以互信为基础的牢固关系,不受"偶尔或间歇性分歧"的影响。同年 5 月,莫迪第三次访问尼泊尔,表明莫迪政府非常重视与尼泊尔的关系。莫迪表示,随着尼泊尔喜马拉雅国家进入一个新时代,印度将继续是尼泊尔政府的坚定伙伴,并继续与其保持坚定的合作方向关系,印尼双边关系应该超越政府间关系,朝着亲如家人的方向发展。①

2019 年 9 月 10 日,印度总理纳伦德拉·莫迪和尼泊尔总理 K. P. 夏尔马·奥利通过视频会议共同为南亚首条年产能为 200 万吨的跨境石油管道揭幕,这条管道从比哈尔邦的莫提哈里(Motihari)延伸到尼泊尔的阿姆莱赫根吉(Amlekhgunj),将取代从印度运输石油产品的油轮,印度是尼泊尔唯一的石油供应国,为这个价值 3.24 亿卢比的项目提供了资金。这条管道被视为印度努力保持其在尼泊尔影响力的一部分。尼泊尔目前消耗 266 万吨

---

① "PM Modi says Nepal comes first in India's Neighbourhood First policy,announces Rs crore grant" [EB/OL].Hindustantimes, (2018−05−11) [2020−05−06].https://www.hindustantimes.com/india−news/pm−modi−says−nepal−comes−first−in−india−s−neighbourhood−first−policy−announces−grant−of−rs−100−crore/story−KsSO0fLlgQDDnM8tW5E−6hJ.html.

石油和 48 万吨烹饪用天然气,目前由 6 个印度仓库供应。①

五、莫迪政府同斯里兰卡的经济外交关系

作为"印度洋上的明珠",斯里兰卡西北隔保克海峡与印度半岛相望,由于特殊的地缘位置,斯里兰卡成为海上航运线和海上贸易的重要支点。2014 年 9 月,习近平主席访问科伦坡期间,拉贾帕克萨积极支持中国的"21 世纪海上丝绸之路"倡议,加剧了德里对于科伦坡投入北京怀抱的担忧。②在拉贾帕克萨时期,印斯由于泰米尔问题、领海问题等关系恶化,为实现南亚次大陆经济一体化和地区繁荣稳定,推动印度在南亚和国际事务中影响力的上升,莫迪政府开始调整对斯里兰卡政策。2015 年 1 月,斯里兰卡举行了总统换届选举,新上任的西里赛纳一改其前任拉贾帕克萨的"亲华"政策,提出发展"全方位外交",同时与印度、中国、美国、日本等大国发展友好关系,为莫迪政府改善同斯里兰卡关系提供了契机。

2015 年印斯高层互访频繁,两国关系达到新高度。2015 年 2 月,西里赛纳正式访问印度,并与印度签署了包括《印斯自由贸易协定》《印斯民用核能合作协议》等在内的有望加强双边合作的 4 项协定,莫迪政府将"邻国第一"作为外交政策的基石,抓住时机与斯里兰卡发展经济外交。3 月,莫迪对斯里兰卡进行了国事访问,莫迪是自 1987 拉吉夫·甘地访斯以后、28 年来首位访问斯里兰卡的印度总理,两国签署了签证、海关、青年发展和在斯里兰卡建立泰戈尔纪念馆 4 项双边协定。印度并承诺向斯里兰卡提供 16 亿美元的援助,以加强基础设施建设,致力于友好解决长期困扰印斯关系的渔民越界捕鱼问题。③9 月 14—16 日,斯里兰卡对印度进行正式访问。这是他在 2015 年 8 月议会选举后的首次海外访问。

---

① "India, Nepal inaugurate South Asia's first cross-border oil pipeline" [EB/OL].Hindustantimes,(2019-09-10)[2020-05-06].https://www.hindustantimes.com/india-news/india-nepal-inaugurate-south-asia-s-first-cross-border-oil-pipeline/story-iwMxgmp6UsAfsyyJGqon5J.html.

② [印度]拉贾·莫汉.莫迪的世界:扩大印度的势力范围[M].朱翠萍,杨怡爽译.社会科学文献出版社,2017:77.

③ 孙凉,葛元芬."莫迪访问斯里兰卡想法复杂,意欲削弱中国巨大影响力"[N/OL].环球时报,(2015-03-14)[2020-04-08].http://world.huanqiu.com/exclusive/2015-03/5905027.html.

2017 年 5 月,莫迪在他任期内第二次正式访问斯里兰卡,莫迪此访被誉为"宗教访问",莫迪在斯访问期间参加了佛教最大的节日——国际卫塞节庆祝活动,同时在斯里兰卡印度裔泰米尔人社区发表讲话。此外,两国还进一步深化了双方之间的经贸合作关系。莫迪此次访问缘于中国对斯里兰卡的持续介入仍令印度政府担忧,斯里兰卡对"老大哥"印度的猜疑仍在继续,印度必须通过一系列手段平衡中国在斯里兰卡的影响,不断加强印度在斯里兰卡的政治、经济、防务等影响力。①

2018 年 10 月,斯里兰卡总理维克勒马辛哈访问印度,莫迪与其举行了会晤,双方就安全和反恐合作等有关问题进行了深度交流,对印度协助斯里兰卡发展项目的进展进行了回顾,就地区和全球问题交换了意见,旨在强化两国双边关系。②莫迪政府通过首脑互访,在政治上化解了拉贾帕克萨时期印斯关系中的矛盾,解决了一些民族矛盾,增强了两国之间的信任;在经济上签订自由贸易协定和民用核能合作协议,加强了双边贸易关系,实现了互联互通,进一步加强了印度与斯里兰卡的政治、经济关系。

六、莫迪政府同马尔代夫的经济外交关系

马尔代夫位于印度洋交通的咽喉要地,是太平洋出马六甲海峡后,通往西南亚、非洲和欧洲的必经之地,占据着非常重要的地缘地理位置。印度自独立后一直将马尔代夫纳入自己势力范围,使其成为推行"印度洋门罗主义"政策的重要棋子。2013 年 11 月,亚明就任马尔代夫第六位总统,他上台后开始修正前任的"亲印度""亲西方"政策,加强与中国的关系,在中国、美国、印度等大国之间采取平衡式外交,马印关系出现一些波折。莫迪上任后积极改善与加强同马尔代夫的关系。2014 年 5 月,莫迪邀请马尔代夫总统亚明出席其就职典礼仪式,印度支持马争取 2019—2020 年联合国安理会

① Nirupama Subramanian, "Modi in Sri Lanka: The MoU nobody is talking about during his Visit" [EB/OL].The India Express,(2017-05-11)[2020-05-08].https://indian-express.com/article/beyond-the-news/narendra-modi-in-sri-lanka-the-mou-nobody-is-talking-about-during-his-visit-ranil-wickremesinghe-vesak-day-4651198/.

② PTI, "Modi holds talks with Sri Lankan counterpart to boost ties" [EB/OL].The India Express,(2018-10-20)[2020-05-09]. https://indianexpress.com/article/india/pm-modi-holds-talks-with-sri-lankan-counterpart-to-boost-ties-5410740/.

非常任理事国席位,加大对马尔代夫在工程、技术培训、教育、卫生设施等领域的援助。①此外,马尔代夫总统亚明也有意改善同印度关系,愿意将马印关系放在其外交的首要位置。2016 年 5 月,马尔代夫总统亚明访问印度,莫迪与其举行了会谈,并从战略和地缘安全角度考虑重新改善印马关系,两国签署了《防卫行动计划》,以强化双方在印度洋共同的战略与安全利益合作;②2017 年 4 月,印度代表团访问马尔代夫,双方商讨如何促进两国双边贸易和投资。12 月,中国和马尔代夫签署自由贸易协定,印度对马尔代夫与中国走近表示深深的担忧,为加强与马尔代夫的关系,2017 年印度向马尔代夫提供了 24.5 亿卢比的无偿援助。印度对马尔代夫的经济外交更多是将援助作为外交政策工具对其施压。印度曾因投资争端缩减了对马尔代夫的援助。③2018 年 1 月,马尔代夫外长穆罕默德·阿西姆访问印度,与印度外长斯瓦拉杰举行了会谈,马外长重申马尔代夫承诺与印度保持密切关系,不会进行任何损害印度利益的活动,并强调马尔代夫牢记并深刻践行"印度优先"政策,将把印度作为其外交的首位。④

七、莫迪政府同阿富汗的经济外交关系

阿富汗东接中国,南接南亚印度洋,西接产油区,北接中亚,其战略地位非常重要,历来都是大国势力"东进西出、南下北上"必经的"亚欧十字路口"。在阿富汗问题上,印度有三项重大而长远的利益:政治上,维护阿富汗局势稳定,防止出现由塔利班等势力掌控的新政权,同时确保阿富汗政府不

① 王娟娟.马尔代夫亚明政府内政外交评析 [J].南亚研究季刊,2016(3):49-57+5.

② Shubhajit Roy, "e-engaging with Male: Why India has moved to secure its relationship with Maldives" [EB/OL].The India Express,(2016-04-13)[2020-03-08].https://indianexpress.com/article/explained/re-engaging-with-male-why-india-has-moved-to-secure-its-relationship-with-maldives/.

③ 戴永红,张婷.印度南亚援助政策的理念、时间与趋势 [J].南亚研究,2019(3):73-105/153-154.

④ Shubhajit Roy, "Maldives special envoy meets PM Modi, Sushma Swaraj , stress on 'India first'policy" [EB/OL].The India Express,(2018-01-12)[2020-05-09].https://indianexpress.com/article/india/maldives-special-envoy-meets-pm-narendra-modi-sushma-swaraj-stress-on-india-first-policy-5021120/.

会完全倒向宿敌巴基斯坦;经济上,维持并扩展在阿富汗的各项利益存在;地缘战略上,保障阿富汗作为其连接中亚地区战略通道的顺畅。[①]为维护印度在阿富汗的地缘战略意义和经济政治利益,自 2001 年以来,印度在阿富汗重建和发展方面一直扮演着积极的角色,印度对阿富汗开展经济外交,是其加强印阿双边关系的重要手段。

莫迪上任后,两国总理多次会晤,加强了双边高层往来。2014 年 9 月访阿期间,印度外长斯瓦拉吉坦言:"阿富汗正处在转型的关键时期,印度永远是阿富汗的第一战略伙伴","印度对阿政策不存在退出选项"。2015 年 12月,东盟领导人访问伊斯兰堡,出席"亚洲之心——伊斯坦布尔进程"第五届阿富汗区域合作部长级会议,以及阿富汗国家安全局和外交部副部长的重要访问,进一步加强了双方的密切互动。基于印度承诺将阿富汗转变为连接中亚和南亚的贸易、运输和能源中心,并加强其与区域市场的连接的一部分,印度在 2016 年第四季度主办第六届"亚洲之心"进程部长级会议。2017年 10 月,阿富汗总理加尼对印度进行访问,会见了印度总理莫迪,双方重申加强两国战略伙伴关系,签署总额达 10 亿美元的《战略伙伴关系协定》。根据该协定,印度在阿富汗实施了数百个发展项目,涉及农业、水源、教育、卫生等领域。2018 年 9 月 19 日,阿富汗总理加尼访问印度并会见总理莫迪。两国领导人积极回顾了印阿多边战略伙伴关系。两国总理互访期间,签署了数十项援助和开发文件,双边经济依存度进一步提升。

援助经济外交是印度开展对阿富汗经济外交的重要内容。到 2019 年,阿富汗已经位于不丹之后,成为印度发展援助的第二大受援国。印度在阿富汗的援助项目非常广泛,分布在每一个省,涉及不同的发展领域,包括教育、医疗、基础设施、行政能力、防洪、灌溉、农业、体育等。印度已援助阿富汗完成了 400 个社会基础设施项目,另有 150 个项目正在进行中。促进两国互联互通和不受限制的过境通道,是印度援助阿富汗的重要内容。其中最突出的是恰巴哈尔港项目,该项目将印度、伊朗和阿富汗与中亚国家连接起来。恰巴哈尔港促进海上互联互通,改善铁路、公路线路,为阿富汗带来投资和发展,特别是促进铁路、基础设施和能源项目。阿富汗通过恰巴哈尔

---

① 郑迪. 后美军时代印度对阿富汗政策的调整 [J]. 国际关系研究,2016 (1): 120-132.

港向印度运送货物,为增加双边贸易额创造了机会,消除了阿富汗被陆地包围的障碍。2017 年,印度与阿富汗开展航空货运走廊计划,该计划促进喀布尔—德里、喀布尔—孟买、喀布尔—加尔各答和喀布尔—阿姆利则每周的货运航班交换呈指数级增长。现在印度和阿富汗之间有超过 166 次航班往来,将喀布尔与印度大都市连接起来,海、陆、空的互联互通,有利于促进阿富汗抓住印度新兴市场机遇。①印阿双边贸易额于 2017-2018 财年就突破 10 亿美元。随着两国间货运航线的开通,印度和阿富汗之间的双边贸易预计到2020 年将增长 1 倍以上,达到 20 亿美元。②但由于巴基斯坦—阿富汗跨境贸易协议(APTTA)限制了商品的自由流动,不利于印阿双边贸易的进一步发展。然而印度作为本地区的最大市场,印阿双边贸易发展潜力依然巨大。

第三节 莫迪政府的多边经济外交

多边经济外交是指由三个或者三个以上国家参加、处理相互之间的经济关系,或者处理各国共同关心的国际事务的外交方式。莫迪政府努力拓展多边经济外交,表明印度已经突破不结盟政策的桎梏,开始寻求从多个领域、多个渠道来描绘印度外交政策的蓝图。莫迪政府推动南亚区域合作进程、助推建立金砖国家银行、参与 RCEP 谈判、加入上合组织、成为亚洲投资银行创始员国等,都是莫迪政府多边经济外交的实践。

一、莫迪政府推动南亚区域合作进程

南亚区域合作联盟(简称"南盟")成立于 1985 年 12 月,由阿富汗、巴基

---

① Neelapu Shanti, "India-Afghanistan Relations: Gaining Strategic Bonding" [EB/OL]The Economic times, (2019-02-06)[2020-04-03]. https://economictimes.indiatimes. com/blogs/et-commentary/india-afghanistan-relations-gaining-strategic-bonding/
② "India-Afghanistan trade likely to reach $2 bn by 2020: Afghan Ambassador" [EB/OL].The Economic times, (2018-06-13)[2020-04-04].https://economictimes. indiatimes.com/news/economy/foreign-trade/india-afghanistan-trade-likely-to-reach-2-bn-by-2020-afghan-ambassador/articleshow/64978930.cms.

斯坦、孟加拉国、不丹、尼泊尔、马尔代夫、斯里兰卡和印度等 8 国组成,是南亚地区最重要的经济合作组织。南盟的目标是推进各成员国在经济、社会、文化以及科技等领域的合作。印度作为南盟的核心国家,由于和南盟各国存在诸多矛盾,导致其无法发挥主导作用。2014 年 5 月,莫迪成为印度新总理后,邀请南盟成员国巴基斯坦总理谢里夫出席其就任仪式,并在出席第 18 届南盟峰会期间,视察印度在尼泊尔投资 10 亿美元建设的水电站,不断立足南亚,加强同南盟国家的合作。

加快南亚区域合作、加强印度与南亚区域合作的联系,是莫迪政府开展多边经济外交的重要手段之一。在第 18 届南盟峰会上,莫迪提出以贸易、投资、援助、全面合作、人员交流为五大支柱,推动南盟的互联互通和一体化建设,承诺向南盟国家开放 3—5 年赴印商务签证,以及发射一颗服务南盟成员国的卫星,并考虑向南亚互联互通基础设施建设项目提供融资。① 在印度莫迪政府的推动下,2014 年南盟在能源领域取得突破性进展,在南盟峰会上通过了《南盟能源合作框架协议》,旨在加快在南亚地区建立一体化电网,实现成员国之间的电力互补。此外,2015 年莫迪还提出"印度—孟加拉—不丹—尼泊尔公路计划",推进相关各国的互联互通,以建设"迷你南盟",受到南亚诸国的一致好评。然而,虽然印度是南盟的创始成员国,但南盟却因巴基斯坦的不安全感变得无效。2016 年 9 月,印控克什米尔地区遭到恐怖主义袭击后,印度指责巴基斯坦是恐袭背后的支持者,借故拒绝参加当年在巴基斯坦举行的第 19 届南盟峰会,致使此次南盟峰会无法召开。② 印度利用南亚区域合作不能最大限度发挥经济外交效能,故而企图抛开南盟激活无巴基斯坦参与的"环孟倡议"。

2020 年新冠肺炎疫情大流行之后,印度通过主持召开南盟抗击新冠疫情视频会议,为南亚各国提供抗击疫情的各种物资,一定程度上缓解了疫情对经济下行的压力,重拾了印度在该地区的影响力,向国际社会传达了有意与巴基斯坦"修好"的信号。

---

① "Modi Talks about Closer South Asian Integration at SAARC Summitt", *The Hindu*, November 26,2014.

② 林民旺. 印度与周边互联互通的进展及战略诉求现代国际关系 [J]. 现代国际关系,2019(4):60.

二、推进"环孟倡议"（BIMSTEC）的发展

为绕开巴基斯坦在区域合作中发挥作用，莫迪政府将开展区域合作的支点由南盟转向了"环孟加拉湾多领域经济技术合作倡议"（BIMSTEC，简称"环孟倡议"）。"环孟倡议"将印度与包括尼泊尔、不丹、孟加拉国、缅甸、泰国和斯里兰卡等邻国联系在一起。莫迪政府推动"环孟倡议"（BIMSTEC）组织成为南亚地区的主要多边机构，以摆脱巴基斯坦使南盟陷入瘫痪的瓶颈。"环孟倡议"可以看作是印度周边政策的重要延伸。印度实行保护主义贸易政策已有数十年，这导致位于孟加拉湾的印度的邻国倾向于与其他国家建立经济关系。目前，"环孟倡议"已从一个单纯的经济合作组织升级为政治、经济、文化全方位合作的组织平台，为南亚与东南亚国家间的合作提供了重要的渠道。①

孟加拉湾位于印度洋北部，为全球最大海湾。从地缘战略看，孟加拉湾是连接印度洋与太平洋海上航道的咽喉所在，全球四分之一的贸易商品都要经过孟加拉湾。②从地缘经济看，孟加拉湾蕴藏着大量尚未开发的石油、天然气、矿石和渔业资源，是一个生物多样性丰富的地区。因此，从地缘经济考量，孟加拉湾能对沿海国家的经济作出积极贡献；从地缘战略考量，它也有可能成为各国竞相角逐的重要区域。

2014 年 5 月莫迪上任后，于 2016 年召开的金砖国家峰会上有计划地组织了"金融国家—环孟合作倡议"领导人对话会，标志莫迪政府对"环孟倡议"有了新的定位。③2018 年 8 月 30 日，"环孟合作倡议第四次首脑峰会"在尼泊尔举行，力促成员国签订"服贸协议"和"投资协议"，从而最终建成"环孟合作倡议自贸区"。未来，将采用"BIMSTEC +"的模式，将印尼和马来西亚纳入"环孟倡议"。印度期冀通过"环孟倡议"与东盟携手并将其打

① 曹峰毓，王涛. 南亚区域合作的历程、成效及挑战 [J]. 太平洋学报，2017（10）：74-83.

② Constantino Xavier and Darshana M. Baruah, "Connecting the Bay of Bengal: The Problem" [EB/OL].Carnegieindia Report, （2018-03-01)[2019-10-11].https://carnegieindia.org/2018/03/01/connecting-bay-of-bengal-problem-pub-75710.

③ 戴永红，王检平. 环孟加拉湾多领域技术经济合作倡议：转型与前景 [J]. 南亚研究季刊，2019（3）：91.

造成为印度实施经济外交最重要的多边协作平台。

三、莫迪政府参与 RCEP 谈判

"区域全面经济伙伴关系协定"(RCEP)是东盟于 2012 年首倡,邀请中国、日本、韩国、澳大利亚、新西兰、印度共同参加的区域自由贸易协定,旨在削减关税及非关税壁垒,建立 16 国统一市场。协议如果达成,该区域将会涵盖约 35 亿人口,成员国 GDP 总和将达 23 万亿美元,占全球总量的三分之一,成为全球最大的自贸区。2012 年 11 月,东盟 10 国与日本、韩国、印度和中国等国宣布启动 RCEP 谈判。RCEP 成员国国内生产总值和贸易额占全球比重为 30%,是当前亚洲地区规模最大的贸易协定谈判。RCEP 谈判涉及货物贸易、服务贸易和投资三大领域以及规则谈判。印度参与 RCEP 谈判的主要原因如下:一方面,是由于印度与东亚国家实行不同的经济发展模式,东亚国家的生产发展模式是以传统的"雁行模式"分工为基础加以发展的,而印度当时实行的是"进口替代战略",印度参与 RCEP 谈判,为印度融入东亚提供了良好的契机;另一方面,RCEP 是印度推动服务贸易出口的关键。东亚国家的服务贸易较薄弱,而印度的服务贸易较发达,因此这为印度进军广阔的东亚服务市场提供了机会;最为重要的是,RCEP 是莫迪政府在印太构筑多边安全机制的现实选择。[①]

2014 年 5 月莫迪上台后,莫迪政府大力推行"东向行动"政策,开展经济外交来促进经济发展,并把与亚太地区经贸合作发展作为提振经济的首选。"区域全面经济伙伴关系协定"(RCEP)的目的,是促进成员国内贸易自由化,RCEP 成为印度开展经济外交的最佳平台。2015 年 8 月,RCEP 第三次部长会议期间,相关国家的货物贸易市场准入谈判取得突破,承诺在 2015 年底前实质性结束谈判[②],并在 2016 年内尽快解决其他技术性问题。9 月 14 日,根据印度《商业线报》,中印 RCEP 谈判获得突破性进展,双方已同意取消 42.5% 的现行双边贸易关税。10 月中旬,RCEP 结束第十轮谈判,各

---

① 李好. 印度参与"区域全面经济伙伴关系"谈判的动因及制约因素探析 [J]. 亚太经济,2014(5):75-78.

② 同上。

成员按计划就有关议题进一步交换了意见。①

历经 7 年、经过 28 轮正式谈判，先后举行了 3 次领导人会议、19 次部长级会议，最终于 2019 年 11 月 4 日在第三次 RCEP 领导人会议上正式宣布 15 个成员国整体上结束谈判。②印度在此次峰会上正式宣布，决定退出正在进行的 RCEP 谈判。印度总理莫迪表示，由于在关税、与其他国家的贸易逆差和非关税壁垒方面存在分歧，印度决定不签署 RCEP。印度退出 RCEP 既有国内政治的压力，也有经济压力。其中，印度经济面临极大下行压力，对 RCEP 中 11 个国家存在贸易逆差，占印度总体贸易逆差的 57%，莫迪政府担心 RCEP 生效后本国的贸易逆差会持续扩大，伤害印度经济的发展潜力。③

莫迪政府退出 RCEP 的举动表明，在区域经济一体化不利于印度国内产业发展，有损国家利益的现实面前，印度政府倾向于采取保守主义的经济外交手段以维护国家利益。

四、莫迪政府助推建立金砖开发银行

2014 年 7 月 15 日，金砖国家领导人第六次会晤在巴西举行。在这次会议中，金砖国家合作取得了实质性的进展，金砖国家开发银行和金砖国家应急储备基金横空出世，5 国同意签署金砖国家开发银行协议。2015 年对于金砖国家和金砖机制建设而言，堪称具有"里程碑"意义的一年，一方面 2015 年 7 月 21 日金砖国家开发银行正式举行开业典礼，金砖银行和应急储备安排在投入运转方面取得了实质性进展，另一方面，金砖合作架构日益完善，金砖国家之间的合作领域再次实现了新的突破。

金砖银行总部落户上海，首任行长由印度卡马特担任。印度央行副行长尔吉特·帕特尔表示："任何新的机构只要增加长期资本，都必然有利于

① "《区域全面经济伙伴关系协定》结束第 10 轮谈判" [EB/OL]. 中新网，（2015-11-14）[2019-03-19].http://www.chinanews.

② "RCEP 谈判取得重大突破性进展：15 国完成谈判，明年将签署协定" [EB/OL]. 央广网，（2019-11-06）[2019-11-23].https://baijiahao.baidu.com/s?id=1649450037306054974&wfr=spider&for=pc.

③ 陈璐 .RCEP：印度退出原因分析与前景展望 [J]. 国际研究参考，2020（2）:26.

世界。"[1]金砖国家创立的金砖银行将成为"迷你版"的世界银行和"迷你版"的国际货币基金组织,为新兴经济体发展做出卓越的贡献。莫迪政府大力助推金砖银行的成立,并由卡马特担任金砖银行行长,对于印度跨越中等收入陷阱、加强基础设施建设、复苏国内经济、实现印度梦以及在世界格局中扮演重要角色等都将意义深远。2019年7月25—26日,印度外长苏杰生访问巴西里约热内卢,参加金砖国家外长单独会晤,此次会晤是苏杰生就任外交部长以来首次与金砖国家外长会晤。印度认为金砖国家合作机制为各国就当今全球性问题进行磋商、协调与合作,以及增进相互了解提供了宝贵的平台,不仅有利于成员国融入全球产业链,加强国际经济合作,也有利于发展中国家建立公平合理的国际经济新秩序,故而,印度高度重视同金砖国家的交往,并将继续同金砖国家高层保持密切接触,力争将金砖开发银行打造为实施经济外交的重要平台。

五、印度成为亚洲投资银行创始成员国

亚洲基础设施投资银行简称"亚投行",是一个政府间性质的亚洲区域多边开发机构,重点支持基础设施建设,法定资本1000亿美元,总部设在北京。[2]其首批创始员包括中国、印度等21个国家或代表。亚洲是当今世界最具经济活力和增长潜力的地区,但由于建设资金有限,许多国家的铁路、桥梁、公路、港口、机场等基础设施严重不足,成为经济发展的瓶颈。因此,亚投行成立后将立足亚洲基础设施建设,同域外多边开发银行合作,相互补充,共同促进亚洲经济持续稳定发展。

2016年1月11日,印度作为成员国加入亚投行,印度是除中国之外的第二大股东,拥有8.6%股权和7.6%的投票权,拥有相当分量的话语权。[3]众所周知,印度基础设施建设发展非常滞后,其速度严重落后于经济发展的速度,印度经济的发展受制于基础设施的匮乏。莫迪政府上台后雄心勃勃地要恢复印度经济,振兴国内制造业,加强基础设施投资建设,未来25年印度将需

---

[1]　英媒. 金砖银行将缩小贫富差距 [N]. 时代金融 .2014-09-10.

[2]　高铭泽 . 亚投行成立对我国西部经济发展的影响分析 [J]. 知识经济,2016(1);70.

[3]　AIIB:Members and Prospective Members of the Bank,https://www.aiib.org/en/about-aiib/governance/members-of-bank/index.html.

要 4.5 万亿美元的基础设施投资①,但是单靠国内资金无法满足这一需求,由此印度不得不将目光转向外资。印度能源短缺,基础设施建设贫乏,加入亚投行不仅有利于印度吸收到大量基础设施建设资金,而且还有利于弥补能源短缺的缺陷。

2018 年 6 月,亚投行第三届年会在印度孟买举行。针对亚投行的累计贷款和投资规模,印度总理莫迪表示,"希望其累计贷款和投资总额从 2018 年的 40 亿美元增加至 2020 年的 400 亿美元,到 2025 年进一步增加至 1000 亿美元"。②作为仅次于中国的亚投行第二大出资国,印度正在成为亚投行最大的受益者。在亚投行成立的头两年里,亚投行批准了 43 亿美元的贷款,用于为亚洲各地的基础设施项目提供资金,其中超过 10 亿美元的资金将用于印度基础设施建设计划。③2019 年 12 月,亚投行加大了在印度的投资,预计向印度政府提供 5 亿美元的贷款,这将加快孟买郊区铁路网络的建设进程,从而改善全市数百万人的出行安全性和日常通勤能力。

六、莫迪政府加入上合组织

上海合作组织,其前身是上海五国会晤机制,简称"上合组织"。2001 年,乌兹别克斯坦加入"上海五国"并签署《上海合作组织成立宣言》,上海合作组织正式成立。其成员国包括中国、俄罗斯、哈萨克斯坦、吉尔吉斯斯坦、塔吉克斯坦、乌兹别克斯坦、巴基斯坦、印度,另外还有 4 个观察员国(阿富汗、白俄罗斯、伊朗、蒙古国)和 6 个对话伙伴(阿塞拜疆、亚美尼亚、柬埔寨、尼泊尔、土耳其、斯里兰卡)。

2014 年 9 月 12 日,上合组织成员国元首理事会第 14 次会议在杜尚别

① "India a'bright spot': PM Modi tells investors at AIIB meeting"[EB/OL].Hindustantimes,(2018-06-26)[2019-03-20]. https://www.hindustantimes.com/business-news/india-s-fiscal-situation-firmly-in-control-pm-modi-tells-investors-at-aiib/story-B2pgBdnOc8p4k0s-J2n5EDP.html.

② 王欢."亚投行行长在年会上宣布要扩大对非洲、欧洲投资"[EB/OL].环球网,(2018-06-27)[2019-03-20].https://www.sohu.com/a/238102191_162522.

③ 英媒评述印度成亚投行最大借款国:加入者都能受益[EB/OL].参考消息,(2018-03-20)[2019-03-21]..http://mil.news.sina.com.cn/2018-03-21/doc-ifysnfkc1861267.shtml.

举行,中国国家主席习近平发表讲话指出,欢迎符合标准的国家加入上合组织。2015 年 5 月,莫迪在访问中国前夕表示印度愿意加入上合组织,与中俄两国一起打造多边世界,吸取中国俄罗斯资金,重振印度经济。印度希望通过加入上合组织,介入中亚和阿富汗事务、打击恐怖主义、推进印度版互联互通、维护印度的能源安全。[①]2015 年 7 月,上合组织成员国元首理事会第 15 次会议通过了《乌法宣言》,同时正式打开大门,通过了关于接收印度、巴基斯坦加入上合组织程序的决议,实现了上合组织的首次扩容。2017 年 6 月 9 日,印度和巴基斯坦正式成为上合组织成员,这使上合组织成为世界上人口最多、地域最广、潜力巨大的跨区域多边综合性组织。印度作为南亚地区的大国,成为上合组织正式成员国,是新时期印度实现其大国梦的重要实践。印度的加入使上合组织的辐射范围拓展至南亚地区,有利于提升该组织在地区及国际事务中的地位和影响力。[②]2018 年 6 月,上海合作组织青岛峰会在山东省青岛市举办,莫迪首次以正式成员身份前往青岛参加上海合作组织峰会,并与所有成员国举行会谈。2019 年 6 月 14 日,上海合作组织成员国元首理事会第 19 次会议在吉尔吉斯斯坦首都比什凯克举行。莫迪表示,印度高度重视上海合作组织在促进地区政治、安全、经济、人文交流合作中发挥的作用。

印度加入上合组织以来,为印度开展同中国、俄罗斯、哈萨克斯坦、吉尔吉斯斯坦、乌兹别克斯坦等国经济合作提供新的框架。作为上合组织成员国,印度参加了部长级会议和高级别会谈,与中亚四国、俄罗斯、中国和巴基斯坦等国外长定期举行会晤。频繁的会晤和政治接触,有利于印度与成员国之间的关系发展。长期以来,印度对中国合作采取"安全"高于"发展"的逻辑,具有安全磋商机制的上合组织为中印两国经贸合作提供安全和政治方面的兜底,从而大力促进双边经贸合作。中印通过上合组织这个平台,可为中国"丝绸之路经济带"和印度"东望西联"战略实现对接合作,

---

① 白联磊.印度对上合组织的认识和诉求 [J].印度洋经济体研究,2017（4）:83-95.

② 邱昌情.印度加入上海合作组织的进程、动力及影响 [J].南亚东南亚研究,2019（03）:1-16.

从而扩大中印、印俄两国在多边领域的经济合作。①中亚地区被印度视为
"远方的邻居",对印度具有持久的战略意义。印度加入上合组织,有利于
其"连接中亚"政策的实施。上合组织的多边平台为印度和中亚国家实施
这些政策提供了沟通对话与合作的平台,有利于印度在中亚地区建立多边
合作和对话机制,促进互联互通,加强印度与中亚国家在政治、经济和安全
领域的关系。

第四节 莫迪政府的特色经济外交

一、莫迪政府推行"东向行动"政策

东南亚地区不仅是亚洲与大洋洲的连接带,还是太平洋与印度洋之间
的海上通道;不仅是全球大国争夺利益的焦点地区,也是印度吸引外资和开
拓市场、重建在亚洲地缘政治地位、扩大其影响力的重点区域。随着世界格
局和地缘政治的改变,莫迪政府不断扩大在印度—太平洋的利益和参与程
度,进一步加深同东南亚国家的联系。莫迪上任后继续执行并发展了"东向"
政策,将其升级为"东向行动"政策,积极深化与东南亚国家的关系,不断拓
宽合作领域,以谋求在亚太地区获得发展机遇,增强在亚太地区的战略主动
权,以促进印度国内经济改革与发展。加强东南亚国家的经济外交,利用经
济的纽带促进印度与东南亚国家一体化,深入介入东南亚是印度地缘战略
利益所在,从地区层面可进一步发挥主导作用。

(一)莫迪政府同缅甸的经济外交关系

缅甸与印度东北部相邻,边境线长达 1640 公里,是与印度唯一接壤的
东南亚国家,是印度通向东南亚的门户。缅甸也是莫迪政府实施"东向行动"

---

① Brig Vinod Anand, Senior Fellow, VIF, " India and SCO Summit at Bishkek and Beyond" [EB/OL]. (2019-06-24)[2019-06-26,https://www.vifindia.org/2019/june/24/india-and-sco-summit-at-dushanbe-and-beyond.

政策的重要着力点。印度正在推动"环孟加拉湾多领域经济技术合作倡议"（BIMSTEC，简称"环孟倡议"），缅甸是印度加强与东南亚地区接触的关键。缅甸连接了中国与孟加拉湾和安达曼海，而这两个海域对印度的安全也至关重要。随着近年来中国在缅甸拥有越来越大的政治和经济影响力，印度仍在继续与中国展开竞争并努力巩固印缅关系。基于地缘政治、经济、能源和安全等方面的需求，尤其是在中国对缅甸影响力越来越大的情况下，莫迪政府期望拉近与缅甸的双边关系，加强与东盟的联系。①

莫迪上任以来，印缅关系进一步加强，通过频繁的高层互访、会谈、多领域合作将两国关系推向历史上从未有过的高峰。2014 年 11 月，莫迪放弃参加 APEC 峰会，而参加了随后在缅甸首都举行的东盟峰会、东亚峰会。莫迪在率先同东盟 10 国领导人会谈后，访问了缅甸。莫迪分别与缅甸总统吴登盛和民盟领导人昂山素季举行了会晤，被视为印度新政府加强对缅关系的重要战略举措②。2016 年 8 月 22 日，印度外长斯瓦拉杰访问缅甸，双方就农业、基础设施建设、文化交流等问题进行了交流。8 月 28 日，缅甸总统吴廷觉访问印度，两国领导人在政治、安全边境事务等方面取得广泛共识，签署了印度帮助缅甸修建路桥、开展能源合作的 4 个谅解备忘录。10 月，缅甸外交部长和国务资政昂山素季对印度进行国事访问，印度给予昂山素季"国家元首级别"待遇，双方就反恐、边境安全、能源合作等领域进行探讨，并签署多项合作备忘录。

2017 年 9 月，莫迪对缅甸进行国事访问，双方签署了 11 项合作协议，以及关于缅印两国在卫生、文化教育等领域进行合作的谅解备忘录、关于航海安全与重要部门进行合作的谅解备忘录。双方表示缅印两国将进一步增进友好关系，加强两国旅游业、海上防务、卫生、教育、文化等领域合作，以及两国边境地区的安全力度，增加缅甸人力资源，帮助缅甸恢复若开邦孟都地区的治安。

2018 年 10 月，印度外交秘书顾凯杰（Viay Gokhale）会见缅甸国家顾

---

① "India boosts relations with Myanmar, where Chinese influence is growing" [EB/OL].The International Institute for Strategic Studies, （2018-06-01）[2020-05-06].https://www.iiss.org/blogs/analysis/2018/05/india-myanmar-china-relations.

② 刘稚，黄德凯. 近年印缅关系的新发展及动因和影响 [J]. 南亚研究季刊，2016（3）：26—32.

问昂山素季,就包括若开邦局势在内的双边关系、地区和国际问题等进行讨论。顾凯杰其后会见缅甸交通运输部部长丹欣貌(U Thant Sin Maung),就印度正在缅甸投资兴建的交通基础设施互联互通进行讨论,并签署相关备忘录,旨在将缅甸该港与印度以北的米佐拉姆邦连接起来。①

2019年5月缅甸总统吴温敏应邀赴印出席莫迪连任的就职典礼。2020年2月,缅甸总统吴温敏应邀访问印度,这是其当年的首次外访。两国就若开邦局势、边境管控、经贸发展、国防合作等事务以及国际热点问题交换意见,一致同意加强双边伙伴关系并签署了10项合作协议和谅解备忘录。

印度以高层互访为契机,通过经贸合作、基础设施的互联互通开展与缅甸的经济外交。印度是缅甸重要的贸易伙伴,两国在2014-2015财年双边贸易总额已突破20亿美元,虽然近两年贸易总额有所下降,但印度对缅甸的出口却持续扩大,由2014-2015财年的773.24百万美元上涨到2018-2019财年的1205.6百万美元。缅甸对印度的贸易逆差持续扩大,2015-2016财年缅甸对印度的贸易逆差为86.38百万美元,到2018-2019财年,缅甸对印度的贸易逆差高达684.11百万美元。在互联互通方面,两国积极开展基础设施合作。为了改善跨境基础设施,印度致力于与泰国建设一条连接三国的三边公路,印度还同意将这条高速公路延伸到柬埔寨和越南。2014年世界银行向印度米佐拉姆邦公路建设提供1.07亿美元无息贷款,用以建设缅印之间的公路。印缅泰三国高等级公路已经在2015年底实现试通车,整个公路在2016年已经全部建成。航运方面,印度更新和升级印缅航运路线,以满足日益增长的双边贸易需求。印度正在修建贯穿孟加拉国的公路,通过陆路与河道运输的结合,经过缅甸钦邦和若开邦,将印度东北部与缅甸的港口连接起来。缅印两国共同开发的加拉丹河及边境跨境公路的水陆联运项目也已经在2014年完成。2014年6月27日,缅印两国航空公司达成协议,开通印度东北部的曼尼普尔邦首府因帕尔—缅甸曼德勒的航班。此外,缅印还拟加强在光纤网络联通方面的建设。印度与缅甸的互联互通项目还包括目前正在共同研究的"孟中印缅经济走廊"。2019年4月,莫迪和中国国家主席习近平在武汉举行了非正式会晤,双方同意"加快"在

---

① 印度与缅甸促进双边合作 [EB/OL]. 越通社,(2018-10-23)[2020-05-06]. https://zh.vietnamplus.vn/印度与缅甸促进双边合作/87479.vnp.

"孟中印缅经济走廊"的合作。

莫迪加强同缅甸的经济外交,印度可借助缅甸的陆桥地位将自身影响力横贯到东南亚,缅甸可借助印度发展国内经济、教育等问题,两国关系的逐渐升温和强化是两国基于共同的国家利益的现实选择,未来印缅还将借助多边合作机制进一步拓展深化两国关系,对亚太地区地缘政治、力量对比都将产生重大影响。

(二)莫迪政府同越南的经济外交关系

印度和越南在南亚和东南亚分别拥有重要战略位置,两国均拥有庞大的劳动力、巨大的市场以及快速的经济增长。印度和越南都与中国接壤,且均与中国有领土争端。越南与中国在南海问题上存在争议,越南期望获得比如美国、日本、印度等大国的支持,将南海问题国际化,通过多边机制牵制中国。印度与中国在喜马拉雅山脉存在边境争端,作为崛起的大国,中印两国在地区及全球层面都存在竞争。中国通过"一带一路"倡议,不断加强对周边国家的影响,尤其是与巴基斯坦合作的"中巴经济走廊",穿越印巴存在争议的克什米尔地区,引起了印度强烈不满。因此同样与中国有着领土争端的越南是印度地区合作的最佳伙伴之一。由于印度得天独厚的地理条件,越南非常渴望印度到南海搅局,以此促使南海问题多边化,而为加强印度在东亚的影响力,印度也非常希望到南海搅局。[①]越南将印度视为对抗中国的力量,以及武器、技术和培训的来源,并向印度提供在南海进行能源勘探的机会。印度则通过发展与越南的防务关系,促进越南与印度经济外交的发展,一方面扩大印度在东南亚地区政治经济影响力,另一方面也可在一定程度上牵制中国。

2014 年 9 月,印度总统普拉纳布·慕吉克同越南国家主席张晋创共同主持签署 7 份协议,其中包括在南海的石油开采合作,越南将外包另外两块

---

① 杜晓军.印度莫迪政府周边外交政策评析 [J]. 东南亚南亚研究,2015（2）:12-17/108.

南海油气田给印度公司开采。①其间,双方还同意加强印度与越南的经贸合作。阮晋勇指出印度是越南"宝贵的合作伙伴",越南则是印度"向东看"战略的重要支柱,越方希望印度在南海地区扮演更大角色,同时期望两国的双边贸易额在 2020 年能达到 150 亿美元。2016 年 9 月,印度总理纳伦德拉·莫迪访问越南。这是过去 15 年来印度总理首次访问越南,庆祝两国之间 10 年的战略伙伴关系。其间印度和越南签署了 12 项涉及国防和 IT 等多个领域的合作协议,以促进双边关系。"越南正在经历快速发展和强劲的经济增长……我们同意利用该地区不断增长的经济机会,并认识到有必要合作应对新出现的地区挑战",莫迪在河内签署协议后表示,"在越南作为东盟印度协调员的领导下,我们将努力加强印度与东盟在所有领域的伙伴关系"。印度与越南的双边贸易在过去几年里以每年近 26% 的速度增长,达到 78 亿美元。印越领导人都表示,愿将两国关系提升至"全面战略关系"的水平,力争到 2020 年,双边贸易额将增长近 1 倍,达到 150 亿美元。2018 年 3 月,越南国家主席陈大光(Tran Dai Quang)对印度进行重要国事访问,为深化印越在具有战略重要性的海上航道的互联互通做了强有力的宣传。印度和越南在南亚和东南亚拥有各自的战略位置,越南国家主席陈大光声称两国在不同领域的合作潜力巨大,呼吁深化印越海上互联互通。在印度总理纳伦德拉·莫迪和越南国家主席陈大光进行了内容广泛的会谈后,两国签署了 3 个协议,涵盖核能、贸易和农业领域的合作,并决定加强在石油和天然气勘探领域的合作,双方承诺建立一个开放、高效、以规则为基础的地区架构,并进一步扩大双边海上合作。②2018 年 11 月,印度总统拉姆·纳特·科温德对越南进行访问,并与越南总书记阮富仲举行会谈,双方同意进一步加强在

---

① Elizabeth Roche. "India to prospect for oil, gas in 2 more blocks off Vietnam's coast" [EB/OL]. (2014−10−28)[2020−04−06]. http://www.livemint.com/Politics/ldW-MZTb6wm8Cr5Z3OzOEJJ/Talks−gather−pace−on−sale−of−Indian−patrol−vessels−to − Vietna.html,2014−10−28.

② "India, Vietnam ink three pacts, vow to jointly work for prosperous Indo-Pacific" [EB/OL].Press Trust of India, (2018−03−03)[2020−04−06].https://www.hindustantimes.com/india−news/india−vietnam−ink−three−pacts−vow−to−jointly−work−for−prosperous−indo−pacific/story−Iv5Cf9FXkTdQEGTo1kpghN.html.

国防和石油天然气领域的双边战略合作。[1]

防务安全和经济利益促使越南与印度走在一起,两国逐渐从亲密的防务伙伴关系升级为全面的战略伙伴关系。通过促进两国经济合作交流、建立政治与安全互信,印度发展与越南的友好关系,使印度获得了更广阔的外交活动空间。莫迪政府提出的"印度制造""数字印度""100个智慧城市"战略为两国企业提供了多种合作、投资和营商机会。未来两国在制造业、基础设施建设、可再生能源、信息技术等领域还有巨大的合作空间。

二、莫迪政府与中东、中亚国家开展能源外交

中东由于其战略地位、地缘政治、石油资源、宗教信仰等都关系到印度的国家安全和国家利益,因此印度非常重视同中东国家的关系。[2]印度与中东国家的经贸关系比较密切,长期以来,中东一直是印度最大的石油供应地,印度约58%的石油进口来自中东国家,其中沙特阿拉伯是其最大的石油供应国,伊拉克次之。[3]莫迪上台后,认为巩固与中东国家的关系,开展同中东国家的能源外交,对于稳定印度的能源供应具有极其重大的意义。[4]基于印度对能源供应的日益依赖,在辛格政府时就已提出"西望"政策(Look West),期望夯实与中东国家的关系,以保障印度能源安全。自莫迪上任以来,莫迪政府在"西望"政策的基础上,将其明确定性为"西联"战略(Link West)并付诸实践,主要覆盖中东、非洲和西印度洋地区等地缘政治空间。[5]中东是印度"西联战略"的核心地带,莫迪上任以来,积极精耕伊朗、阿联酋、

---

① "Defence, oil deals mark India, Vietnam ties during President Kovind's visit, Press Trust of India"[EB/OL].Hindustantimes,(2018-11-20)[2020-05-06].https://www.hindustantimes.com/india-news/defence-oil-deals-mark-india-vietnam-ties-during-president-kovind-s-visit/story-CF4GIGhzWaQe5V5paxvi1K.html.

② 王力荣,时宏远.论印度与中东关系的嬗变[J].西亚非洲,2011(2):27-32/80.

③ "India,2017 primary energy data in quadrillion Btu"[EB/OL].U.S. Energy Information Administration(2016-06-14)[2020-05-06]. https://www.eia.gov/international/analysis/country/IND.

④ 严瑜.莫迪摆开"中东大棋局"[N].人民日报海外版.(2015-08-18)[2020-03-06].

⑤ 蓝剑学.印度"西联战略的缘起、进展与前景[J].国际问题研究,2019(3):63-80.

沙特等中东国家,开展能源经济外交。

(一)莫迪政府同中东的能源外交

1.莫迪政府与阿联酋的能源外交

2015年8月,印度总理莫迪对阿联酋开展为期2天的国事访问,这是印度总理34年来首次访问阿联酋,也是莫迪上任后首次访问中东国家。访问期间,印度同阿联酋在经济、国防、安全、文化等方面达成一系列合作协议。由于两国有着共同的安全和战略利益,印阿两国同意将双方关系提升至"全面战略合作伙伴"。①莫迪表示,海湾地区对于印度的经济、能源和安全利益至关重要,希望与阿联酋在安全、能源和投资领域加强合作。

2016年2月,阿联酋王储穆罕默德·本·扎耶德·阿勒纳哈扬访问印度,莫迪总理在德里会见了阿联酋王储,两国进一步加深了战略合作伙伴关系。

2017年1月,阿联酋王储穆罕默德·本·扎耶德·阿勒纳哈扬作为印度共和日庆典的主要客人访问印度,其间双方签署了13项不同领域的合作协议,主要聚焦在经济领域,并确定两国定期开展战略对话。②同时,印阿第一轮战略对话在阿布扎比举行,当年10月又举行了第二轮战略对话,探讨两国在贸易和投资等一系列领域的合作。③

2018年2月,印度总理莫迪第二次访问阿联酋,并与阿布扎比王储穆罕默德·本·扎耶德·阿勒纳哈扬举行了会谈,双方签署了涉及能源、铁路、人力、金融等领域的5项协议。④

2019年8月,莫迪总理访问阿联酋,阿联酋王储穆罕默德·本·扎耶

① 蓝建学,宁胜男.莫迪的"中东大棋局"[J].世界知识,2015(18):45-47.

② Jayanth Jacob,"India, UAE to sign 13 pacts during Crown Prince's visit for Republic Day celebrations"[EB/OL].Hindustantimes,(2017-01-23)[2020-05-06].https://www.hindustantimes.com/india-news/india-uae-to-sign-13-pacts-during-crown-prince-s-visit-for-republic-day-celebrations/story-QFlKp3JlP0ZWhQmonxWqBI.html

③ "India, UAE hold strategic dialogue in Abu Dhabi"[EB/OL].Hindustantimes,(2017-10-29)[2020-05-04].https://www.hindustantimes.com/india-news/india-uae-hold-strategic-dialogue-in-abu-dhabi/story-FJLJoFY5Yj33qGTdP1x82H.html.

④ "PM Modi meets Crown Prince of Abu Dhabi; India, UAE sign 5 pacts on energy, manpower"[EB/OL].Hindustantimes,(2018-02-10)[2020-05-04].https://www.hindustantimes.com/india-news/pm-modi-meets-crown-prince-of-abu-dhabi-india-uae-sign-5-pacts-on-energy-manpower/story-io43rZbX437zKY4Yws9wdK.html.

德·阿勒纳哈扬授予总理纳伦德拉·莫迪"扎耶德勋章",这是阿联酋授予的最高平民奖。此间两位领导人讨论了改善印度和阿联酋之间的贸易和文化关系的措施以及建立全面伙伴关系。莫迪还推出了 RuPay 卡,以扩大海外无现金交易网络。阿联酋成为中东第一个启动印度电子支付系统的国家。RuPay 卡计划于 2012 年启动,以实现印度储备银行建立国内和多边支付体系的愿景。①

　　随后几年印阿关系一直处于上升状态,印阿两国经贸关系往来密切,贸易和投资是推动两国双边关系的重要支柱。印度是阿联酋最大贸易伙伴,阿联酋是印度第三大贸易伙伴,2014-2015 财年两国双边贸易额超过 59 亿美元,约占印度对外贸易总额的 7.8%。②在外国直接投资方面,阿联酋是印度最大的投资者之一。2015 年 8 月,阿联酋承诺向印度投资 750 亿美元。2016 年 4 月,印度石油部长在访问阿联酋期间,为阿联酋石油提供投资计划。③2018 年 1 月,阿联酋外长谢扎耶德·阿勒纳哈扬表示,阿联酋计划未来几年向印度投资 750 亿美元。④阿联酋在印度能源版图中占据重要地位,是印度主要石油进口来源国之一,2018—2019 年间成为印度第四大原油进口国。印阿两国达成协议,将通过双边合作在印度建立战略石油储备。阿联酋愿意满足印度的石油需求,其能源需求的 9% 由阿布扎比方面提供。⑤

---

①　"'Welcome my brother to 2nd home,'UAE crown prince confers PM Modi with highest civilian award" [EB/OL].Hindustantimes（2019-08-24）[2020-04-06].https://www.hindustantimes.com/india-news/pm-modi-conferred-order-of-zayed-uae-s-crown-prince-thanks-him-for-visiting-second-home/story-bX4BDwSY5b2RXMJRpo-qB8K.html.

②　"India-UAE ties: A roadmap for deeper cooperation" [EB/OL].Hindustantimes,（2016-02-11）[2020-04-08].https://www.hindustantimes.com/analysis/india-uae-ties-a-roadmap-for-deeper-cooperation/story-3oPfr9qNMDeInZUK2BPmVI.html.

③　"India offers stakes to UAE in petro projects" [EB/OL].Hindustantimes,（2016-04-12）[2020-04-08].https://www.hindustantimes.com/business/india-offers-stakes-to-uae-in-petro-projects/story-Jjej9nuDY5vpsUxaxmrR8I.html.

④　"UAE plans to invest \$75 billion in India, says nation's foreign minister"[EB/OL].Hindustantimes,（2018-06-24）[2020-05-06].https://www.hindustantimes.com/business-news/uae-plans-to-invest-75-billion-in-india-says-nation-s-foreign-minister/story-CLwHUwBEmhXnTnYhqL9BGJ.html.

⑤　詹乐乾.阿联酋称原满足印度石油需求 [N].中国石化报,2015-8-21.

在充斥教派冲突和地缘政治竞争的中东地区,阿联酋为印度提供了一个"相对中性、稳定的立足之地"。①阿联酋是莫迪政府"西联"战略的切入点,同时也是印度扩展与其他中东国家双边关系的跳板。莫迪政府加强与阿联酋的经济外交,不仅夯实了两国之间的关系,同时也为印度与中东互动注入了新动能,这对印度推进"西联"战略、稳定印度能源供应具有重要意义。

2. 莫迪政府同沙特阿拉伯的能源外交

沙特阿拉伯作为中东地区最大的产油国,拥有丰富的石油资源,其探明石油储量约占全世界的 16%,原油生产能力居世界首位,产量仅次于俄罗斯位居世界第二位。同时,沙特也是阿拉伯世界的重要力量。对于印度来说,沙特地区不仅有大量的印度侨民,还拥有丰富的能源储备,莫迪政府对沙特开展能源外交,加强同沙特的能源合作,以此促进两国关系全方位发展,确保印度在海湾地区的战略利益。对于沙特来说,印度不仅能满足其石油出口需要,为沙特的出口和对外投资提供机会,沙特还可以利用与印度的能源合作来加强双方在反恐与地区安全议题上的合作。②

近年来,印度与沙特阿拉伯的关系一直处于上升趋势。2017-2018 财年,印度与沙特的双边贸易额为 274.8 亿美元,沙特成为印度第四大贸易伙伴。莫迪上台后,深化与沙特的战略伙伴关系,在经贸投资、能源安全领域继续开展合作。在 2015 年底,莫迪应沙特国王邀请,对沙特进行国事访问,由于沙特国内的原因,莫迪政府推迟对沙特访问,但是莫迪政府与沙特的能源关系一如既往地在深化。虽然 2015 年沙特失去对印度最大石油供应国地位,但是沙特仍保持着优势地位,居于第二位,沙特对印度日供油 74.52 万桶。

2016 年 4 月莫迪首次访问沙特。莫迪拜访了沙特国王萨勒曼·本·阿卜杜勒-阿齐兹,并被授予沙特阿拉伯最高平民荣誉阿卜杜勒-阿齐兹国王绶带。两国领导人会晤后发表联合声明表示,两国领导人同意加强在反恐行动、情报共享和能力建设方面的合作,以加强在执法、反洗钱、贩毒和其他跨国犯罪方面的合作。莫迪还邀请沙特的公司向印度基础设施领域投资。

① 蓝建学,宁胜男. 莫迪的"中东大棋局"[J]. 世界知识,2015（18）:45-47.
② 肖军. 印度与沙特的能源合作:促因与挑战[J]. 西南石油大学学报,2015（6）: 19-24.

2018 年 11 月,印度总理莫迪在 G20 峰会期间会见了沙特王储穆罕默德·本·萨勒曼,双方讨论了进一步加强经济、文化和能源关系的途径,还就加强在技术、可再生能源和粮食安全方面的投资进行了讨论。①两国决定建立高层机制,促进沙特向印度投资。2019 年 2 月,沙特王储访问印度,进一步推动了双边关系。10 月,印度总理莫迪抵达利雅得,开始为期两天的访问。这是莫迪总理第二次访问这个海湾国家。访问期间,莫迪与沙特国王萨勒曼·本·阿卜杜勒－阿齐兹和王储穆罕默德·本·萨勒曼举行双边会谈,在石油和天然气、可再生能源和民用航空等几个关键领域签署了一系列协议,以加强双方能源合作关系。②印度对沙特来说是一个有吸引力的投资目的地,沙特正在考虑与印度在石油、天然气和矿业等关键领域建立长期合作伙伴关系。沙特阿拉伯最大的石油巨头沙特阿美公司与印度信实工业有限公司拟议的合作关系反映了两国日益增长的能源战略合作关系。沙特阿拉伯是印度能源安全的关键支柱,是印度 17% 以上原油和 32% 液化石油气需求的来源。沙特阿拉伯致力于印度的能源安全,并将填补因其他来源中断而可能出现的供应短缺。印度和沙特阿拉伯在 2019 年已经确定了 40 多个不同领域的合作和投资机会,目前两国的双边贸易额已达 340 亿美元,未来双边贸易额无疑将继续增长。③在未来,印度与沙特阿拉伯的关系将会从原油、成品油和液化石油气供应的双边能源关系,发展为更全面的伙伴关系。

3. 莫迪政府同伊朗开展能源外交

莫迪上台后一直与伊朗保持着良好的关系,不仅因为伊朗拥有世界上最大的天然气田和居世界第五位的石油储量,还因为印度与伊朗经贸关

① Buenos Aires, "PM Modi meets Saudi Prince on sidelines of G20 summit,Press Trust of India" [EB/OL].Hindustantimes, (2018－11－30)[2020－04－07].https://www.hindustantimes.com/india-news/g20-pm-modi-meets-saudi-crown-prince-mohammed-bin-salman/story-iv5kY4TyXD4uEcwF4wgQ0O.html.

② Riyadh, "PM Modi arrives in Saudi Arabia, to hold bilateral talks with King Salman,Press Trust of India" [EB/OL].Hindustantimes, (2019－10－29)[2020－04－06].https://www.hindustantimes.com/world-news/pm-modi-arrives-in-saudi-arabia-to-hold-bilateral-talks-with-king-salman/story-uwiLBAjp7mbXafChRdar6L.html.

③ "Saudi Arabia looking at investing $100 billion in India,Press Trust of India" [EB/OL].Hindustantimes, (2019－09－29)[2020－04－08]. https://www.hindustantimes.com/india-news/saudi-arabia-to-invest-us-100-billion-in-india/story-vDnIXUvyKEl-We3CXfFE2AK.html.

系密切,莫迪除访问阿联酋、同阿联酋开展能源外交之外,还于 2015 年 7 月在金砖国家峰会期间会见了伊朗总统鲁哈尼,8 月会见了伊朗外长扎里夫。莫迪政府把伊朗看作未来能源的一个关键供应国,两国之间的合作已经从能源领域转向战略领域。在靠近石油资源丰富地区的霍尔木兹海峡,印伊两国正在建设庞大的交通网,通过公路和铁路把伊朗的恰巴哈尔港与阿富汗的贸易中心相连。这项工程最终被视为连接恰巴哈尔与中亚国家的纽带,使之成为该地区能源出口的转运点。2016 年 1 月,西方国家正式解除了对伊朗的制裁,这大大扩大了印伊接触的范围,印度正试图重新调整其对伊朗政策。当年伊朗对印度的原油出口量是上年的 3 倍。①在印度、阿富汗和伊朗于 2016 年 5 月签署了一项三边协议之后,新德里一直在围绕锡斯坦－俾路支省的恰巴哈尔开发一条交通运输走廊。该项目受到了美国对伊朗制裁的影响,尽管华盛顿通过给予该港口豁免权来支持恰巴哈尔的发展。2018 年 2 月,印度总理莫迪与伊朗总统鲁哈尼举行了"实质性"会谈,以推动双方在安全、贸易和能源等关键领域的合作。会谈后双方签署了 9 项协议,其中包括一项关于避免双重征税的协议。②2019 年 12 月,印度外长苏杰生访问伊朗,在德黑兰会见伊朗外长,印度和伊朗已同意通过各种措施提高具有战略意义的恰巴哈尔港的经济可行性,包括向使用该设施的商船公司提供更多补贴,另外将采取措施通过恰巴哈尔增加阿富汗的出口。印度还承诺加快建设一条连接恰巴哈尔港和阿富汗边境扎赫丹的关键铁路线,以促进阿富汗的出口。伊朗总统鲁哈尼会见苏杰生时特别提到,该铁路有利于地区贸易发展,希望印度加速建设。③

2018 年美国退出伊核协议,随后发动对伊朗的制裁。在美国制裁伊朗

---

① Harsh V Pant, "India responds to a changing West Asia" [EB/OL].Hindustantimes,(2016-04-21)[2020-04-06],https://www.hindustantimes.com/analysis/india-responds-to-a-changing-west-asia/story-4fdsf0lEiGs7hriWiwAInN.html.

② "India, Iran ink 9 pacts after 'substantive'talks between PM Modi, Rouhani,Press Trust of India" [EB/OL].Hindustantimes,(2018-02-17)[2020-04-02].https://www.hindustantimes.com/india-news/india-iran-ink-9-pacts-after-substantive-talks-between-pm-modi-rouhani/story-jUpbJkGkks5SpDzPkFavGK.html.

③ "Shishir Gupta and Rezaul H Laskar, India, Iran to boost economic viability of Chabahar port" [EB/OL].Hindustantimes,(2019-12-27)[2020-04-05].https://www.hindustantimes.com/india-news/india-iran-to-boost-economic-viability-story-nEU-GUqM1Yphjg9OgGPyLuJ.html.

期间,印度坚持同伊朗开展政治和能源合作。美国制裁伊朗,对印度自身的能源安全、与阿拉伯海湾国家的投资伙伴关系等方面都产生了重大影响。印度高度依赖来自该地区的石油和天然气,以及该国迅速发展的安全。印度还对自己的战略连接利益感到担忧,包括伊朗的恰巴哈尔港,它将印度与阿富汗和中亚连接起来。印度、伊朗和阿富汗共同开发的恰巴哈尔港被认为是三国与中亚国家贸易的黄金机会之门。它位于伊朗的锡斯坦 - 俾路支省的印度洋上,印度正在伊朗锡斯坦 - 俾路支省的恰巴哈尔港附近开发一条过境运输走廊,绕过巴基斯坦进入阿富汗和中亚市场。它有潜力成为印度次大陆、伊朗、阿富汗、中亚和欧洲之间的门户。[①]

莫迪政府除了同阿联酋、伊朗、沙特开展能源外交之外,还与土耳其、卡塔尔等中东国家在经贸、能源领域等开展广泛合作,以确保印度国内石油的稳定供应。在莫迪的第一个任期里,他投入了大量的政治资本、时间和资源,意图拉拢中东地区的主要势力,包括沙特阿拉伯、阿联酋、波斯湾地区的卡塔尔和伊朗以及以色列。在第二个任期里,莫迪将收获政治投资带来的回报,并使印度在中东地区的参与度提高到新的水平。

(二)莫迪政府与中亚国家的能源外交

中亚五国位于亚欧大陆的中心,是整个世界的"心脏地带",战略地位极其重要。中亚与阿富汗、巴基斯坦相邻,巴基斯坦推行"西进"政策,积极与中亚国家改善关系,建立经贸合作,提升地缘战略利益;而中亚与印度并不相连,但被印度视为延伸的邻居。出于能源与安全的考虑,2012 年印度提出"连接中亚"政策,重视与中亚国家发展关系。"连接中亚"政策目标在于维护并促进印度在中亚的利益,并受到其对塑造地区安全格局、确保能源安全、拓展经济机会以及彰显印度大国影响与存在等战略考量的直接驱动。[②]中亚地区拥有丰富的石油和多样的矿产资源。目前中东依然是印度主要能源供应地,然而中东持续动荡不利于印度能源供应的稳定。因此印度积极

① "US-Iran: New Delhi must weigh its options carefully" [EB/OL].Hindustantimes,(2020-01-07)[2020-04-08].https://www.hindustantimes.com/analysis/us-iran-new-delhi-must-weigh-its-options-carefully/story-9Y2vNP8x0fCd64S37eGrZP.html.

② 吴兆礼.印度"连接中亚政策"推进路径与成效 [J]. 国际问题研究,2019(6):67-83.

与中亚国家开展能源合作,以确保能源供应渠道的多元化。自莫迪上台以来,积极发展与中亚国家关系。2015年7月,印度总理莫迪先后对乌兹别克斯坦、哈萨克斯坦、土库曼斯坦、吉尔吉斯斯坦和塔吉克斯坦中亚五国进行访问,这是自苏联解体以来印度总理首次访问所有中亚国家,印度与中亚国家的双边关系达到了前所未有的高度。访问期间印度与中亚五国在不同领域签署了22个协议。2017年印度成为上海合作组织成员国,为印度加强中亚国家关系提供了广泛交流的平台。

1. 莫迪政府同哈萨克斯坦的能源外交

哈萨克斯坦拥有丰富的矿产资源,不仅是石油生产大国,也是拥有全球第二大铀储量,占全球可采铀储量的近15%,目前是印度最大的铀供应国,也是印度通过铀采购合同启动民用核合作的第一批国家之一。印度希望加强两国双边关系,2015年7月,莫迪与哈萨克斯坦总统纳扎尔巴耶夫举行了会谈,双方同意密切合作,扩大双边贸易。①印度与哈萨克斯坦制定了哈印经贸投资合作"路线图",涵盖近30个合作项目。双方签署了5项关键协议,其中哈萨克斯坦国家原子能安全委员会(JSC)和印度国家原子能委员会(NPCIL)签署了一份长期合同,向印度供应天然铀以满足其能源需求。两国还打算扩大在其他矿物方面的合作。

2019年4月,哈萨克斯坦表示将提高对印主要能源的供应,在未来5年哈萨克斯坦向印度供应的能源将从2015—2019年的5000吨提高至7500吨。②两国还希望拓展在太空领域的合作,特别是哈萨克斯坦有兴趣建造用于监测天气的卫星。哈萨克斯坦希望成为印度企业在中亚的中心,特别是在信息技术、金融技术和制药领域。印度是中亚国家重要的贸易伙伴之一,作为中亚最大的经济体,哈萨克斯坦与印度之间的双边贸易额占印度与整个中亚贸易额的一半以上。哈萨克斯坦目前名列全球发展最快的10个经

---

① "India, Kazakhstan sign five key pacts to bolster bilateral ties" [EB/OL].Hindustantimes, (2015-06-08) [2019-09-12]. https://www.hindustantimes.com/india/india-kazakhstan-sign-five-key-pacts-to-bolster-bilateral-ties/story-EtFIJ4pqIcelElqHYzO9IN.html.

② Rezaul H Laskar, "'We may scale up supply of uranium to India': Kazakhstan ambassador Bulat Sarsenbayev" [EB/OL].Hindustantimes (2019-04-25) [2019-04-26]. https://www.hindustantimes.com/india-news/kazakhstan-may-scale-up-supply-of-uranium-to-india/story-cY7NEz4HU6GulmGFlmo3KO.html.

济体之列。哈印两国合作潜力巨大。

2. 莫迪政府和土库曼斯坦的能源外交

土库曼斯坦是世界上第四大天然气储量国,早在 2009 年印度就已与该国讨论铺设天然气跨国管道项目。土库曼斯坦于 2010 年与印度签署协议,修建连接土库曼斯坦、阿富汗、巴基斯坦及印度的天然气管线[①],但由于穿越阿富汗等问题,自 2010 年签署协议以来该项目进展缓慢。2015 年 7 月,莫迪和土库曼斯坦总统别尔德穆哈梅多夫举行全面会谈,两国签署了 7 项协议,并誓言共同打击该地区的恐怖主义。印度表示有意在土库曼斯坦能源领域进行长期投资,并承诺为 TAPI 管道项目投资 100 亿美元。[②]TAPI(土库曼 – 阿富汗 – 巴基斯坦 – 印度)项目是从土库曼斯坦,通过阿富汗向印度和巴基斯坦输送天然气。莫迪希望探索通过伊朗的陆海路线来铺设管道的可能性。莫迪称加强互联互通的必要性是两国关系的一个关键方面,他建议土库曼斯坦成为国际南北运输走廊的一部分。

3. 莫迪政府同乌兹别克斯坦等国的能源外交

2015 年 7 月,莫迪与乌兹别克斯坦总统卡里莫夫举行会谈,双方就提升印度与乌兹别克斯坦双边关系,并把印乌各领域合作提升到更高水平达成一致意见,双方就两国合作前景和现状,以及在政治、经济、投资、文化和人道主义领域拓展合作等问题进行了讨论,莫迪期望能购买乌兹别克斯坦的铀用于核能发电。2016 年乌兹别克斯坦官员回访印度。

2018 年 6 月,印度外交部长斯瓦拉杰在新德里会见了乌兹别克斯坦副总理苏赫罗布·科尔穆拉多夫,双方讨论了加强互联互通、贸易和投资等关键领域合作的途径,并探讨在贸易投资、农业、医药、纺织、互联互通、旅游等领域加强双边合作。[③]9 月,乌兹别克斯坦总统访问印度,这是他自 2016 年

---

① 武剑.莫迪热情拥抱中亚为哪般 [N]. 浙江日报 .2015-07-20.

② "India, Turkmenistan ink 7 pacts, PM for early operation of TAPI" [EB/OL]. Hindustantimes(2017-02-02)[2019-03-06]. https://www.hindustantimes.com/india/india-turkmenistan-ink-7-pacts-pm-for-early-operation-of-tapi/story-MboFeB-1fz6d0UozsoolfcN.html.

③ "Sushma Swaraj holds talks with Uzbekistan's Deputy PM on ways to boost ties" [EB/OL].Hindustantimes(2018-06-27)[2019-03-19].https://www.hindustantimes.com/india-news/sushma-swaraj-holds-talks-with-uzbekistan-s-deputy-pm-on-ways-to-boost-ties/story-O66m6Z2IUd6W5WH3lJC3VK.html.

就职以来首次对印度进行正式访问。莫迪与乌兹别克斯坦总统在新德里举行会谈,双方签署涉及多领域的 17 个协议。两国同意进一步加强战略伙伴关系,制定了到 2020 年双边贸易额达到 10 亿美元的目标,努力建立优惠贸易制度,启动特惠贸易协定谈判,降低关税等,促进贸易和投资发展。印乌双边贸易总额占印度对外贸易总额的 0.05% 不到,但两国贸易发展迅速。2018-2019 财年两国双边贸易总额为 328.14 百万美元,同比增长 40%。印度对乌兹别克斯坦的出口包括医药产品、机械设备、车辆和服务,而进口包括水果和蔬菜产品、服务和肥料。两国商品结构互补,贸易潜力巨大。莫迪政府试图通过以能源合作为基础,促进两国相互投资、农业、医药等多领域的合作。

4. 莫迪政府与塔吉克斯坦、吉尔吉斯斯坦的能源外交

2015 年 7 月,莫迪访问塔吉克斯坦,双方就经济、能源、安全、农业、文化和科学领域的深层次合作交换了意见。2016 年 12 月,印度总理纳伦德拉·莫迪和塔吉克斯坦总统埃莫马利·拉赫蒙就激进主义和极端主义威胁、贸易和投资等战略问题进行会谈,并签署 4 项协议。[①]2018 年 10 月,印度总统访问塔吉克斯坦,并与塔吉克总统埃莫马利·拉赫蒙举行双边会谈,访问期间签署 8 个谅解备忘录。

吉尔吉斯斯坦是印度进口金矿和其他珍贵矿石的主要来源。[②]印度和吉尔吉斯共和国有着传统的友好关系。2018 年 6 月 11 日,印度总理纳伦德拉·莫迪在中国青岛参加上海合作组织峰会期间会见吉尔吉斯斯坦总统捷恩别科夫,并祝贺吉尔吉斯斯坦担任上海合作组织主席。8 月,印度外长斯瓦拉吉访问吉尔吉斯斯坦,以加强两国双边关系。

印度拥有超过 10 亿人口的大市场,对中亚国家有非常大的吸引力。印度试图在经贸、能源等方面与中亚国家开展广泛合作,为了更好地融入中亚地区,印度已经启动了同欧亚经济联盟建立自由贸易区的研究工作。通过过境能源贸易,可极大地促进双方的经贸往来。但缺少陆地通联是印

① PTI, "India, Tajikistan ink four pacts, to step up anti-terror cooperation" [EB/OL].Hindustantimes, (2016-12-27)[2019-03-19].https://www.hindustantimes.com/india-news/india-tajikistan-ink-four-pacts-to-step-up-anti-terror-cooperation/story-ND3cg35VUIgitEixi1hvFJ.html.

② 武剑. 莫迪热情拥抱中亚为哪般 [N]. 浙江日报 .2015-07-20.

度和中亚国家双边经贸合作的重要障碍。莫迪政府志在取道伊朗,经过中亚直通欧洲,建立"以印为主"的"南北运输走廊"(INSTC)和能源通道。INSTC 是一个长 7200 公里的多式联运网络,由轮船、铁路和公路组成,用于在印度、伊朗、阿富汗、亚美尼亚、阿塞拜疆、俄罗斯、中亚和欧洲之间运输货物。2016 年 5 月,莫迪在访问伊朗期间,两国同意修建恰巴哈尔—扎赫丹段铁路作为该走廊的一部分。2018 年 2 月,印度成为《阿什哈巴德协定》的成员国,该协定旨在伊朗、阿曼、土库曼斯坦和乌兹别克斯坦之间建立国际运输和过境走廊,促进与中亚地区的互联互通。莫迪还对恰巴哈尔港项目投入了巨大的热情,认为该港为印度绕过巴基斯坦将货物直接运输至阿富汗和中亚国家提供了直接的海陆通道,是强化印度与该地区联系的有力举措。印度宣布将投资 2 亿美元用于建设该港。①这样在一定程度上改善了互联互通状态,将进一步促进印度与中亚国家的经贸关系发展。

纵观莫迪政府的能源外交,可以管窥追求能源安全最大化是印度能源外交的价值旨归,实施进口来源地多元化、运输渠道多元化、合作模式多元化的能源外交战略,成为莫迪政府维护能源安全的现实选择。受印度地缘政治思想影响,莫迪政府的能源外交战略遵循其地缘政治、经济战略的圭臬,构建以中东为内核、以非洲为中层、以周边和其他能源行为体为外层的同心圆能源外交格局。

三、莫迪政府对非洲国家开展援助外交

印度与非洲国家同处印度洋地区,是一衣带水的近邻,隔印度洋相望。尼赫鲁曾宣称:"非洲尽管和印度相隔印度洋,但它是我们关系密切的邻居。从历史上看,印度的利益和非洲的发展一直联系在一起。"非洲一直被印度视为能够在国际舞台上支持印度的重要力量。非洲是联合国成员国最多的大陆,有 53 国之多,占联合国席位的 1/4,是联合国舞台上的重要力量。印度一直怀有成为联合国安理会常任理事国的抱负,印度官员曾直言不讳地说:"非洲国家在联合国大会上是一股庞大的势力,如果印度想在联大安全

---

① 张杰,石泽.莫迪政府的中亚政策 [J].国际论坛,2019(4):122-135.

理事会上争得一席,这个集团的支持是举足轻重的。"①由于非洲拥有大量的石油、天然气、煤炭等能源资源,随着印度经济快速发展,对能源需求缺口大,莫迪政府开始把非洲作为其能源多元化渠道的供应地区;印度和中国作为亚洲的大国、发展中国家的代表,双方的矛盾和冲突也影响了两国的对非关系。近年来非洲经济快速增长、人口红利不断显现,10亿人口中约有3亿"中产阶层",已经成为世人眼中"希望的大陆",抢占非洲经济机遇,也是莫迪政府拓展对非洲经济外交的重要因素。

自2014年莫迪总理上台以来,印度政府大力调整对非洲政策,提升非洲外交战略地位,深化印非经贸、安全与人文合作,这既适应了莫迪政府"建设一个强大、自立和自信的印度"的战略需求,也在一定程度上凸显了印度抗衡中国"一带一路"在非洲影响的意图。②2015年10月26—29日,印度在新德里举行第三届印非论坛峰会,来自非洲全部54个国家的领导人或代表出席该次会议,其中有41位国家元首和政府首脑,包括南非总统祖马、尼日尼亚总统布哈里和埃及总统塞西等。③莫迪向与会非洲领导人和代表承诺,为了加强印非合作伙伴关系,在未来5年内向非洲国家提供新一批、金额达100亿美元的低息贷款,用于非洲在基础设施、公共交通、清洁能源、农业和制造业等领域的发展。④他还承诺将提供6亿美元的援助,其中包含1亿美元的"印非发展基金",1000万美元的"印非卫生基金",同时向在此期间在印度读书的非洲学生提供5万份奖学金。莫迪还表示,印度愿意为非洲的繁荣和一体化提供支持。印度将帮助非洲建设"数字非洲"、发展基础设施、创造就业机会。⑤该峰会每隔三年举办一次,2020年9月举办了第四次论坛,印度方面借这个峰会与非洲领导人探讨贸易和投资机遇,促进外交关系。

---

① "第二届印度——非洲论坛峰会在亚的斯亚贝巴召开"[EB/OL].国际在线, (2011-05-25)[2019-10-20].http://news.cri.cn/gb/27824/2011/05/25/3245s3257805.htm.

② 徐国庆."一带一路"倡议与印度对非政策[J].晋阳学刊,2019(3):76.

③ "印非首脑会议召开,印度承诺向非提供100亿美元贷款"[EB/OL].新闻国际在线,(2015-10-30)[2018-08-20].http://gb.cri.cn420.

④ "印度承诺向非洲提供百亿美元低息贷款"[EB/OL].滚动读报–地方频道, (2015-10-30)[2018-10-30].http://difang.grnw.cn.

⑤ "印度的非洲时刻来了?"[EB/OL].人民网,(2015-10-31)[2018-03-15]. http://world.people.com.cn/n/2015/1031/c157278-27760195.html.

2015 年印度石油部长普拉丹表示："印度国有石油和天然气公司已经向莫桑比克天然气田投资了 60 亿美元,到 2019 年还将再投资 60 亿美元。印度目前 90% 以上的天然气进口都来自卡塔尔,如若印度在莫桑比克投资天然气领域取得成果,莫桑比克可能会与卡塔尔匹敌成为印度液化天然气的一个重要来源国。"①

2016 年 7 月,印度总理莫迪访问了莫桑比克、南非、坦桑尼亚和肯尼亚非洲四国,这是他首次访问非洲。莫桑比克正在成为印度在非洲的重要合作伙伴,能源与安全是两国合作的重要领域。海上通道也是印度关注莫桑比克的另一重要因素。莫桑比克拥有近 2500 公里的海岸线,控制着通往印度洋的两个关键海上咽喉要道,战略位置十分重要,是莫迪实施印度洋战略,与主要沿海国家建立牢固安全关系的重要一站。

2017 年 5 月,非洲开发银行年度会议首次在印度举行,主题是"农业转型与非洲的财富创造",54 个非洲区域成员国和 27 个非区域成员国出席会议。在开幕式上,莫迪表示,"2014 年上任后我把非洲作为印度外交和经济政策的重中之重",印度与非洲国家的伙伴关系不受任何条件限制,将继续由需求驱动。②2017 年 10 月,印度总统拉姆·纳特·科温德作为国家元首首次出访具有重要战略意义的非洲大陆。印度总统对埃塞俄比亚和吉布提的访问,被视为重申了莫迪政府对中国已经取得重大进展的非洲大陆的重视。

2018 年 1 月,印度总理莫迪和南非总统西里尔·拉马福萨在海得拉巴宫举行代表团级别会谈,两国达成一项为期三年的战略合作计划,以加强两国战略伙伴关系,促进在贸易、国防、海上安全和信息技术等关键领域的合作。两国同是金砖国家和 IBSA 集团的关键成员。2017–2018 财年,双边贸易额超过 100 亿美元。在金砖国家、二十国集团、印度洋沿岸国家

---

① Pramit Pal Chaudhuri, "India's 21st century African partner: Why Mozambique was Modi's first stop" [EB/OL].Hindustantimes, (2016-06-07)[2020-03-08].https://www.hindustantimes.com/india-news/india-s-21st-century-african-partner-why-mozambique-was-modi-s-first-stop/story-jPw0z4yQQbnWdddIOkvRAM.html.

② IANS, Gandhinagar. "Africa a top priority, will always stand shoulder to shoulder: Modi" [EB/OL].Hindustantimes (2017-03-23)[2020-04-09].https://www.hindustantimes.com/india-news/africa-a-top-priority-will-always-stand-shoulder-to-shoulder-modi/story-J6k83zW6Ew6wQwAMRYE4WM.html.

协会和 IBSA 等许多论坛上的相互合作与协调非常牢固。7 月莫迪前往非洲,对卢旺达、乌干达及南非三国进行访问。这是印度总理首次访问卢旺达。印度将卢旺达视为通往东非的重要门户,两国于 2017 年 1 月正式签署了战略伙伴关系协议。卢旺达还是非洲联盟的现任主席,非洲联盟是非洲第三大维和部队派遣国,在联合国驻中非共和国特派团中发挥着重要作用。这也是莫迪 2018 年 2 月在西里尔·拉马福萨总统领导的新政府就职后首次访问南非。①访问期间,双方同意探讨促进贸易和投资的解决办法,拉马福萨同意简化和改革南非的商务签证制度。他们还对联合国改革步伐缓慢表示担忧,并同意共同努力,确保在扩大后的安理会中拥有代表。②

莫迪当选印度总理后,推动印度大外交战略的实现,对非洲国家开展经济外交,是为莫迪政府调整多边或双边国际关系服务的。莫迪上任以来,印度与非洲国家的政治接触比以往任何时候都更加密切。为了加强外交接触,印度将在非洲开设 18 个新使馆,使印度驻非洲 54 个国家中的使馆总数由目前的 29 个增加到 47 个。③2015 年以来印非贸易和投资合作持续扩大,印度成为仅次于中国的非洲第二大贸易国,印度已成为非洲第五大投资国,累计投资额达 540 亿美元。④印度私营部门也在推动与非洲的伙伴关系,从汽车制造到药品和药品,从纺织品到信息

---

① HT Correspondent , "PM Modi to kick off 3-nation tour to strengthen ties with Africa today" [EB/OL].Hindustantimes, (2018-06-23)[2020-04-03].https://www.hindustantimes.com/india-news/pm-modi-to-kick-off-3-nation-tour-to-strengthen-ties-with-africa-today/story-kWlA0nOW8VmoSbklkSr77K.html.

② HT Correspondent , "India, South Africato boost trade, defence in 3-year programme" [EB/OL].Hindustantimes, (2019-01-25)[2020-03-04].https://www.hindustantimes.com/india-news/india-south-africa-to-boost-trade-defence-in-3-year-programme/story-eRk989UKZkAjMk0wwdt32J.html.

③ 印度要在非洲新设 18 个使馆,印媒:与中国争夺在非影响力 .[N/OL]. 环球时报,(2018-7-27)[2020-04-05].https://world.huanqiu.com/article/9CaKrnKaNuP.

④ Harsh Shringla, "Why the India-Africa bond matters" [EB/OL].Hindustantimes (2020-02-13)[2020-03-08].https://www.hindustantimes.com/analysis/why-the-india-africa-bond-matters/story-P59WWjGjfguAeNYBYKmcBO.html.

技术服务,从水处理到石油炼制,[①]非洲大陆各地都有印度私营企业的影子。

从莫迪政府经济外交实施的情况看,无论是大国外交还是南亚外交,抑或特色经济外交和多边经济外交,印度经济外交都取得一定的战略收益。从大国经济外交看,印度同美国、中国、日本、俄罗斯、英国、法国等开展大国经济外交,为印度吸引了投资和先进技术,促进印度对外贸易的发展。除中国以外,印度同各大国之间均没有历史宿愿或战略冲突,鉴于印度日益扩大的政治经济影响力,各大国也十分愿意与印度交好。与中国的经济外交,印度一向以竞争对手的姿态定义中国,印度与美国、日本、澳大利亚在印太地区的战略布局,面向东亚 – 太平洋的"东向行动",皆有针对中国的意图。另外,印度也被许多国家视为平衡的中国的力量,这也为印度提供了更大的战略空间,有助于印度在各大国之间游刃有余地开展外交活动,增加了印度的外交主动权。然而莫迪仍然积极与中国开展合作和对话,促进双方政治经济交流,不仅争取到中国的投资,也增大了印度在地区和全球层面的政治资本。从南亚经济外交看,莫迪以经济援助和经济制裁为手段开展与南亚诸国的经济外交,增强了印度对南亚邻国的政治经济控制力,扩大了印度的战略安全半径,进一步巩固了印度在南亚区域的大国核心地位。从特色经济外交看,印度与东南亚国家的经济外交提升了印度 – 太平洋地区的政治经济地位,印度与中东、中亚国家的经济外交,进一步提升了印度战略纵深,保障了印度能源供应及其多元化发展,对非洲的援助外交,为印度得到非洲各国的支持和为更深入地介入非洲事务打下基础。此外,莫迪政府也意识到对南美洲新兴国家的忽略,在 2020 年,莫迪进一步扩大了与巴西、智利、墨西哥等国的政治经济交流,意图进一步促进对外经济合作。从多边经济外交看,莫迪通过各大国际组织开展经济外交活动,也有力地促进了印度国际威望的提升,为印度打造有利于本国的全球贸易秩序和外部环境提供了有力的支撑。

---

① Ashok Malik, "Why the meeting of the African Development Bank in Gandhinagar is important" [EB/OL].Hindustantimes,(2017-06-20)[2020-03-08].https://www.hindustantimes.com/opinion/why-the-meeting-of-the-african-development-bank-in-gandhinagar-is-important/story-J2GQIfAcVeQDeeF3p9HUwI.html.

第四章
莫迪政府经济外交的
成效与不足

莫迪政府的经济外交不仅促进了国内经济发展,还加快了基础设施建设进度,且实现了能源渠道和能源产业的多元化发展。另外,莫迪政府的经济外交也增强了印度在地区及全球经济的参与度,吸引了更多的外国投资,有力地促进了印度对外贸易的发展。印度政治发展带来国家宏观经济形势向好,产生了一些积极的变化,莫迪政府的经济外交在内容和形式上都变得丰富多彩,但也存在一些不足。全面评估莫迪政府经济外交的成效与不足,对中国开展经济外交吸取经验教训大有裨益。

第一节 莫迪政府经济外交的成效

自莫迪上任以来,印度经济取得了7%的增长率,并在2017年超越了中国的经济增长率,成为世界上经济发展最快的重要经济体,在全球的经济地位从第九名升至第六名。2019年,印度GDP为2.94万亿美元,超过英国成为全球第五大经济体。2019年3月,印度还成功进行了反卫星导弹试验,莫迪称"印度应该为其不断增长的实力和影响力感到自豪","印度取得了历史性的成就"。①随着印度经济增速的稳步提升,印度综合国力和国际影响力也大幅度增强,为其国家战略的实现奠定了良好的基础,莫迪政府推行的经济外交也取得了显著的成效,主要体现在以下四个方面。

一、签订多项贸易投资协议、吸引大量外资

莫迪密集的经济外交活动,被普遍认为是他执政以来的最大亮点,而经济外交的首要目的,就是吸引外国投资和印度侨资。莫迪2014年上任后,开始积极推进对外开放,逐步取消了外资持股限制;此前印度更多采取进

① "印度成功试射反卫星导弹" [EB/OL]. 人民网,2019-3-28[2020-1-12].http://scitech.people.com.cn/n1/2019/0328/c1057-31000548.html.

口替代来保护本国产业,除印度政府一向重视、给予优惠较多的制造业和高科技行业以外,近年来对外资的限制可谓全面放宽,比如将军工、医药(新设企业)、民航(新设企业)等行业的外资持股比例由以前的 49% 上调到了100%。此外,莫迪积极出访为印度"站台"、招商引资,吸引外资进入,包括国防、传媒、医疗、民用航空、畜牧业、银行、保险、零售业、电子商贸等领域在印度都快速发展。从 2014 年起外资流入显著提升,一定程度上带动了印度经济的增长。

莫迪还不断在联合国大会、达沃斯世界经济论坛、二十国集团会议、金砖国家峰会等重大国际场合展现新的印度形象,直接或间接地向世界推销印度,吸引外商对印度投资。加上莫迪在世界推广瑜伽、印地语等印度文化,善于使用推特等新媒体和青年人互动,更是增加了印度的国际曝光度,塑造了良好的国家形象和投资环境。

近些年来,印度的经济增速使其成为全球主要经济体中发展最快的国家。莫迪上任至 2017 年 8 月底,印度对外资的开放速度不断加快,步伐不断加大,主要表现在对外资开放的行业不断增多,允许外资持股上限不断提高,准入审批范围不断缩小。印度的营商环境持续改善,吸引外资不断增多,印度已成为对外商直接投资最开放的国家之一。2015 年和 2016 年印度连续两年超过中国和美国,成为全球接收外商直接投资最多的国家。2014-2015 财年为 247.48 亿美元,2015-2016 财年增至 360.68 亿美元,2016-2017财年为 363.17 亿美元,2017-2018 财年稳步增长到 609.74 亿美元。①

莫迪上台以后,为吸引国外投资发展经济,放宽了对各个行业投资的限制,并通过"印度制造""数字印度"等战略,积极向其他国家宣传,效果显著。据《金融时报》和会计师事务所安永发布的调查报告,2015 年上半年,印度吸引外国直接投资(FDI)达 310 亿美元,超过中国的 270 亿,成为吸引外资最多的国家。其中印度制造业吸引的外国直接投资于 2015 年上半年开始急速增加,同比上升 221%,增速为 7 年来的最快,在所有外国直接投资中占比达 46%。外国直接投资在除基础设施建设外的几乎所有制造业领域都出现了快速增长,其中以汽车产业、航空航天及清洁技术等行业最为突出。报

---

① Reserve Bank of India, *Annual Report 2017-2018*, Foreign Direct Investment Flows to India: Country-wise and Industry-wise[M/OL], https://www.rbi.org.in/Scripts/Annual ReportPublications. aspx? Id =1221.

告显示,市场巨大、劳动力成本低以及劳动者技能提高成为印度吸引外国直接投资最重要的三个因素。[①]

2018 年吸收的外资印度首次超过了中国,外国企业针对印度企业的交易以及并购总额为 937 亿美元,较 2017 年同期增长了近 52%,收购方在印度花费了 395 亿美元。

印度商工部公布的数据显示,印度 2019 年 4—9 月份外国直接投资(FDI)同比增长了 14.7%,达到 260 亿美元,较 2018 年同期有了很大的增长。这些外资主要集中在服务业(44.5 亿美元)、计算机软硬件(40 亿美元)、通信业(42.8 亿美元)、汽车(21.3 亿美元)和贸易(21.4 亿美元)。而且新加坡继续以 80 亿美元的投资成为印度最大的外国直接投资来源。紧随其后的是毛里求斯(63.6 亿美元)、美国(21.5 亿美元)和日本(17.8 亿美元)。印度在 2019 年为了吸引外资,还对 FDI 的相关投资规范进一步放松,主要是进一步扩大了外商投资的自动许可范围,外资的持股比例也得到进一步提高。[②]

在世界银行公布的营商友好环境国家排名中,印度也是大幅跃升,排到了全球第 77 名。而印度长期以来,复杂的税收网络、官僚贪腐严重、行政体系僵化、民间办事效率低下都是让外国企业比较忌惮的地方。但是近年来,莫迪对此采取的一系列措施已经开始显现效益,比如用全国性商品和服务税取代复杂的税收网络,承诺出台终结税收恐怖主义的政策。

二、与南亚国家的经济联系不断加强

莫迪曾明确表示,他的经济外交的一个重要部分将集中在印度周边地区。主要有四个方面的特点:一是低姿态,加强与南亚国家的沟通,增进与南亚国家的亲近感;二是加强经济依赖度;三是消除南亚小国对印度政府的恐惧;四是积极应对中国对南亚的力量扩张。自他上任以来,先后与尼泊尔、斯里兰卡、阿富汗等周边国家加强经济联系,突出发挥南亚区域合作联盟的作用,支持加强南亚地区互联互通和经贸、能源合作。

莫迪就职总理后,即首访了不丹,凸显了南亚周边外交是其政府外交的

---

① 陈金英. 莫迪执政以来印度的政治经济改革 [J]. 国际观察,2016(2):122-123.

② "印度 2019 年 4-9 月份 FDI 增长 14.7%" [EB/OL]. 新浪网,2020-1-7[2020-1-12], http://finance.sina.com.cn/roll/2020-01-07/doc-iihnzahk2497647.shtml.

基础。这一方面在于不丹是与印度问题最少的南亚国家,另一方面,不丹是印度传统的势力范围,有着丰富的水电资源,印度在不丹投资的第二大水电项目总值就高达 12 亿美元,装机总量达 1400 兆瓦。2018 年 12 月,不丹新上任的首相洛塔·策林选择印度作为首个出访的国家,莫迪在两人会面后重申了"邻国优先"政策,并宣布将为不丹提供 450 亿卢比的财政援助,用以支持该国水力发电等多项基础设施建设。2019 年 8 月,莫迪第二次访问不丹,尽管印度与不丹的合作大部分围绕水力发电项目,但莫迪在此访中增加了教育、创新和太空技术等合作领域,并新发起了多个项目,从液化石油气、太空技术到科学和教育等。莫迪还和不丹首相洛塔·策林一同揭牌了在印度空间研究组织(ISRO)支持下建造的南亚卫星地面接收站。莫迪承诺,将在太空空间技术和电子支付方面为不丹提供帮助,并致力于推动不丹的经济和基础设施发展。[1]

2014 年,时隔 17 年后莫迪成为再次访问尼泊尔的印度总理,并宣布向尼泊尔提供总额度为 10 亿美元的优惠贷款,同时启动了一系列援助项目,包括建造公路、信息技术园以及电力供应网络的协议等。2018 年 5 月,莫迪总理再次访问尼泊尔,在加德满都,莫迪和尼泊尔总理奥利共同远程为印度开发的 900 兆瓦 Arun III 工程举行了奠基仪式。Arun III 是尼泊尔境内开发的最大的水电项目,预计在 5 年内完成,将成为尼泊尔经济的变革者,旨在向尼泊尔政府提供数十亿美元的免费电力、特许权使用费和税收,印度也将通过该项目发电获益。[2]

2015 年,莫迪访问孟加拉国期间,向该国提供了 20 亿美元的贷款额度,以帮助孟加拉国发展项目,如公共交通、道路、铁路、港口等。[3]2017 年 4 月,

① "莫迪连任后再访不丹:揭牌卫星地面接收站,推广印版电子支付" [EB/OL]. 澎湃网, 2019-8-19[2020-2-12], https://baijiahao.baidu.com/s?id=1642307346199561909&wfr=spider&-for=pc.

② "印度总理莫迪访问尼泊尔" [EB/OL]. 新华网, 2018-5-11[2020-2-12], http://www.sohu.com/a/231265940_123753.

③ "Joint Declaration between Bangladesh and India during Visit of Prime Minister of India to Bangladesh-Notun Projonmo-Nayi Disha", 2015-6-7[2020-2-13], http://www.mea.gov.in/bilateral-documents. htm? dtl/25346/Joint_Declaration_between_Bangladesh_and_India_during_Visit_of_Prime_Minister_of_India_to_Bangladesh_quot_Notun_Projon-mo__Nayi_Dishaquot.

孟加拉国总理哈西娜访问印度,莫迪表示将向孟加拉国提供45亿美元优惠贷款额度,以便于该国实施优先部门的项目。莫迪强调"6年多来,印度给予孟加拉国的资源配置达到80多亿美元","印度一直支持孟加拉国及其人民实现繁荣昌盛,我们是孟加拉国长期以来值得信赖的发展伙伴"。[1]2019年10月,孟加拉国总理哈西娜再次访问印度,与莫迪签署了7项双边合作文件。主要包括一套沿海监控系统的谅解备忘录;制定从孟加拉国吉大港、蒙格拉港进出口货物到印度的标准作业程序;关于印度从孟加拉国芬尼(Feni)河以每秒1.82立方英尺的规模抽水以供应印度东北部特里普拉邦某些城镇的日常用水的谅解备忘录;关于印度向孟加拉国承诺的信贷额度实施协议;印度海得拉巴大学与达卡大学合作谅解备忘录及续签一份之前关于青年事务交流合作的谅解备忘录。过去十多年来,两国在传统领域的合作大为加强,这次还在"蓝色经济"和航海事务、和平利用核能、太空研究、网络安全等领域加强合作,凸显了两国紧密的合作关系。[2]

2015年初,斯里兰卡新政府组建后不久,印斯首脑就实现了互访,双方达成民用核能协议,同意互换货币,印度还向斯里兰卡提供了3.18亿美元信贷用于铁路建设等。2019年6月,莫迪连任后再次出访斯里兰卡,表示愿意帮助斯里兰卡选择项目,并将按照斯里兰卡拟定的时间表开展工作。所援助的项目价值30亿美元,其中5亿多美元是赠款形式。

2018年11月17日,在马尔代夫总统萨利赫就职典礼上,莫迪是唯一出席的外国领导人,他在会晤结束后举行的新闻发布会上宣布,印度向马尔代夫提供包括预算支持、货币互换和信贷额度等形式的一揽子财政援助,总额达14亿美元。近年来印度对外援助的数额每年大约10亿美元,此次对马尔代夫一国的援助,就已达到全年的额度,也是印度向马尔代夫提供的最大一笔援助款。12月17日,萨利赫总统访问了印度,两国举行了代表团级别的对话会,双方签署了多项合作协议。萨利赫表示,印度不仅是马尔代夫"最

---

① "Press Statement by Prime Minister during the State Visit of Prime Minister of Bangladesh to India",2017-4-8[2020-2-13], http://www. mea.gov.in/Speeches-Statements.htm?dtl/28359/Press_Statement_by_Prime_Minister_during_the_State_visit_of_Prime_Minister_of_Bangladesh_to_India.

② "孟加拉国与印度签署7项双边合作文件" [EB/OL]. 新浪网,2019-10-5[2020-2-12], http://news.sina.com.cn/w/2019-10-05/doc-iicezuev0256865.shtml.

亲密的朋友",还是马尔代夫最大的贸易伙伴之一,马尔代夫已经做好准备,迎接更多来自印度的投资。莫迪同时强调,两国的安全利益相互交织,双方将共同努力,进一步加强在印度洋地区的合作。①2019 年 6 月,莫迪连任后即访问了马尔代夫,两国签署了 6 项协议,以加强在国防和海上等领域的联系。在联合声明中,莫迪称,选择将马尔代夫作为其连任后首访的第一个国家,这是一个"重要的象征性姿态",反映出两国间的"特殊关系"。萨利赫重申了本国政府的"印度优先"政策,并承诺全力支持深化"印度和马尔代夫之间多方面的互利伙伴关系"。②

莫迪上台后即提出的"新邻国外交",也有利于推进南亚次区域的合作,因为盘活南盟、推动南亚区域合作是印度在经贸领域"稳住"南亚的重要手段。成立于 1985 年 12 月的南亚区域合作联盟(简称"南盟")是南亚地区最重要的经济合作组织。2014 年 11 月 26 日,南盟第 18 次峰会在尼泊尔首都加德满都召开。莫迪在峰会期间视察了印度在尼泊尔投资 10 亿美元建设的水电站,并向该地区增加卫生和基础设施方面的投入,向周边国家开放印度市场,以增加南亚经贸发展的活力。2015 年 2 月中旬,在伊斯兰堡举行的南盟外长会上,印方主动提议成立南盟高级经济理事会,旨在落实和进一步强化莫迪所推行的"新邻国外交"。印度外长斯瓦拉杰强调,南亚自由贸易区只是经济合作成功的第一步,南盟要为 2020 年成立南亚经济联盟确定发展目标。③

三、武器采购实现多元化

军事力量作为外交政策的工具,是实现国家利益的手段之一。随着莫迪经济外交的开展,印度经济发展的势头良好,因此迫切希望通过采购武器,与战略伙伴实现安全捆绑,建立地缘战略支点,实现"以军强国"的战略

---

① "马尔代夫总统访问印度 莫迪:将向马尔代夫提供 14 亿美元援助" [EB/OL]. 新浪网,2018-12-18[2020-2-12],http://news.sina.com.cn/o/2018-12-18/doc-ihqhq-cir7858366.shtml.

② "莫迪连任后首访选择马尔代夫,强调'邻国优先'意在中国"[EB/OL]. 搜狐网,2019-6-11[2020-2-12],https://www.sohu.com/a/319720015_260616.

③ "印度加强南亚'新邻国外交'"[EB/OL]. 中华人民共和国国防部,2015-3-6[2020-2-12],http://www.mod.gov.cn/opinion/2015-03/06/content_4573435.htm.

构想。印度已成为全球武器市场的最大进口国之一,几乎每年都有大规模的武器装备招标计划,截至 2016 年,15 年来印度的武器采购规模高达 1200 亿美元。①

莫迪上任后,为了扩大武器进口来源,加强武器来源的稳定性,不断在武器采购上开拓新领域。莫迪政府不断加大与美国的接触,积极联系购买美国先进的武器装备,谋划与美国进行武器联合研发。据印国防部长 2014 年 8 月向印度议会提交的防务相关数据,美国已首次超过其他国家成为印度的最大军备进口国。印度军备进口开支的近 40% 是对美国,然后依次是俄罗斯(30%)、法国(14%)和以色列(4%),印度采购美国武器的数量已接近印度对外采购武器数量的一半。②

在采购美国武器的同时,印度还积极在世界武器市场上寻找新的采购目标,英国、法国、以色列、俄罗斯、日本等国都成为其武器采购目标国。斯德哥尔摩国际和平研究所 2017 年公布的数据显示,印度从俄罗斯进口的军火已经达到了 68%。很显然,莫迪在武器采购问题上开始在美俄之间左右逢源。尽管美国出口到印度的军火比俄罗斯出口到印度军火的比重低很多,但自美国总统特朗普上台以来,美国对印度的关注力度以及对印度的武器出口力度都有所增加。这不仅仅是出于出售军火的商业目的,更重要的是出于美国在印太的地区战略。

除此之外,印度还不断从法国采购反舰导弹和反坦克导弹,购买升级版"幻影"-2000 战斗机,在莫迪访问法国期间,积极洽谈引进法国"阵风"战斗机的具体事宜。莫迪上任后 6 个月,就向以色列订购了价值 410 亿卢比(约合人民币 40.6 亿元)的武器,比前 3 年印度向以色列购买的武器总额还要多。2017 年,印度政府与以色列航空航天部门的代表签署了价值 20 亿美元的合同,内容包括提供陆军版和海军版"巴拉克-8"防空导弹系统,后者将安装在印度航母上。2018 年以色列总理内塔尼亚胡访问印度期间,军事技术成为两国合作的关键,双方商定恢复关于向印度提供"长钉"反坦克导弹(合

---

① "莫迪外交的'西行'与'东进'"[EB/OL],环球网,2016-6-16[2020-2-12],https://world.huanqiu.com/article/9CaKrnJVXkS.

② 张力.印美新一轮战略互动:观察与评估.南亚研究季刊[J].2015(2):4.

同价值 5 亿美元）的谈判。[①]

印度还计划采购日本先进的武器零部件,包括电子元件、光学元件、指挥系统关键部件和侦察机系统部分零部件等。此外,印度还积极与日本进行技术研讨、武器联合研发与联合生产等方面的合作。[②]2016 年 10 月,日本同意以每架 1.13 亿美元的价格向印度出售 12 架 US-2 水上飞机,总价值约 13.5 亿美元,印度成为第二次世界大战后第一个从日本购买武器装备的国家。[③]

四、能源外交成果显著

近 10 年来,印度年均 GDP 增长速度几乎都保持在 7%,未来 10 年还将保持年均超过 7% 的高增长速度。经济的快速发展,将导致印度的能源需求持续攀升,使印度油气供需的结构性矛盾日益凸显。根据 BP 公司的数据,近 5 年来,印度国内的石油和天然气一直供不应求,存在巨大的需求缺口。目前,印度已经成为仅次于中国和美国的世界第三大石油进口国,其70% ~ 80% 的石油和 30% ~ 40% 的天然气需要通过进口来满足。[④]

为切实保障能源安全,寻求油气进口来源地和通道多元化,印度向北开展与俄罗斯、中亚和高加索地区国家的能源外交,向西开展与中东和非洲地区国家的能源外交,向东开展与东南亚地区国家和中国的能源外交。与此同时,印度还努力开展与美洲等其他地区国家的能源外交,寻求新的油气资源地,力图搭建一个全球规模的能源网络。

莫迪上台后向沙特石油公司伸出橄榄枝,渴望沙特能够投资印度能源下游产业,随后,沙特表示在油气行业愿意同印度开展双边贸易和投资,两国可合作的领域包括能源战略储备、油气保护、研究开发、炼油厂和提高能

---

① "以色列取代俄填补印度军火市场空白"[EB/OL],新华网,2018-1-29[2020-2-12], http://www.xinhuanet.com/mil/2018-01/29/c_129800974.htm.

② 谢永亮. 印再下军购大单提振国防工业. 中国国防报[N],2014-11-4[2020-2-12].

③ "日本首次对印军售 实现武器出口重大突破"[EB/OL],搜狐网,2016-10-29[2020-2-12], http://news.sohu.com/20161029/n471721907.shtml.

④ Sanjay Kumar Kar. India's energy security: prospects and challenges. Modern Diplomacy[J/OL], 2017-01-08[2020-2-3]. https://www.linkedin.com/pulse/indias-energy-supply-security-prospectschallenges-sanjay-kumar-kar.

源利用效率等方面。[①]此外,莫迪政府还加强同伊朗、巴林、科威特、卡塔尔、也门等国的能源合作。

2014年8月,莫迪访问日本期间,印度为与日本在民用核能方面加强合作,允许国际原子能机构对本国民用设施进行更多核查,为加大日本向印度出口核电站技术和设备清除障碍。11月莫迪访问澳大利亚期间,加强同澳大利亚的能源合作,印度最大的私营部门港口运营集团及印度国家银行签订10亿美元的贷款合约,以60亿美元价格购买澳大利亚煤矿、港口和铁路工程。

2015年1月莫迪访问美国期间,双方在落实民用核能合作协议问题上获得突破,在防务与新能源合作领域取得重大进步。[②]3月,印度与斯里兰卡签署了民用核能合作协议,这是斯里兰卡政府首次签发的此类协议,它开辟了新的合作渠道,包括农业和医疗保健等领域。[③]7月莫迪对中亚五国进行国事访问,硕果累累,其中最为深远的意义就是莫迪政府志在取道伊朗,经过中亚直通欧洲,建立"以印为主"的互联互通项目"南北运输走廊"和能源通道。加快TAPI(土库曼斯坦—阿富汗—巴基斯坦—印度)天然气管线项目的进展,对该项目按下重启键,同时,莫迪政府与哈萨克斯坦、乌兹别克斯坦达成协议,从两国进口铀,用于核能发电。[④]11月莫迪访问英国期间,印度与英国签署了核能和平利用合作协议,在发表的联合声明中称该协议是"我们互相信任的象征",强调了解决气候变化以及促进"安全的、可负担得起的和可持续供应能源"的重要性。

2016年,莫迪访问越南,两国首脑一致同意将双边关系提升为"全面战略伙伴关系",并表示进一步提升双边能源合作的水平与规模。随着两国关系的升温,印度对越南油气开发的投资力度也在不断加大,越南对印度出口石油的比重也将不断上升。[⑤]3月莫迪访问沙特阿拉伯,旨在加强两国间能源、贸易和安全领域的合作。印度大约20%的原油供应来自沙特,能源领域

① 肖军.冷战后印度与周边国家关系:走向区域整合的新阶段.印度洋经济体研究[J].2015(2):122

② 孙成昊.奥巴马访印只是一场"外交秀"[N].中国国防报,2015-1-27.

③ 曹峰毓,王涛.论南亚区域能源合作的现状及挑战.南亚研究[J].2015(4):68.

④ Elizabeth Roche.India to prospect for oil,gas in 2 more blocks off Vietnam's coast [EB/OL].2014-10-28[2020-2-13]. http://www.livemint.com/Politics/ldWMZTb6wm-8Cr5Z3OzOEJJ/Talks-gather-pace-on-sale-of-Indian-patrol-vessels-to-Vietna.html.

⑤ 张帅,任欣霖.印度能源外交的现状与特点[J].国际石油经济,2018(3):87.

的广泛合作是莫迪与沙特国王萨勒曼会谈的主要议题之一。

2019年8月24—25日,莫迪接连出访了阿联酋和巴林,印度与两国在能源、贸易、投资、国防和安全等领域的"综合战略合作伙伴"关系得到进一步"升华"。阿联酋的阿布扎比国家石油公司(ADNOC)将阿布扎比陆上1号区块的勘探权授予印度财团,还与印度石油公司(IOC)签署了一项重要的高品质基础油长期销售协议,旨在增大向印度供应的规模,保证该国成品油的强劲需求。IOC主要利用ADNOC高品质基础油,为印度不断增长的汽车行业生产高端提供发动机油。ADNOC在一份声明中表示,ADNOC是唯一与印度战略石油储备计划合作的外国能源公司,其与印度企业的合作是阿联酋—印度能源关系进一步深化的一个缩影,过去12个月,不仅加强了与印度的战略能源联系,同时将印度视为原油、精炼和石化产品的主要增长市场,未来还将与印度继续拓展在油气上下游及新能源等领域的合作。此外,印度和巴林将在国际太阳能联盟(ISA)框架下展开合作,莫迪在会谈结束后见证了两国在太阳能、文化和太空技术等领域谅解备忘录的签署。印度与巴林达成太阳能合作,无疑进一步助力ISA的扩大与发展,同时为印度努力实现增加太阳能利用做出贡献。①

莫迪政府未来的能源战略将依靠两条腿走路:一方面加强与海湾主要产油国的联络与合作,确保长期且稳定的原油供应,另一方面则加大自身"造血"能力,通过推出新的油气勘探和许可政策,以及放开天然气定价机制,鼓励外来投资进入印度国内能源领域。按照莫迪政府的规划,今后数年间将为石油和天然气领域吸引250亿美元投资,到2022年,印度对进口石油的依存度将降低10%。②

第二节 莫迪政府经济外交的不足

① "印度+中东的能源合作,你看好么?"[N/OL]. 中国能源报,2019-3[2020-2-12], https://www.sohu.com/a/338444048_468637.

② "莫迪出访沙特 强化能源外交"[EB/OL]. 中国社会科学网,2016-4-6[2020-2-12], http://ex.cssn.cn/jjx/jjx_hw/201604/t20160406_2953135.shtml?COLL-CC=877310997&.

莫迪政府的经济外交尽管取得了不错的成效,但是在实施过程也依然面临各种困境和挑战,还存在一些不足。

一、资金短缺问题踟蹰不前

2014年至2019年上半年间,印度经济在莫迪首个任期内有较大发展,但依旧相对薄弱,并暴露出一些问题,资金问题是最大的制约。

2016年,基于资金短缺的困扰和流动性的缺乏,印度联邦不得不推出废钞令的举措,然而这一举措颁布以后,印度经济流动性困境雪上加霜,直接导致2016年和2018年印度国内出现严重的现金短缺。

2019年的前3个月,印度GDP增长幅度为6.5%,是2017年中期以来的最低值,也远低于印度政府对于印度经济两位数增长的预期。莫迪政府的100万亿卢比刺激计划无疑是想提振下滑的经济,但是,如何筹措这100万亿资金是一个迫在眉睫的问题。印度经济还面临着贸易逆差、巨额外债、外储拮据等挑战,银行系统呆账坏账成堆,也急需清理解决。印度政府的财政赤字已经处于上升阶段,加大政府投资与莫迪的减税承诺相矛盾。[①]

资金短缺影响到了印度的可持续发展,其中一个方面就是军队的现代化建设。印度海军欲成为"印度洋及太平洋上一支不容小觑的力量",然而在2018-2019财年的国防预算中,海军在现代化建设项目中仅仅被划拨了2000亿卢比的资金(接近30亿美元),这甚至不足以支付先前签署的合同中的债务。印度海军的潜艇、多功能直升机、扫雷舰及无人机等装备也面临严重的资金短缺。[②]印度陆军也面临同样的问题,印度陆军对"十一五"计划(2007—2012年)进行总结时曾指出,印度陆军面临的状况很严峻,在火炮、防空系统、反坦克导弹以及精确制导武器等诸多方面存在不足,这方面的资金缺口已经高达4100亿卢比(约合526亿元人民币)。印度陆军此前就已提出一项旨在最糟糕情况下"两线作战"的计划,但是各地驻军一直没有一处达到100%的作战状态,最早的也得在第十四个"五年计划"(2027年)才能

---

① "印观察 经济、宗教、外交,莫迪2.0将面临更大挑战" [EB/OL]. 澎湃网,2019-5-28[2020-2-12], https://www.thepaper.cn/newsDetail_forward_3541267.

② "印度海军要当太平洋不容小觑的力量? 资金短缺成难题" [EB/OL]. 搜狐网,2018-5-11[2020-2-12], https://www.sohu.com/a/231233695_162522.

达标。

此外,为摆脱长期的能源依赖,印度也一直在寻求新能源的开发,但仍然掣肘于资金的短缺。印度打算到2030年实现可再生能源发电量占到国内发电总量的40%,这一目标包括到2022年实现60GW的风力发电能力和100GW的光伏发电能力。但是为了实现这些目标,需要约1890亿美元的资金,目前仍存在着很大的资金缺口。尽管为了缩小资金缺口,促进可再生能源部门的发展,印度制定了多项支持政策,但由于过度依赖商业银行进行债务融资,融资困难将继续存在。[①]

印度未来经济改革仍很艰难,从长期来看,印度经济改革中的口号和宣誓性内容太多,可落实的部分太少,大多数项目仍停留在纸面上,巨额外国投资能否真正落地仍不明朗,加之长期以来印度国内实行赤字财政政策,储蓄率和投资率都不高,印度国内面临资金短缺的巨大困难。

二、大量军购透支国民经济健康发展

近年来,印度因快速的经济增长成为世界的焦点,但更让世界刮目相看的是印度政府以近乎狂热的劲头表现出的军购热情。大幅军购犹如双刃剑,短期看,高精尖武器进口可以快速提升国防实力,与国外联合生产可以提高模仿水平,似乎还可能通过消化吸收形成自主生产能力。但印度自身军工基础薄弱,消化吸收能力有限,其弊端显而易见。

一是影响其自主创新能力。大幅军购会导致国防科研投入减少,失去自主创新动力。尽管印度的科研创新体系规模不小,但国防研发投入不足且投入方式不当。国防部预算占国内生产总值的比例为2.1%(略低于近年来的平均水平),占中央财政预算支出的比例为15.5%(略低于近年来的平均水平)。如获科研投资最多的政府机构国防研究与发展组织,其应用研究经费占总经费约90%,影响了国防基础和前沿技术的发展。由于自身缺乏研发能力,印度大部分企业还是依赖于国防研究与发展组织或外国公司提供生产技术。

---

① "报告提出印度实现可再生能源目标仍存很大的资金缺口" [EB/OL]. 新能源网,2018-3-2[2020-2-12], http://www.china-nengyuan.com/news/121456.html.

二是在关键技术上受制于人，必将影响国防工业体系的长远发展。印度是世界上唯一拥有体系完整、规模较大的国防工业，但武器装备却严重依赖进口的国家。根据印度国防研究与分析研究所公布的数据，印度国防工业整体对外依存度超过50%。①

三是军工企业生存将更加困难。西方大国对印度军火市场的争夺，给印度国防工业带来更加恶劣的生存环境。印度高技术武器试验屡屡失败，与其长期以来购买外国武器装备而忽视本土技术创新有直接关系。而且，印军在新装备多、武器来源复杂的背景下，急需军队转型和改革，否则难以在多国兵器联合作战中形成整体合力。

四是限制印度军事大国目标的实现。仅从科技含量看，印度采购的武器装备似乎已经迈入世界军事大国之列。但是，迄今为止还没有哪个国家是靠买别国的武器成为军事强国的先例。大凡世界军事大国，必有强大的国防工业体系支撑，但印度却不具备这一条件。印度作为新兴力量，西方看中的是其市场潜力和赚钱机会，还有地缘政治价值，不可能希望印度强大到威胁其现实地位。

印度目前的国防工业水平还未达到系统化程度。虽然1998年通过地下核试验突破了核门槛，在核能力方面有些突破；在战略导弹研发方面也有了长足的进步，包括"烈火"系列导弹，特别是射程5000公里、6000公里的导弹，近几年都在试射，已经远远超过当年的"烈火-3"标准。但在很多高技术的武器装备领域，比如高端无人机、高端导弹，特别是精度好、射程远、完好率高的领域，包括战斗机的生产领域，都没有建树。②

此外，印度大幅增长的国防开支已经超过了安全需求，其经济发展的速度远跟不上国防开支的增幅，这种过度军购不但无益于印度国防工业现代化，更是消耗自身的发展潜力。作为一个农村人口占全国总人口72%的农业大国，莫迪政府急需做的是加强基础设施建设，夯实工农业基础，消耗性的大量军购只会破坏印度经济发展潜力，透支国民经济健康发展，且会对邻国传递错误信息，让邻国倍感不安。

---

① 佳晨，钱中.印度国防创新能力现状及前景浅析 [J].现代军事,2017（9）:92.

② 邓曦光，李莉.印度军购暴露出随意性 难助力其大国战略 [N].央广军事,2016-01-05.http://www.chinaqking.com/sp/2016/547483.html.

三、能源安全问题突出

根据 BP 公司的数据,近 5 年来,印度国内的石油和天然气一直供不应求,存在巨大的需求缺口。莫迪上台后采取种种措施拓宽能源渠道、稳定能源供应,但是印度国内能源产出并没有大幅度增加,只有从国外进口能源。

目前,印度已经成为仅次于中国和美国的世界第三大石油进口国,其70%~80% 的石油和 30%~40% 的天然气需要通过进口来满足。[1] 根据国际能源署(IEA)的预测,2040 年,印度将成为世界最大的石油消费国,石油消费量由 2014 年的 600 万桶 / 日增长到 980 万桶 / 日,天然气消费量也将增长 3 倍,达到 1750 亿立方米。届时,印度的石油进口量将超过欧盟和美国,成为仅次于中国的全球第二大石油进口国,石油进口量将由 2014 年的 370万桶 / 日增长到 720 万桶 / 日,能源短缺正日益成为印度经济社会发展面临的瓶颈。[2]

印度对能源的需求不断扩大,自给率较低,越来越多地依赖国际市场供给。印度目前已形成多元化的油气进口来源地和通道多元化,向北来源于俄罗斯、中亚和高加索地区,向西来源于中东和非洲地区国家,向东来源于东南亚地区国家和中国。与此同时,印度还努力拓展美洲等其他地区国家的能源通道,寻求新的油气资源地,力图搭建一个全球规模的能源网络。其中中东地区不但是世界油气资源的心脏地带,也是印度拓展能源通道的重点。根据 BP 数据,2016 年印度从伊拉克和沙特阿拉伯进口的石油就分别达到 3800 万吨和 4030 万吨,占其进口总量的 45.4%,这两个国家也成为印度石油进口的最大来源国。此外,印度从卡塔尔进口的 LNG 达到了 140 亿立方米,占其进口总量的 62.67%,是印度 LNG 进口的最大来源国。[3]

印度能源严重依赖进口的格局,对其能源安全提出了重大挑战。其一,印度在保障自身能源利益时,不可避免会与中、美等能源消费大国发生冲突

① Sanjay Kumar Kar. India's energy security: prospects and challenges. Modern Diplomacy[J/OL], 2017-1-08[2020-2-13].https://www.linkedin.com/pulse/indias-energy-supply-security-prospectschallenges-sanjay-kumar-kar.

② IEA. India Energy Outlook[R]. 2015.

③ BP. BP Statistical Review of World Energy[R]. 2017.

和竞争的风险。从传统零和博弈的角度看,印度追求本国的能源利益可能会以牺牲相关国家的利益为代价,在一些尚未开发的或已经非常成熟的油源地区,印度的能源需求必然引发利益相关国的紧张与担忧。其二,过度地依赖能源进口,还会受到国际能源价格波动的影响。印度所进口石油的多个国家一旦出现地缘政治因素和突发地区冲突时,国际油价就会大幅震荡。而印度的国有石油公司并未能在此背景下展现出出色的竞争能力,也无法在合理的价格下获取到充足的能源。其三,对能源进口的过度依赖还会损害印度的国家安全。因为一个国家的战略物资消费和储备来源如果高度依赖国外市场,就会成为国家安全不稳定性的核心要素之一,这意味着能源进口国要对能源出口国和运输过境国在某些方面做出一定程度的妥协,才能换取进口能源的数量与安全条件,这无疑为国家能源安全与经济安全埋下了极大的隐患。[①]

因此,印度能源安全长期面临的挑战是非常艰巨的,如何推动经济转型、转变发展方式、优化能源消费结构、切实有效地降低对外能源依存度到一个合理的范围,都是关系到能否破解"能源魔咒"的关键。

---

① 李雪. 印度能源安全的挑战与未来 [J]. 印度洋经济体研究,2014(6):134.

第五章
影响莫迪开展经济外交的因素

莫迪上台以来大力推行经济外交,受到诸多有利因素的影响,已取得了一些重大的成绩。但是由于印度国内错综复杂的矛盾和嬗变的国际局势,也存在一些不利因素。因此,要对莫迪政府经济外交的前景做出正确的预测,需要充分考虑到以下两方面的因素。

第一节 莫迪政府开展经济外交的有利因素

莫迪上台前印度经济增长下滑、国内腐败案件频发、通货膨胀率居高不下、失业严重、宗教矛盾尖锐,使得印度人民陷入水深火热之中。莫迪上台后采取了一系列手段扭转了这些困局,对内加强政府机构改革,加大反腐力度,改善投资环境,拓展国际金融合作,吸引到大量外资,经济逐步复苏且出现稳健增长的态势,这些都为莫迪政府开展经济外交提供了有利的环境。

一、印度经济稳健增长

2014 年 5 月莫迪执政以来,印度的经济改革得到了明显推进,经济实现了稳健增长。2014—2019 年,印度国内生产总值增速分别为 7.4%、8%、7.1%、6.7%、7.4% 和 5.3%,年均增速达到 6.98%,成为全球主要经济体中发展最快的国家,并于 2017 年超过法国,跃居世界第六经济大国,2019 年超过英国,成为全球第五大经济体,这个亮眼的成绩实实在在提升了印度在世界经济格局中的可见度。

这种稳健的增长主要体现在:

首先,印度的物价在回落后又上升,但总趋势是下降的。2014-2015 财年前的几年,印度一直受到通货膨胀严重的困扰。根据印度储备银行的统计数据,2009-2010 财年、2013-2014 财年,印度的批发价格指数年均上涨

7.1%,产业工人的消费者价格指数年均上涨 10.3%。此后几年,情况明显好转。2014-2015 财年,批发价格指数上涨 1.3%,2015-2016 财年下降 3.7%,2016-2017 财年上涨 1.7%。同期,综合消费者价格指数分别上涨 5.8%、4.9% 和 4.5%,产业工人的消费者价格指数分别上涨 6.3%、5.6% 和 4.1%。[①]

其次,政府财政赤字率不断下降。主要表现为中央政府的财政赤字占国内生产总值的比例不断下降。受 2008 年世界金融危机的影响,印度经济增长速度随即明显放缓,为刺激经济增长,印度政府扩大了政府财政支出,结果导致财政赤字增加。近年来,印度政府为稳定宏观经济,控制通货膨胀,一直在努力降低财政赤字。

再次,对外贸易赤字大幅下降,国际收支逆差缩小。近年来,由于世界经济增长缓慢,世界市场上商品价格特别是石油价格大幅下降,导致世界贸易增速下降,多数国家的对外贸易都出现下滑,印度也不例外。印度的特殊之处在于,石油和石油产品进口在印度进口额中占的比例很高,2014 年以来世界石油价格的大幅下降,使得印度的对外商品贸易逆差明显缩小。2012-2013 财年,印度的商品贸易逆差额为 1956.56 亿美元,2013-2014 财年为 1476.09 亿美元,2014-2015 财年为 1449.40 亿美元,2015-2016 财年为 1300.79 亿美元,2016-2017 财年为 1124.42 亿美元。[②]

国内经济的恢复与发展,证明莫迪经济外交已经取得一些成效,同时,经济的稳定、持续发展为莫迪政府吸引更多的外国企业来印度加强基础设施建设,为在接下来的任期内开展经济外交提供有利条件。

二、投资环境大为改善

2018 年 8 月,莫迪在出席印度第 72 届独立日活动时发表演说称,印度过去被视为"脆弱五国"之一,但现在已经成为改革、执行和转型之地,准备好实现创纪录的经济成长。世界现在看待印度是一个数兆美元的投资目的地,且印度经济成长引领世界。2014—2019 年的 5 年间,随着印度对外开放

① Reserve Bank of India, Annual Report 2016-2017, Macroeconomic and Financial Indicators[R], https://rbi. org. in/Scripts/AnnualReportPublications. aspx? Id =1213.

② Reserve Bank of India, Annual Report 2016-2017, India's Overall Balance of Payments[R], https://rbi. org. in/Scripts/AnnualReportPublications. aspx? Id =1220.

力度加大,外国直接投资快速增长,2015 年和 2016 年连续成为获得外国直接投资最多的国家。在世界银行的营商环境调查中,印度名次上升了 53 位,达到历史最好的全球第 77 位。

莫迪执政后,不断推进对外开放,包括允许外资投资印度的国防工业、保险业(包括人寿保险和非人寿保险)、铁路部门,向私营部门和外资完全开放煤炭部门,在这些部门投资,外资的控股比例可以超过 50%。允许外资进入印度的建筑工程,包括小型工程;允许外资进入印度单一品牌和多品牌的零售业,并不断减少限制;允许外资在印度开展电子商务;允许外国律师事务所在印度设立办公室,开展有关法律服务。不再对外资追溯征税(retrospective taxation),促进外国投资机构增大对印度上市公司的投资。2016 年 6 月,印度政府进而宣布全面放开对外国投资的限制,规定只要获得印度政府批准,外国投资者可以在印度的任何行业进行投资,此举使印度成为世界上对外资最为开放的国家之一。

在吸引投资、打造"印度制造"方面,莫迪更是亲力亲为去招商引资,他频繁出访,与各国企业家会谈,对企业界表现出足够的重视。在利用信息技术优势、实现"数字印度"方面,印度政府均推出了相关举措。在 2015 年 4 月举行的汉诺威工业博览会让世界关注到印度对工业 4.0 的重视。莫迪在开幕仪式致辞中表示,印度正致力于营造稳定的经济环境,采取进一步开放措施欢迎外国直接投资,印度希望打造世界级的工业和基础设施。

改善营商环境无疑能提高办事效率,莫迪政府在这方面采取了很多具体的措施:确保企业主在 10 天内能获得营商申请许可;建立程序更加完善的金融监管;延长工业许可证的期限(从 2 年延长到 7 年);改革土地征用规定,使各邦能更容易使用土地征用权购买土地,便于企业获得经营用地。早在 2014 年 12 月,莫迪政府就出台了《全国土地征用法》,按照该法案,印度政府部门可以不经过农户同意,便以市场价格收购用于工业走廊建设、高速公路建设、铁路建设等所需要的土地,还免除对此类征地项目的社会和生态环境评估;通过提供一站式服务使营商活动更容易开展;出台新的规定,简化手续,使公司申请破产更加容易和快速;出台新的《印度工业纠纷法案》,放松对公司裁员的控制。2017 年 11 月,在世界银行发布的全球营商环境排名中,印度的排名跃升了 30 位至第 100 位,这无疑向国际投资者传递了一个积极的信号。同时,世界银行还将印度列为改革自身商业环境的十大国家之一,承认印度对小投资者的保护力度加大,并在数字化进程中取得进展。①

三、政府机构改革颇具成效

近半个世纪以来,亚洲不少国家先后经历了经济发展和政治改革,并由此步入经济相对发达、国力相对强盛的阶段。莫迪在上台之后,便将政府机构的改革列为首要任务。2014 年 5 月,他对新政府内阁的成员列出了 10 项当务之急,具体包括重建对政府机构的信心;鼓励政府机构进行观点创新并自由地开展工作;提高政府透明度;将教育、医疗、水、能源和道路作为政府的优先事项;优先实施以民众为导向的政策;建设基础设施和实行投资改革;系统解决政府内部的跨部门问题;解决经济问题;以有时间限制的方式执行政策;保持政府政策的稳定性和持续能力。②

莫迪为此严格按照"小政府、大治理"的模式,精简政府机构,并对纪律涣散、服务意识淡薄的政府员工施以严惩,以便加快政府在经济事务中的运转速度。同时,加强中央与地方政府的协调与沟通,调动地方政府推进经济改革的积极性,实现中央与地方的两级联动。具体表现为:

第一,改变政府机构的作风,提高政府的效率。莫迪上台后曾多次在内阁会议上把改变官僚机构作风和改革政策执行作为治理改革的重点,并向政府各部部长及高级官员征求改善治理的方法。上台伊始的首次内阁部长会议后,莫迪政府就对各部门下达了 11 点指示,其目标在于使民众更加便捷地与政府打交道,提高中央政府的效率和治理水平。这些措施有:简化流程,更多地依赖通信技术以促进信息流动;决策过程更为灵活,将文件传递的层级减至最多四级,减少将争议性议题提交至总理办公室或内阁秘书长的层级;改善工作文化,促进提高服务质量,各部至少废除 10 项过时的、导致效率降低的规则或流程;提高效率;快速反应,直接与总理办公室沟通,解决国大党政府时期各部门产生分歧而总理办公室和内阁秘书长充当旁观者的问题;部门之间应该采取合作型的决策和协商机制;各部门明确针对 11

① "莫迪迎来一个好消息:全球营商环境印度排名大幅跃升" [EB/OL]. 凤凰网, 2017-11-1[2020-2-12], http://mini.eastday.com/mobile/171101230833383.html#.

② PM Modi outlines priorities, tells ministers to focus on governance[N]. Times of India, 2014-05-09.

点要求的行动计划；记录保持，根据保管记录的规则保管所有文件及文档；及时处理公众的不满和投诉；状态审查，分析并汇报国大党政府第二任期时所确定目标的进展状况；清除政府运行的混乱状态。[①]

第二，削减带有指令性计划特征的政府机构，改变权力运作方式。莫迪上台伊始即废除了一些过时的政府条例，并将此前历届政府遗留下来的一些带有指令性或临时性的政府机构撤销或合并，尤其是国大党政府时期的四个政府机构：内阁自然灾害委员会、内阁价格委员会、世贸组织事务委员会和印度身份识别委员会。前者的相关事务交由内阁秘书下属的相关委员会，后三者则全部并入内阁经济事务委员会。而在此之前，他还撤销了所有的9个授权部长小组和21个一般部长小组，其目标仍在于简化政府工作流程，提高政府效率。

第三，改善联邦与邦之间的合作关系。印度人民党成立之初倾向于将一个强大的中央政府作为印度大国梦想的一部分。经过时间的推移，印度人民党也产生向邦级政府分权的倾向。由于政党的多元化，印度许多邦政府与中央政府之间的关系并不融洽。例如，旁遮普邦的阿卡利党政府对国大党执政的中央政府一直持怀疑态度。印度人民党执政的邦更是经常将国大党执政的中央政府视作批评的对象。莫迪上台后表示，中央政府在某些方面将授予邦政府更多的权力来调整中央政府的一些政策，以适应邦的发展需要，在邦与联邦之间建立更为高效的、更少指令性的合作关系，推行合作联邦主义。计划委员会的取消和邀请各邦首席部长参加全国印度改革协会就是其中的举措之一。此外，根据财政委员会的建议，中央政府将大幅度减少其在社会福利发展方面的开支，并授予邦政府决定如何使用中央政府在福利项目上的拨款的权力。

四、国际金融合作紧密

莫迪上台以来，先后出席了金砖国家峰会、联合国大会、东盟系列峰会、二十国集团峰会等重要会议，并推动印度人卡马特担任首任金砖银行行长，通过多边外交，与金砖国家新开发银行、亚洲基础设施投资银行、世界银行

---

① 11 Ways to make the central government more efficient[N].Times of India, 2014-06-07.

等许多国际金融机构加强合作,获取大量资金以支持国内基础设施建设和制造业发展。

2015 年 5 月 11 日,由莫迪亲自提名的印度银行家瓦曼·卡马特(K.V. Kamath)被任命为金砖国家新开发银行首任行长,任期为 5 年。卡马特是印度金融业中尽人皆知的人物,曾是印度工业信贷投资银行(ICICI)的首席执行官,他担任行长无疑能够帮助印度获取大量资金支持国内建设。

2017 年 3 月,印度政府与金砖国家新开发银行签署了贷款协议,总额为 3.5 亿美元,用于升级和改造中央邦的主要地区道路,这是金砖国家新开发银行首份用于扶助印度发展项目的贷款协议。金砖国家资助该项目的目的是升级中央邦道路,密切中央邦内部各地区与国家级公路和地区级公路的联系,推动农村地区的发展。①

2017 年 11 月 20 日,金砖国家新开发银行董事会第 12 次会议在上海召开期间,批准了印度拉贾斯坦邦沙漠地区水利结构调整项目,通过该项目,金砖银行将向印度政府提供高达 3.45 亿美元的主权多级融资贷款。印度政府将利用此项资金向拉贾斯坦邦政府转贷,以改造英吉拉·甘地运河系统。

2018 年 10 月 3 日,亚洲基础设施投资银行批准了一项针对印度安得拉邦的贷款项目,贷款约 4.55 亿美元,旨在建设、升级安得拉邦的道路网络。该道路网络全长约 6000 公里,连接 3300 多个乡村居民点。项目完成后,将给当地 200 多万人带来出行便利,同时改善农产品运输条件,并提高当地儿童入学率。随着该项目获批,印度获批的亚投行贷款项目已达 8 个,贷款额总计达到 17.69 亿美元,主要集中在交通、电力等基础设施建设领域。②

亚投行成立两年多来,向各成员国提供资金累计达 44 亿美元,其中印度占比最大,贷款占比接近 30%。亚投行为印度提供的贷款主要用于电力和交通等基础设施建设,不仅可以直接改善当地人的生活,对推动印度经济和社会的可持续发展也具有重大意义。

2016 年印度人均 GDP 为 1709 美元,而印度的高速公路里程只有 2000

---

① "印度与金砖国家新开发银行签署总额为 3.5 亿美元的贷款协议"[EB/OL]. 俄罗斯卫星通信社, 2017-3-31 [2020-2-13], http://sputniknews.cn/economics/201703311022225219/.

② "印度第 8 个亚投行贷款项目获批"[EB/OL]. 新华网, 2018-10-3[2020-2-13], http://www.xinhuanet.com/2018-10/03/c_129965470.htm.

多公里,绝大多数铁路的运营速度很低,约15%的印度人还用不上电。基于国内庞大的基础设施投资需要,印度一直积极寻求国际资本的注入。据IMF分析,加强基础设施投资有利于印度政府创造更多的就业。从投资环境而言,莫迪称印度国内稳定的政治环境和政策支持有利于保护投资,加上其庞大的内需和充足的劳动力,使印度成为世界上对投资者最友好的经济体之一。目前印度庞大的人口迫切期待基建改善为其创造就业机会。[1]莫迪政府从国际金融机构中获取的大量资金,将帮助其一如既往地推动同国际金融机构的合作,同时为印度国家经济的发展做出应有的贡献。

第二节 莫迪政府开展经济外交的不利因素

印度自独立以来,由于受到英国长达190年的殖民统治以及印巴分治带来的诸多恶果,包括克什米尔问题、宗教冲突、保守落后的政治经济制度和法律法规都成为印度前进道路上的重重阻碍。其中,土地制度改革,税法和劳动法改革,印度、巴基斯坦和中国的历史遗留问题等,成为莫迪政府推动国内经济改革、开展经济外交的不利因素。

一、土地制度改革困难重重

土地资源是经济发展的基础和保障,任何一个国家都不例外。印度国内无论是发展制造业还是大力修建基础设施,都需要大量的土地作支撑,但印度现行土地制度却使外国投资者难以获得在印度投资所需要的土地。从独立以来,印度一直在进行土地改革,虽然取得了一些成效,但是效果并不理想。

2014年12月31日,印度莫迪政府为招商引资、促进经济的快速发展,提出了修改"2013土地征收法"的提案。2015年2月24日《土地征收法修正条

---

① "印度成亚投行最大获益国不奇怪,与亚投行成立的宗旨一致"[N/OL].环球时报,2018-6-30[2020-2-13], https://baijiahao.baidu.com/s?id=1604638984900818275&w-fr=spider&for=pc.

例》提交审议,由于草案只获得国会下院通过而国会上院未通过,莫迪政府重新修改了该草案,于当年4月重新提交审议并公布于社会。该草案公布之后,受到了印度国内各党派和农民的强烈反对。迫于各方的压力,印度最高法院对外宣告《土地征收法修正条例》违背宪法的相关规定,反对该条例。在此背景下,莫迪政府再次修改了条例,并于2015年5月份又一次提交草案第二版。5月30日,《土地征收法修正条例》第二版正式颁布。之后,有60名印度村民聚集在巴尔瓦迪政府办公大楼前进行抗议,该行为引起了国会上院的高度重视,并决定不支持修正该条例。由于依然没有获得国会上院的支持,《土地征收法修正条例》因超过法律规定的有效期而失去法律效力。尽管如此,莫迪政府还是没有放弃,在此基础上继续修改了一次条例,第三次修改的结果还是受到强烈反对,莫迪政府宣布土地改革以失败告终。

可以看出,莫迪进行土地制度改革的决心是巨大的,但是困难重重。首先,改革没有获得农民的广泛支持。印度人口众多,土地较少,人地矛盾突出,很大一部分贫困农民的生活来源依赖于土地。此次土地改革,莫迪政府没有征得农民的同意而强行改革征收农地条款,改革内容过于倾向于公共用地需求,没有保障广大农民的土地权益。其次,莫迪政府土地改革的整个过程过于激进,改革中的有关规定违反了印度宪法。征地制度改革牵涉到的利益关系众多,改革过程中涉及补偿方式等重要程序,没有谨慎考虑,对于一些符合当前社会发展的征地政策没有保留,导致不同群体的强烈不满。再次,改革没有制定配套措施和保障方案。此次土地改革的补偿方案中,除安排一个可以在工厂工作的指标给失地农民以外,没有合理地安排失地农民生活保障的方案,没有制定保障农民长远生计、保证农民失地后无后顾之忧的相关措施,因而没有获得印度国会上院的支持。

此外,政府内部各利益集团的博弈使土改政策具有内在的缺陷,注定了土改预期目标难以实现。在土改过程中,主要涉及城市柴明达尔、农村土地主和无地少地农民三个集团,他们对达成目标偏好的强烈程度不同,为实现自身目标采取的手段也不同,其中农村土地主博弈手段最为多样,也是土改中获益最多的集团。各利益集团的博弈及彼此力量的消长最终形成了印度土地改革的结果。[①]

土地制度改革的艰难,使得外国投资者在印度无论是制造业建设还是基础设施建设都无法取得土地的使用权,即使莫迪开展经济外交,出访各大国吸引到许多资金来印度投资,但是如果土地制度改革不能取得成效,那么这一切投资都只能是空中楼阁,昙花一现般纷纷撤离印度。可以毫不夸张地说,土地制度改革已经成为莫迪政府开展经济外交的最大瓶颈,长期制约印度经济困局的有效解决。

二、现行税法和劳动法改革步履维艰

长期以来,印度的税务体系以复杂著称。世界银行公布的 2014 年全球 189 个国家营商便利指数排名中,印度仅列第 134 位;德勤会计师事务所的 2014 年亚太地区税收复杂度调查中,81% 受访者认为印度的税收体系最为复杂,54% 的受访者认为近三年印度的税收体系变得很不稳定。[②]

印度不同邦的税率差别很大,税种繁杂,外资企业需要面对的直接税包括公司所得税、个人所得税、财产税,间接税包括边境税、当地销售税、货物税、中央服务税、消费税、增值税等,税费较高,负担非常沉重。印度目前的税收制度,无法解决许多外国投资者在印度投资时所面临的错综复杂的问题,这使得许多外国投资者不敢来印度投资。

2014 年 12 月,莫迪政府提出税制改革方案,在全国统一征收商品与服务税。由于担心税收减少,印度各邦一直反对全国性的统一税制代替现行的各邦税制,同时新的征税法案只有在议会获得三分之二的批准以及半数邦的支持,才能被付诸实践。由于来自商品与服务的税收收入不会流入生产商品和提供服务的邦,拥有大型制造业基础的邦对新税法始终保持警惕态度,新的统一税制一直没有得到施行。

2015 年底,由印度前总理辛格安排,莫迪与国大党主席索尼娅·甘地专

---

① 毛悦.印度土地改革的结果分析:利益集团的视角 [J].当代世界社会主义问题,2012(2):72.

② "印度的税务体系及其改革" [EB/OL].走出去智库,2016-7-22[2020-2-13],http://www.cggthinktank.com/2016-07-22/100075772.html.

门为推动 GST [1]而坐下来"喝茶",提振了外界对于修正案通过的信心。

2016 年 8 月,GST 草案终在联邦立法层面获得通过,议会修改了印度宪法的部分条款,使得原先不能由邦这一级来征收的劳务税改为中央和地方的共享税,从而解决了 GST 改革"违宪"这一最大问题。

2017 年 7 月,莫迪与总统慕克吉在议会中央大厅宣布正式实施印度自独立以来最大规模的税制改革法案——"商品与服务税法"。此次税改的实施,有助于推动印度形成统一的大市场,全面结束复杂的国税、地税混合制度,有利于简化公司缴税流程,并最终使消费者获利。然而,由于不满政府对新税法的说明,印度国内多个商会发起了罢市抗议活动。

复杂的税制曾让国外投资者对印度市场的巨大潜力望而却步。为吸引外资,莫迪在访美期间与美国著名企业的负责人会面时,曾大力宣传 GST 将优化印度市场投资环境,但各大企业仍旧持观望态度。商品与服务税在印度究竟能否实现"软着陆",能否正常、高效运行仍然有待观察。[2]

另外,虽然莫迪坚称新税制简单,但当局发布的商品与服务税法指南长达 200 页,而且要求商户每月底透过计算机报税,令很多小商户觉得不便,这些都对新税法的实施增添了障碍。

莫迪上台后,还主张对印度在英国殖民时期形成的一整套劳工法进行改革,以有利于引进投资、激活社会活力、提高经济效率。比如 1947 年通过的《工业纠纷法》规定,100 人以上的单位,解雇员工、降低薪酬都必须经过政府的同意。即使企业已经接近破产,或者工人的生产率严重过低,这个法令仍然有效。这样的法律使企业很难解雇工人,工人相当于有了铁饭碗,即使工作效率再低,工厂一般不能拿工人怎么办。即使工厂向政府申请解雇工人,一般情况下周期长,而且政府为了保住就业岗位,也不会轻易批准工厂解雇工人。这就导致了企业无法提高效率,劳动力不能自由流动,而莫迪通过修改《工厂法》《劳动法》等法律,赋予企业解雇工人的权力,延长工人

---

① GST 全名为货物和劳务税(The Good and Services Tax),是一种只针对消费环节征税的间接税,在以直接税为主体的大多数发达国家中,此类税制通常被称销售税或消费税。

② "印度启动独立以来最大规模税改"[EB/OL]. 新华网,2017-7-2[2020-2-13],http://www.xinhuanet.com/world/2017-07/02/c_129645435.htm.

的加班时间等引起了工人的不满。①

　　莫迪多次努力推行劳动法的改革，然而在 2014 年、2015 年、2017 年、2019 年等多次引起大罢工。例如在 2015 年 9 月 2 日，印度 10 个大型工会发起了为期一天的全国性大罢工，抗议莫迪政府改革劳动法的计划。媒体报道称有数百万工人参加，印度工会总会秘书长达斯古普塔（Gurudas Dasgupta）甚至号称来自银行、制造、建筑、公共交通部门的近 1.5 亿人参与了此次罢工。这是印度近年来较大规模的罢工行动，预计造成的损失将高达 37 亿美元，在西孟加拉邦的少数地区甚至出现了暴力冲突，一定程度上引发了社会动荡，也让雄心勃勃的莫迪政府的经济改革前景蒙上了一层阴影。② 2019 年 1 月 8—10 日，印度全国总工会联合 10 个行业工会组织，为抗议莫迪政府提出的公共部门企业私有化、拟修订《工会法》等一系列“反劳工”政策，发起了约 2 亿人参加的大罢工，成为莫迪执政以来最大规模的罢工行动。

　　印度的历次罢工都有着一定的经济、政治诉求，有些罢工甚至在一定程度上影响了当届政府的政策决策，因此也屡屡被作为维护工会利益和党派利益的常规武器。相比于前几届政府，莫迪政府在这方面的改革已经取得了很大的进步，但是如果不能找到劳资双方都相对满意的方案，未来的劳动法改革依然步履维艰，也会影响莫迪政府成功地开展经济外交。

三、“废钞令”导致经济增速放缓

　　对世界上任何一个国家来说，货币的改革都应当是一件谨慎的事情，因为它所覆盖的是全体国民，所引起的社会财富的重新切割，会引发举国的震动。2016 年 11 月 8 日，印度总理莫迪向全国宣布，为打击腐败、断绝恐怖团体资金链和假币流通渠道，决定从当天午夜零时起，废除 500 卢比和 1000 卢比两种最大面额纸币的流通，同时发行新的 500 卢比和 2000 卢比面值的钞票，这是 38 年来印度首次废除流通中的纸币。

　　一种货币能够井然有序地退出市场，在正常情况下，往往需要一年多的

---

① 陈金英. 印度劳动法改革及其争议 [J]. 国际观察, 2017（6）: 117-118.

② “印度总理莫迪遭最大规模罢工 劳工改革招致反对” [EB/OL]. 腾讯网, 2015-9-6[2020-2-13], https://news.qq.com/a/20150906/005781.htm.

时间甚至两三年。而莫迪的改革计划只给予了民众 50 天的期限,在期限内需要把面值为 500 卢比和 1000 卢比的纸币交给银行,换取新纸币。过了最后期限,民众手中持有的旧纸币就是废纸了。

印度是一个高度依赖现金的国家,90% 以上的交易以现金结算。在这种背景下一次性废除 86% 的流通中的纸币,可想而知这道"废钞令"会对印度的市场造成非常大的打击。"废钞令"一出,印度股市暴跌,高速公路因交通罢工堵塞瘫痪,农业部门受损,商业活动大面积停摆。印度整个市场交易陷入瘫痪,其影响到的不仅是经济活动,甚至是每个印度人的日常生活。印度的很多工业仍靠现金进行运作,特别是从事小商品或销售领域的私人企业和家庭企业,"废钞令"对它们造成了强大的冲击,约 25 万家类似的企业因此倒闭,大量工人失业。据印度经济监督中心估计,仅 2017 年 1—4 月期间,150 万人因"废钞令"失去工作。[①]

从宏观层面来看,"废钞令"导致了印度经济的持续低迷。首先,GDP增速显著下滑。2016 年第二季度印度的 GDP 增速为 7.9%,2017 年第一季度下滑到 6.1%,而第二季度再度下滑到 5.7%,达到 3 年来的最低水平。其次,物价水平持续下滑。"废钞令"颁布的 11 月,印度 CPI 当月同比增速跌破 4%。根据目标,2016 年 8 月 5 日至 2021 年 3 月 31 日,印度储备银行货币政策中期要达到 4% 的目标。然而到 2017 年 3 月通胀水平稍有反弹后,至今没有突破 4% 的水平,最后是导致了大量劳动力失业。[②]

"废钞令"除了对印度国内的经济产生影响外,也波及外国投资者。印度卢比虽然并非国际货币,但与印度有较多国际贸易往来的周边国家,把卢比作为国际支付货币。印度突然宣布"废钞令"后,很多周边国家所持有的印度卢比因"废钞令"作废,不再有大量持有印度卢比的意愿。仅 2016 年 11 月当月,外国投资者便抛售了近 30 亿美元的印度股票。预计在足量现金渗入经济、重振消费者需求之前,这种抛售趋势还将以偏温和的方式延续下去。[③]

---

① "印度"废钞令"是一场彻底失败的革命?"[EB/OL].搜狐网,(2018-9-20)[2020-2-13],https://www.sohu.com/a/254893299_100101702.

② 杨喜孙.印度"废钞令"回顾:基本情况、影响及其启示 [J].区域金融研究,2018(1):60.

③ 魏雅华.印度"废钞令",你真的看懂了吗?[J].进出口经理人,2017(8):41.

四、中央政府权威有限

印度是联邦制国家,政治上相对较为松散,29个邦中由印度人民党及其盟友控制的不过四分之一,作为中央直辖区的首都新德里就是由平民党执政。人民党虽然在中央政府执政,但在诸多政策的操作层面高度依赖邦一级政府,且各级邦政府由不同的政党执政,中央政府对邦政府的政策决策无能为力。地方性政党在印度政坛中的影响日渐增强,以至于有地方性政党充当"国王制造者"的说法,其对政府的构成和更迭具有决定性的影响。同时,地方性政党在各邦形成较为稳固的政治竞争态势。在印度的东部和南部地区,地方性政党基本上控制了这些地区的邦一级政权。而在印度北部地区,大多数情况下也都是由地方性政党与全国性政党联合执政。除此之外,地方性政党领袖不仅能够在邦一级政权中发挥其政策影响,还能参与内阁政府并且占据重要职务,如担任内阁部长职务。随着地方性政党在权力结构中的作用上升,印度联邦制的分权化不断挑战着中央政府的权威。有评论指出:"印度经济改革的主要弱点是缺乏有力、稳定的中央政府,印度政治领袖们一直没能克服他们党派利益的局限性。"[①]

各邦政府获得有更多的自主发展权力,地方自治的发展也进一步推动了权力重心由中央政府向地方政府转移。地方性政党的兴起改变了印度过去中央与各邦之间的权力关系,各邦获得更多的与中央政府讨价还价的能力和资本。一旦中央政府的某些举措损害到各邦利益时,各邦政府都会出于自己的邦利益考虑,从而阻碍莫迪政府政策的落实,加大其政令通过的难度。更为严重的是莫迪中央政府在多个由反对党国大党执政的邦"针插不进,水泼不进",即便是在人民党执政的地方也经常受到反对党莫名其妙的"为了反对而反对"的阻扰。中央政令难出新德里,成为莫迪政府开展经济外交的严重羁绊。

---

① 孙士海.中国与印度的经济改革比较[J]. 南亚研究,1988(1):14.

五、与巴基斯坦、中国历史遗留问题的困扰

印度与巴基斯坦两国自独立以来,大小冲突不断,其核心便在于历史遗留问题——克什米尔问题。围绕此历史问题爆发过三次印巴战争,给两国人民带来了深重的灾难。巴基斯坦总理谢里夫和印度总理莫迪上台后,为促进国内经济发展都期望能握手言和,但是印巴矛盾在莫迪上台后非但没有得到解决,反而不断升级。

据巴方统计,从 2014 年 6 月 1 日至 8 月 30 日,印度在边境地区无故向巴基斯坦开火的次数达到了 93 次。①9 月 26 日,巴基斯坦陆军参谋长拉希勒·谢里夫警告印度,任何沿实际控制线的挑衅行为都会遭到有力的回击。10 月,印度和巴基斯坦在查谟边境地区交火,这是两国 10 年来最严重的冲突。莫迪态度强硬,指示印军一定要让巴方损失惨重。

2016 年 11 月 23 日,巴印两军在克什米尔地区印巴实际控制线附近发生交火,导致 3 名巴军士兵和 7 名印军士兵死亡。印军当天还向克什米尔地区巴基斯坦一侧开火,击中一辆客车,造成至少 7 名平民死亡,多人受伤。

2017 年 7 月 18 日,印度军队再次朝巴控克什米尔地区开火,并进行炮击,共造成 2 名平民死亡、13 人受伤。当地官员表示,由于印军的炮击断断续续,很难准确统计信息,实际伤亡人数有可能更多。随后,巴控克什米尔地区高级部长向国际社会呼吁,关注印巴边境局势紧张给平民带来的伤害。②

2019 年 2 月 14 日,印控克什米尔地区发生爆炸袭击,至少 40 名印度中央后备警察部队士兵身亡,宗教武装组织"穆罕默德军"宣称实施袭击。印方指责巴方支持"穆罕默德军",遭到巴方否认。3 月 1 日,为展现和平姿态,巴基斯坦将俘虏的印度飞行员交还印度。不过,此举并未让两国紧张局势有所缓解。印巴双方仍在相互炮击,均称炮击造成己方平民伤亡。③

印巴围绕克什米尔发生的冲突不仅仅局限于此,即使一个很小的火花,

---

① 张超哲.2014 年的印巴关系:改而不善 [J].印度洋经济体研究,2015(2):76.

② "巴基斯坦媒体称印军再次向巴境内开火 造成 2 死 13 伤" [EB/OL].网易网,2017-7-19[2020-2-13],http://news.163.com/17/0719/13/CPN946DF00018AOR.html.

③ "印度和巴基斯坦军队 4 日凌晨在克什米尔再次交火" [EB/OL].中国新闻网,2019-3-7[2020-2-13],http://www.chinanews.com/gj/2019/03-07/8773552.shtml.

都能挑动起两国人民紧张的神经,使印巴两国的关系时至今日都难以改善。除边界争端之外,印巴两国在水资源纠纷方面的冲突也不断加剧,这和两国在克什米尔地区的政治互信和国家安全问题相关。流经巴基斯坦的主要河流为印度河,是巴基斯坦人饮水和灌溉农田的主要水源,其上游就在克什米尔,三次印巴战争和多次冲突中,印度都曾经以掐断该水资源来威胁巴基斯坦。另外,边界未定也使得双方在边境逮捕所谓越境人员的事件时有发生。莫迪政府要同巴基斯坦开展经济外交,这些症结都是不可回避的话题。

印度与中国也长期存在着历史遗留问题,主要体现在中印在边界问题上的纠纷。中印边界全长约 2000 公里,主要包括西段、中段和东段。1962 年两国因边界争端爆发了一场边界战争。几十年来,虽然两国政府一直在寻找公平、合理解决边界争端的方式方法,但至今未能取得突破性进展。2017 年 6 月 18 日,印度边防人员在中印边界锡金段越过边界线进入中方境内,阻挠中国边防部队在洞朗地区的正常活动。尽管洞朗对峙最后以和平的方式解决,未爆发大的冲突,但其中潜藏的两国边界遗留问题如果不能很好地解决,将长期影响两国关系的和平发展。

莫迪上台与中国开展经济外交,加强经济合作,在边界问题上开展谈判。印度官员曾经期望莫迪对议会的重大影响力和进取型的行事风格,能使中印边境谈判获得突破。但是莫迪在 2015 年 5 月访问中国时,显然没有在与中国的谈判中取得结果,也没有建立任何形成正式边界的机制。中印之间的防务交流加强,但是并没有就争议问题取得显著进展。

2019 年 10 月,中印两国领导人第二次非正式会晤在印度金奈举行,习近平主席和莫迪总理就边界问题交换了意见,责成两国特别代表继续努力,在双方 2005 年达成的解决边界问题政治指导原则基础上达成双方都同意的框架,为边界问题找到公平合理和双方都能接受的解决办法。12 月 21 日,中印边界问题特别代表第 22 次会晤在印度新德里举行。中方根据解决中印边界问题政治指导原则,提出了切实可行的解决边界问题的框架思路。而且在上次会晤中,中方就正式提出边界解决的"早期收获"方案,争取把已定边界锡金段的旧约及早更换为新的条约。不过,对于中国打破谈判僵局的新动议,印度方面显示出的温差也是很明显的。印度外交部的通稿中只字不提中方提出的"框架思路",更不提早期收获一事。[①]显然,印度还是对边界问题的解决充满了幻想,希望按照自己的想法来最终解决。

中印边界问题特别代表会晤自 2003 年设立以来,印度政局的不断变动,也是影响中印边界问题谈判及解决的重要因素。可以说,如果印度不能真正从战略视野来看待两国的边界问题,两国之间便随时都有爆发边界冲突的可能,也会阻碍莫迪政府成功开展经济外交和实施周边外交。

---

① "解决中印边界问题迎来重要机遇,现在最需印方展现诚意",搜狐网,2019 年 12 月 30 日,https://www.sohu.com/a/363722648_260616。

第六章
莫迪政府第二任期经济外交对我国的影响

第一节 莫迪政府施政中的经济外交及其走向

一、莫迪政府施政中经济外交的重点

2019年5月30日,莫迪宣誓就任印度总理,这标志着他第二任期的开始。莫迪是印度首位在独立后出生的总理,他曾于2014—2019年担任印度总理。他的杰出之处还在于从2001年10月至2014年5月担任古吉拉特邦(Gujarat)首席部长。在2014年和2019年的议会选举中,莫迪领导人民党取得压倒性胜利。上一次政党获得绝对多数席位是在1984年的选举中。

莫迪上任后迎来了印度治理模式的转变,倡导了包容、面向发展和无腐败的国家治理。在莫迪领导下,印度经济社会发展取得了令人瞩目的成就。第一任期内,中央政府作出的一系列扶贫决定——印度以创纪录的速度进行消除贫困运动,取得了显著成效。如今,印度拥有世界上最大的医疗保健计划——阿育曼·巴拉特(Ayushman Bharat)。阿育曼·巴拉特计划为贫困和新中产阶级提供最优质和负担得起的医疗保健,其服务对象超过5亿人,世界上最负盛名的医学卫生期刊之一的《柳叶刀》对该计划表示了赞赏。

莫迪的外交政策在他第一个任期取得了一定的突破。在经历了17年的漫长岁月之后,印度总理莫迪开始了对尼泊尔的访问;在28年之后,对澳大利亚进行访问;在31年之后,对斐济进行访问,在34年之后,对阿联酋和塞舌尔进行了访问。自从接任总理以来,莫迪参加了联合国、金砖国家、南盟和二十国集团峰会,印度在各种全球经济和政治问题上的行动和立场得到了广泛的认同。

(一)使印度成为领先的经济体是莫迪经济外交的核心

经济外交是用国家全面的经济工具维护国家经济利益的一种外交形式,其核心属性并非市场经济主体的一般性生产和交易活动,而是在涵盖一国主要的外交活动中,重点服务于国家安全与发展利益的外交活动。然而,经济利益是国家利益的重要组成部分,以国家行为为导向的外交与一国经济利益密不可分,从这一视角论,经济与外交共生共荣。经济外交之所以从外交理论中脱胎出来而成为一个独立的理论范畴,主要源于20世纪,特别是第二次世界大战以来世界各国的外交实践。[①]

经济外交的"外交"属性内容均需要符合"外交"的基本特征。

一是由一国国家机构行为主导,是代表国家的唯一授权。根据现代国家理论及国际法规则,国家是外交的主体,享有主权独立的国家才享有外交权,外交权是国家具有对内最高、对外独立的主权属性,外交权通过正式代表国家的行为行使。[②]国家也是外交的前提,在世界无政府状态下,国家是国际社会的基本单位,尽管非国家行为体在处理国际事务和全球治理中扮演日益重要的角色,但非国家行为体仍然是从属于国家的,[③]特别是在重大的国际制度设计和改革方面更是如此。

二是方式的多样性。外交活动形式可以是访问、谈判、会晤、对话、缔结条约、参加国际组织和论坛会议等,但必须是正式代表国家行为的对外活动,通常由国家元首、政府首脑、外交部长及其他经正式授权的外交代表执行。[④]经济外交的范围可以涵盖一个国家的所有主要国际经济活动,包括但不限于旨在影响出口、进口、投资、贷款、援助、自由贸易协定等的政策决定。[⑤]

三是和平导向性。外交行为和军事行为是实现国家利益的重要对外手段,并且两种行为产生的烈度完全不同。外交是和平的科学、艺术和技巧,任何使用武力或以武力相威胁的非和平行为都不属于外交手段。[⑥]对于新兴经济体而言,具有和平特征的经济外交行为更容易在国与国关系中赢取自己合理的国家利益,为国家发展创造稳定而安全的外部环境,这对处于崛

---

① 山本進. 東京·ワシントン:日本の経済外交 [M]. 東京:岩波書店,1961:2.

② 钱其琛. 世界外交大辞典(下卷) [M]. 北京. 世界知识出版社:2005:2045.

③ Robert Keohane, *International Institutions and State Power*, Boulder: West view, 1989:88.

④ 黄金祺. 论"外交"新定义的理论特色 [J]. 外交评论,2005(6):103.

⑤ Peter A. G. van Bergeijk , "Economic Diplomacy and Economic Security",*New Frontiers for Economic Diplomacy*, 2009-7. pp.37-54.

⑥ 张清敏. 外交学研究与外交的本质,中国社会科学报,2016(1-14),第5版.

起中的国家能否跨越发展瓶颈期极为重要。

在当今国际政治中,经济外交在以唯一超级大国美国为代表的西方大国外交活动中得到广泛运用,也在新兴经济体中备受推崇,在国家外交战略中占据重要地位。美国的经济外交历史悠久,可追溯到威廉·霍华德·塔夫脱(William Howard Taft)的美元外交。美国历史上最重要的经济外交活动之一,即布雷顿森林会议对国际货币基金组织和国际复兴开发银行的创建。而"马歇尔计划"亦为美国参与的历史上最著名的经济外交方式之一。尽管经济外交一直发挥着重要作用,但在美国巴拉克·奥巴马(Barack Obama)总统任职的第一任期内,在国务卿希拉里·克林顿(Hillary Clinton)的领导下,经济外交的重要性仍日益提高。克林顿在她作为国务卿的重要政策讲话中指出,经济治国战略是(美国)外交政策议程的核心。特朗普就任美国总统后,便开始实施其区域经济外交战略。2016年后,特朗普政府以"中方歧视性贸易壁垒、强制性技术转让、贸易资本投资"等涉及中美经济关系的热门议题,通过实施对华惩罚性关税、对中资跨国公司进行巨额罚款等方式向中国施加压力,要求中国改变在各种问题上的立场,这些都是典型的经济外交行为。①

而作为新兴经济体的印度主要通过使用贸易和援助进行经济外交。印度正在制定与邻国的贸易路线,以改善与发展双边关系,并向周边国家提供援助与优惠贷款,塑造其地缘政治良好前景。②例如,为了与孟加拉国建立更牢固、稳定的关系,印度向其提供了8亿美元的软贷款,并提供了2亿美元的援助。③发展伙伴管理局(DPA)是印度用经济外交参与的主要方式。经济外交和发展伙伴管理局对印度的外交政策非常重要,正如印度前外交大臣拉利特·曼辛格(Lalit Mansingh)所说:"发展伙伴管理局属于外交部内的事实表明,这与我们将印度转变为全球参与者的外交政策目标是同

---

① "USTR Finalizes Tariffs on $200 Billion of Chinese Imports in Response to China's Unfair Trade Practices" [EB/OL]. The Office of the United States Trade Representative ,(2018-9-18)[2019-11-23]. https://ustr.gov/about-us/policy-offices/press-office/press-releases/2018/september/ustr-finalizes-tariffs-200.

② "Economic diplomacy, Indian style" [EB/OL].Business Line, (2018-3-12)[2019-12-3]. https://www.thehindubusinessline.com/opinion/columns/economic-diplomacy-indian-style/article20596420.ece1.

③ Ibid.

步的。"①

自莫迪上任以来,对印度的经济外交战略进行变革,在继承前任印度政府独立自主外交政策的基础上,其表现出不同的具体路径。不容置喙的是,增强国家的经济实力、夯实国力基础,使印度成为具有全球重要影响力的经济体,始终是其核心意图。

在平衡国内不同地区的经济发展水平、科学评估印度自身独有的资源禀赋与短板后,莫迪政府开始实施新一轮经济发展计划,其中最具代表性的就是其主推的"印度制造"计划。印度曾经一度以发达的软件服务外包业和高质量的仿制医药业闻名于世,但随着全球化浪潮逼近和全球产业供应链重构,仅靠单一产业已经难以支撑印度的"大国梦"。为提升印度经济在全球的竞争力,适应经济全球化带来的产业链转移,改变印度在全球经济产业供应链中的薄弱地位。在过去 5 年的外交活动中,莫迪不断提升印度与全球有影响力经济体的外交伙伴关系,发展双边战略伙伴关系,着力推动印度制造和基础设施领域发展,弥补国内经济发展的短板,使其成为经济增长新引擎。2015 年,莫迪政府启动"印度制造"计划后,便力邀跨国巨头来印度投资设立生产基地,努力推动印度成长为信息技术、新能源和汽车制造业等具有全球话语权的制造业大国。印度启动的"印度制造"计划,已经将印度转变为全球制造业中心和全球价值链的组成部分。外国在印度直接投资的流入量达到了创纪录水平,而印度已成为全球工业化投资的重要目的地。这些投资分布在多个领域,例如石油,钢铁,汽车和汽车零部件,电子等。②国际数据公司(IDC)的数据显示,2018 年印度智能手机市场同比增长 14.5%,中企、韩企在印度已完成了制造业全产业链的布局,实现印度本土制造,提升了印度制造水平。目前中国手机品牌已经在印度占据 50% 以上市场,并期待占据更多的市场份额。

在参与国际经济活动中,莫迪作为印度"首席经济外交官",在各种对外

---

① "India goes from aid beneficiary to donor" [EB/OL]. Elizabeth Roche, (2012-7-1)[2019-12-7]. https://www.mea.gov.in/articles-in-indian-media.htm?dtl/19976/India+-goes+from+aid+beneficiary+to+donor.

② "Last 48 months of Transforming India driven by the proactive, swift and determined approach" [EB/OL]. Saaf Niyat Sahi Vikas Voice of India, [2019-12-26]. https://www.mygov.in/48months/articles/last-48-months-of-transforming-india-driven-by-the-proactive-swift-and-determined-approach-shri-suresh-prabhu/index.html.

活动中利用全面经济工具,重点抓好投资、进口、贸易协议等工作,力图拓展经济利益。为赶超中国成为全球最大的外资目的地,为印度经济发展提供充足的资金来源,莫迪政府大力吸引外资。2015 年,印度吸引到 630 亿美元的外国直接投资(FDI),超过美国和中国成为世界头号外国直接投资目的地。作为印度经济外交的决策者和参与者,莫迪在外交活动中让经济外交进入核心议题,莫迪游说中国承诺在 5 年内投资 200 亿美元;说服俄罗斯总统普京签署价值 1000 亿美元的商业协议,涉及核能、石油和天然气和国防建设领域。莫迪还与时任美国总统奥巴马就美国公司在印度建造核电站、军事贸易和气候变化等问题达成一致,双方达成价值 40 亿美元的投资合作协议。同时,印度政府在许多领域放松外商直接投资标准,如电信和国防领域。"公平且可预测"的税收制度和审批业务也正在加快实施。印度"卡尔瓦里"号柴电潜艇作为"印度制造"的旗舰项目,莫迪亲自出席其服役仪式并激动地表示,"卡尔瓦里"号潜艇是"印度制造"中的一个良好范例。在莫迪上一个任期内,印度经济外交取得了显著的成果,这离不开莫迪政府科学分析了印度的经济状况,合理顺应国内政治气候与经济外交对象国的经济利益影响,在投资、数字技术、制造业、自由贸易等前沿问题上共同努力,促进经济资源的整合和优质配置,拓展了印度的国家利益。

莫迪政府一系列经济外交发挥着越来越重要的作用,为印度带来显著收益,为其成为具有全球影响力的经济大国积累了坚实的基础。最明显的就是营商环境得到较大改善,外国投资增多,为印度经济发展提供大量的资本。例如,外国直接投资(FDI)流入大幅增加和印度全球经济竞争力上升。据《2017 年联合国贸易和发展会议报告》(UNCTAD)数据显示,印度自 2016—2017 已经连续两年吸引外资超过 430 亿美元,仅次于历史最高水平的 2008 年(470 亿美元)。虽然《2018 年联合国贸易和发展会议报告》数据显示,当年印度的外国直接投资有所下降,但仍然居世界第 11 位。[①]

毫无疑问,莫迪以引进外资、扩大就业、降低门槛等为主要措施的经济外交政策,为印度区域经济整合付出了艰辛的努力,激活了外资对印度的投资,促进投资并协助经济现代化,进一步提升了印度的竞争力。世界经济论坛(World Economic Forum)发布的全球最具竞争力经济体的全球指数中

---

① 杜志远.莫迪主义:外交理论与实践研究.[D/OL].武汉:华中师范大学,2019:35.

显示,在经历了连续 5 年的衰退之后,印度在 2015-2016 财年的全球竞争力位列第 55 位;[①]2016-2017 财年的全球竞争力排名大幅上升至第 39 位;在 2017-2018 财年的全球竞争力排名位列第 40 位;2018-2019 财年印度全球经济竞争力迅速上升至第 35 位。印度全球经济竞争力排名不断上升,充分说明了莫迪经济外交政策使印度经济更加自由、透明、开放,为国家间双向投资创造了良好的外部环境。[②]

作为莫迪经济外交的一部分,经济外交战略实施的重要领导机构——印度外交部经济外交与国家司在 2019—2020 年间采取了多项举措,重点关注国家外交政策的经济外交层面。该机构在莫迪政府的领导下,通过政治影响力和发展双边关系,促进或影响国际贸易和投资,努力确保多边经济协定之间的更大协调。

印度政府各部门、各邦、工商会和驻外使团均为经济外交顺利实施创造良好的外部环境,为印度企业在海外开拓新的商机,促进印度在经济领域参与邻近地区及周边地区的经济合作,并吸引大量外国直接投资进入印度。为了使印度驻外使团能够加强与所在国家的经济接触,经济外交与国家司在其"市场拓展活动"预算下将资金增加到 10 亿卢比。这笔资金已用于通过目录展和买卖双方会议帮助促进印度出口,聘请顾问研究市场需求、组织商业研讨会吸引外国投资,并开展宣传工作,以促进印度企业寻求海外商机的利益。该司通过驻外使团和成员网络以及在印度的分支秘书处和区域护照办事处,促进各国的对外经济接触。特派团通过国家促进海外基金开展国家促进活动。通过与驻地专员的定期互动,继续与地方政府和联邦政府保持联络,并与政府当局合作。该司还为州政府和城市与外国同行之间签订谅解备忘录、建立姐妹州和城市伙伴关系提供便利。

2018 年 7 月,世界银行公布的 2017 年全球各国 GDP 排名显示,印度已超越法国,成为世界第六大经济体,仅次于美国、中国、日本、德国和英国。2019 年,印度超过英国成为世界第五大经济体。由于莫迪政府的努力,财政赤字处于稳定下降状态。印度的经常账户赤字从 2017 年占 GDP 的 4.7%

---

① Schwabk, "The global competitiveness report 2015–2016", World Economic Forum , 2016.9.

② Klaus Schwab , "The global competitiveness report 2017–2018" ,World Economic Forum, 2018.9.

下降至 2018 年占 GDP 比重的 1.7%。印度的外汇储备显著增加,从 3118 亿美元增至 3521 亿美元,印度目前的外汇储备也创下纪录。在莫迪政府的领导下,印度成为世界上增长最快的大型经济体。各种评级机构和智库已经预测,在莫迪政府的领导下,印度的增长将在未来几年中急剧加速。穆迪 (Moody's) 借助 NDA 政府正在进行的强有力的改革,使印度的评级从"稳定"上调至"积极"。而商品及服务税 (GST) 最终得以实施,将增强印度经济增长的稳定性。莫迪经济外交在应对外部世界、为印度在外交活动中获得相对优势方面,也取得了一定的成效。最近在印度举行的世贸组织部长级会议重申了印度在推动全球贸易的多边主义事业方面的领导作用。此外,莫迪经济外交在促进出口方面也做出了不懈的努力,为印度产品寻找新市场是我们正在采取整体战略的挑战。"我们的主要推动力之一,是在印度各地创建世界一流的工业基础设施和物流生态系统。"[1]莫迪政府通过实施经济外交实现了印度成为全球有影响力的领先经济体的初步目的。

(二)多边经济外交机制的主要参与者

随着 21 世纪第一个十年开始,国际秩序处于深刻的变化之中。冷战后,美国由于其全球战略调整导致战略过度透支,使得美国的国际影响力相对下降,多极格局恰逢难得的成长机遇期。莫迪政府经济外交的重点也随之转向适应国际政治经济秩序新变化,在成为经济大国的基础上,积极参与多极格局的构建,通过一系列双边与多边外交合作,提升其国际地位,获取不少国家利益。

莫迪政府在实施经济外交方面,以打造良性双边和多边层面的经贸关系为重点。为此,印度总理莫迪率领代表团出席了 2019 年 6 月 28—29 日在日本大阪举行的第 14 届二十国集团峰会,并在多个场合探讨"全球经济""贸易与投资""创新""环境与能源""就业""赋予妇女权力""发展"和"健康"等全球性议题,呼吁加强合作,促进全球可持续发展。在多次峰会期间,莫迪总理均倡导"解决不平等问题,实现一个包容和可持续的世界"

---

① "Last 48 months of Transforming India driven by the proactive, swift and determined approach" [EB/OL]. Saaf Niyat Sahi Vikas Voice of India ,[2019—12—26]. https://www.mygov.in/48months/articles/last-48-months-of-transforming-india-driven-by-the-proactive-swift-and-determined-approach-shri-suresh-prabhu/index.html.

发展理念,该理念不仅向全世界阐释其独有的发展理念,宣传其执政期间的经济社会发展成就,更是在更大的多边国际舞台上展示其多极格局参与者的重要角色。在其他会议的发言中,莫迪总理强调"需要有高质量的基础设施、数字经济、社会治理、开放和有弹性的金融体系、全球先进的反腐败措施、包容性和可持续增长,全面的优质教育、应对全球环境挑战"。①这就意味着,莫迪开始以关注全球性的发展与安全问题为契机,寻找积极参与国际合作的机会,以发挥印度在全球性事务中的重要影响力。

在参与国际重要政治经济集团活动中,莫迪领导印度参加了在法国比亚里茨举行的七国集团首脑会议外联会议,以独立自主的外交角色为根本,寻求与西方发达世界的交集。此次会议的主题是"消除不平等",将赋予妇女权力和两性平等、气候变化、数字转型、安全和恐怖主义作为优先领域。作为数字转型会议的主讲人,莫迪提到印度努力利用数字技术,通过赋予权力和包容来消除社会不平等。他还强调了变革性技术的力量,并于2019年8月25—26日作为"善意合作伙伴——比亚里茨合作伙伴"进一步推进。此次峰会是在创新和印度如何利用技术促进数字支付的情况下举行的。这是莫迪提出的"印度制造"愿景的升级版,呼应制造业与数字经济融合发展的世界大趋势。

在经济外交实践中,莫迪注重多边经济关系的构建。2019年11月13—14日,莫迪率领印度代表团出席了在巴西利亚举行的第11届金砖国家峰会,主题是"金砖国家:创新未来的经济增长"。莫迪与参会领导人讨论了全球金融和安全形势、反恐、气候变化、可持续发展、多边体系改革、世界贸易组织和国际治理机构改革、促进金砖国家内部包括科技、贸易等领域合作的途径,以及卫生、信息通信技术、人文交流。2019年11月13日,来自印度的大型商业代表团与其他金砖国家的商界人士一起出席了金砖国家商业论坛。莫迪总理与其他国家领导人一起出席了该论坛闭幕式。巴西在2019年担任金砖国家主席期间取得的广泛成果是:建立了创新金砖国家网络(IBRICS)和金砖国家妇女商业联盟(WBA),采用了新的科技创新架构(STI),敲定了金砖国家能源研究合作平台的职权范围。此外,《金砖国家

---

① "Ministry of External Affairs Annual Report 2019-2020" [EB/OL]. Ministry of External Affairs,（2020-3-9）[2020-4-21].http://www.mea.gov.in/Uploads/Publication-Docs/32489_AR_Spread_2020_new.pdf.

贸易和投资促进机构谅解备忘录》(MOU)和《私人投资动员谅解备忘录》(MOU)也于2019年签署。首脑会议的成果包括《巴西利亚宣言》,金砖国家领导人在宣言中重申对主权、相互尊重和平等原则以及建设一个和平、稳定和繁荣世界的共同目标的根本承诺。莫迪经济外交在多边经济关系实践中努力的时间之持久、议题之多样、过程之曲折与复杂,都为印度的经济贸易提供了有利于自身发展的国际经济秩序,为印度国家贸易体系的健康与稳定奠定了基础。

莫迪政府不仅认识到多边经济外交在对外活动中的重要性,也承认当前多边主义面临诸多重大挑战,重申迫切需要加强包括联合国、世贸组织、国际货币基金组织和其他国际组织的改革。在金砖国家领导人会议上,与其他国家领导人一致强调可持续发展的重要性,重申致力于执行《2030年可持续发展议程》《巴黎协定》、缔约方会议成果《联合国防治荒漠化公约》,以期在2030年之前实现可持续发展目标。莫迪政府一系列的多边经济外交实践,努力拓展印度作为一个规模巨大且发展迅速的新兴经济大国的国际发展空间,改善了在发达国家占主导地位的国际格局中,印度处于较为被动的状态,在有限的国家实力背景下,对印度参与国际经济秩序调整产生了显著的影响。莫迪经济外交也在国际政治格局和世界经济状态变化中,为印度在世界多极格局的发展中成为一个较有前景的参与者提供了可能。

二、莫迪第二任期的经济外交走向

从2014年5月至2019年5月,莫迪全面执掌印度顺利而成功地完成了第一届总理任期。从综合治理成效来看,莫迪任期内基本完成了最初的竞选承诺。在地缘政治冲突不断、中美两大国竞争愈加激烈,超级大国美国政治激化的外溢风险增加的大格局中,印度在莫迪的领导下,经济实力得到跃升,国家治理水平显著提高,外交环境空间得到极大拓展。在此期间,印度经济外交政策的调整与变化持续成为国际关系学界关注的热点议题,其实施的外交政策对地区与全球大国关系和国际政治经济秩序的影响力不断提高。莫迪政府在新的地缘政治、地缘经济和战略格局的压力下,重新审视周边、印太地区和全球战略环境,加之莫迪个人的政治魅力和强硬的个性,印度外交战略、外交政策和外交策略随之进行了调整。

国内学者楼春豪认为,莫迪总理第二任期其外交政策在保持延续性的基础上,会回应国内政治发展与外部国际政治的新变化。与之相呼应的是,莫迪的经济外交政策也将成为其对外政策的支柱。楼春豪认为,莫迪第二任期将把"邻国优先"、中美关系和多边外交作为三大重点,着力提升印度的国际地位。在推进上述政策的过程中,莫迪政府将面临实力支撑、平衡中美关系以及意识形态保守化等挑战。

经济外交是利用国家全面的经济工具来实现国家利益。经济外交的范围可以涵盖一个国家所有的主要国际经济活动,包括但不限于旨在影响出口、进口、投资、贷款、援助、自由贸易协定等的政策决定。印度主要通过使用贸易和援助进行经济外交。例如,为了加强与孟加拉国的友好合作关系,印度为其提供多元化的贷款与援助。印度于 2012 年 1 月在政府中设立了发展部门。同样,为巩固与缅甸的良好双边关系,印度通过在能源领域的更大融合带来互利。印度和缅甸同意在石油产品领域进行合作。除此之外,两国通过政府间谅解备忘录在炼油、储存、调和及零售方面进行合作。发展伙伴管理局(DPA)作为印度利用经济外交(发展援助)作为外交参与的主要方式,其在斯里兰卡、阿富汗、非洲等地完成了多个援助项目,取得了良好的效果。①此外,在与澳大利亚的经济合作中,双方承诺鼓励扩大贸易和投资流量,以造福两国。鉴于印度和澳大利亚之间的贸易关系显著增长,双方决定重新参与双边全面经济合作协议(CECA),确保澳大利亚企业通过"印度制造"计划和"智慧城市"计划共享发展机遇,两国还共同决定继续提高澳大利亚投资者在对国家投资和基础设施基金(NIIF)下印度基础设施领域的认知程度,以及共同决定探索在澳大利亚发行印度卢比卡的可能性。②

---

① "India goes from aid beneficiary to donor" [EB/OL]. Ministry of External Affairs, (2012-7-1)[2020-1-21]. https://www.mea.gov.in/articles-in-indian-media.htm?dtl/19976/India+goes+from+aid+beneficiary+to+donor.

② "Joint Statement on a Comprehensive Strategic Partnership between Republic of India and Australia" [EB/OL]. Ministry of External Affairs, (2020-6-4)[2020-6-11]. https://mea.gov.in/bilateral-documents.htm?dtl/32729/Joint_Statement_on_a_Comprehensive_Strategic_Partnership_between_Republic_of_India_and_Australia.

（一）从内容层面看，可为印度国内经济改革、占据经济产业供应链、适应"数字革命"提供有力的服务和支撑

莫迪于2014年上任后，改变了科学技术政策，通过对科学精神和教育政策进行科学规划，将数字技术重新进行政治运用，以解决社会经济问题。在2017年蒂鲁珀蒂印度科学大会上，莫迪在讲话中强调了网络数字系统在全球的迅速崛起。他指出："这有可能给我们的人口红利带来前所未有的挑战和压力。但是我们可以通过在机器人技术、人工智能、数字制造、大数据分析、量子通信和物联网研究、培训和技能，将其变成巨大的机会。我们需要在网络数字系统中融入全球化的使命，通过建立基本的研发基础设施、人力和技能来确保我们的未来。"①科学技术部负责启动网络数字系统任务，以支持建立卓越中心。

在经济改革领域，营造良好的营商环境，创新经济业态，占据全球重要经济产业供应链也将会是主要方向。在印度，新的创业生态系统正在蓬勃发展。根据印度启动计划，工业政策和促进总局（DIPP）已经认可了6000多家初创企业。印度的初创中心已被证明是初创企业提供信息和指导的一站式解决方案。通过联系初创公司的创始人、投资者、指导者，它充当了初创企业生态系统的力量倍增器。高技术创业公司将在印度不同城市中培育创业生态系统，以发挥印度信息技术优势，培育中高端经济产业供应链。此外，在营商便利性举措上，莫迪在业务、投资、治理和跨境贸易方面进行了多项改革。废除了许多只会使治理复杂化的旧法律和法令，新的破产法已经到位。因此，我们可以在世界银行的"营商便利度"排名中刷新纪录，这是印度首次冲入前50名国家。这意味着在印度经商不仅变得越来越容易，而且也越来越令人愉快。②

---

① "Science and Technology for Development" [EB/OL]. Saaf Niyat Sahi Vikas Voice of India, [2020-2-22]. https://www.mygov.in/48months/articles/science-and-technology-for-development/index.html.

② "Last 48 months of Transforming India driven by the proactive, swift and determined approach" [EB/OL]. Saaf Niyat Sahi Vikas Voice of India, [2019-12-26]. https://www.mygov.in/48months/articles/last-48-months-of-transforming-india-driven-by-the-proactive-swift-and-determined-approach-shri-suresh-prabhu/index.html.

（二）从目的层面看，可保持和巩固人民党在国内政治生态中的领导地位，服务于印度的"东进"战略

一国的政治发展与其外交政策的调整存在着密切的逻辑关系。印度国内政党政治环境决定莫迪第二任期的经济走向既有延续性，也会进一步调整。莫迪领导的印人党在 2014 年以压倒性优势上台，经过近 5 年的经营，其势力范围逐渐扩大，且再一次在大选中成为第一大党，未来发展潜力不可忽视。当然，为了持续巩固人民党的执政优势，履行政党竞选中对印度选民的承诺，必然以经济发展绩效与成果来维护其政治地位。莫迪执政以来印度经济外交政策的调整是基于印度政治发展的前提，政治发展通过作用于经济发展和社会发展，进一步影响印度经济外交政策的调整。加大经济外交的投入、提升经济外交在印度总体外交中的战略地位，是其第二任期外交战略中重要内容。

近年来，全球经济中心东移趋势明显，世界经济格局发生了较大变化，中国经济崛起已成无可争议的事实。日本、韩国、东南亚国家在全球经济版图中占据着越来越关键的份额。印度的"东进"政策最早于 20 世纪 90 年代初提出，最初名称为"东向"政策，2014 年升级为"东向行动"政策。25 年来，印度的"东进"战略不断拓展，经历了从经济发展到国家安全、从双边关系到多边合作、从东盟到东亚，再到印太的复合多维的演化，是印度国家实力和地区影响力提升的外化行为，业已成为印度对外战略的一根重要支柱。"向东行动"将致力于进一步加强与东南亚国家伙伴关系，探索新的合作途径，以扩大双边及多边关系。在莫迪第二任期，印度的经济外交方向将会向东方投入更多的关注与资源，努力使双边或多边贸易和经济合作发挥最大潜力。并在改善连通性、市场准入，简化金融交易，促进企业之间的联系，以及实现双边和区域贸易协定等助推社会经济发展。[①]

---

① "India-Myanmar Joint Statement during the State Visit of the President of Myanmar to India" [EB/OL]. Ministry of External Affairs, （2020-2-27）[2020-3-2]. https://mea.gov.in/bilateral-documents.htm?dtl/32435/IndiaMyanmar_Joint_Statement_during_the_State_Visit_of_the_President_of_Myanmar_to_India_February_2629_2020.

（三）从区域层面看，其重点为拓展印度在印度洋区域甚至印太区域的影响力

一直以来，印度一直视印度洋为"印度人之洋"。印度洋区域甚至印太区域是印度外交活动的重点关注区域，拓展并保持印度在该区域的领导力及影响力，是印度外交的重中之重，这既是印度的外交传统，亦是未来印度外交政策的方向。莫迪政府在遵循这一传统历史的情景中，使用全面的经济工具为新时期的印度经济外交指明了方向。例如，在与印度洋沿岸重要国家孟加拉国和缅甸的关系上，莫迪政府始终高度重视，并通过贸易和资金信贷支撑，发展双边贸易与伙伴关系。孟加拉国和缅甸仍然是印度执行"东向行动"和"邻国优先"政策的核心要素，印度政府大多数职能部委，包括国防部及其下属部门都优先重视这些国家的关系就是例证。2019 年，印度与孟加拉国、缅甸的关系继续取得进展。最高政治级别的接触仍在继续，印度和孟加拉国还与缅甸还进行了几次部长级访问等。印度在与孟加拉国和缅甸发展伙伴关系上取得持续进展，因为这两个国家仍然是获得印度赠款和优惠信贷最多的国家。随着印度与孟加拉国、缅甸航空服务的扩大和旅行许可证的简化，以及新的旅行基础设施的建立，双方的贸易和经济关系逐渐深化，人与人之间的接触也在增多。[1]印度与印度洋区域国家（斯里兰卡、马尔代夫、毛里求斯和塞舌尔）包括在商业和贸易、安全和国防、文化、科学和技术以及教育等领域的关系也得到了进一步加强。[2]

---

[1] "Ministry of External Affairs Annual Report 2019–2020" [EB/OL]. Ministry of External Affairs,（2020-3-9）[2020-4-21]. http://www.mea.gov.in/Uploads/Publication-Docs/32489_AR_Spread_2020_new.pdf.

[2] "Ministry of External Affairs Annual Report 2019–2020" [EB/OL]. Ministry of External Affairs,（2020-3-9）[2020-4-21]. http://www.mea.gov.in/Uploads/Publication-Docs/32489_AR_Spread_2020_new.pdf.

第二节 莫迪政府经济外交对中国的影响

一、对中国"一带一路"倡议实施的影响

(一)"一带一路"倡议在中国的重要地位

"一带一路"倡议是新时代中国外交战略总体布局的有机组成部分之一,迄今已有 123 个国家和 29 个国际组织与中国签署了 171 份合作文件,印度是"一带一路"沿线大国中唯一未公开表态支持的国家,对该倡议有着复杂的认知。印度对"一带一路"倡议的负面认知不仅是洞朗对峙发生的重要因素,也是中印边界军事人员冲突事件频发的诱因之一,这不仅严重阻碍了"一带一路"倡议的顺利实施,更制约着中印双边关系发展,加剧了该区域安全紧张局势。

中印两国成为具有全球重要影响力的大国,是当前亚洲甚至整个世界经济政治格局的新变化之一。2008 年全球金融危机爆发后,中印两国在全球经济版图中的份额持续增加,世界经济重心加速向亚洲转移。作为世界人口基数最大、毗邻而居的两个发展中国家,中印在市场、资源、安全、地区影响力等方面都面临诸多竞争和挑战。两大新兴经济体能否实现和平共处共赢,对中印双边关系、亚洲乃至全球稳定至关重要。

中国提出"一带一路"倡议后,印度参与了"孟中印缅经济走廊"合作小组相关会议,成为亚洲基础设施投资银行创始成员国。2014 年 9 月中国国家主席习近平访问新德里,2015 年 5 月印度总理莫迪访华,双方签署多项全方位合作协议。然而,2017 年 5 月印度却高调缺席首届"一带一路"国际合作高峰论坛,公开抵制中国"一带一路"倡议。①而洞朗对峙事件的发生,更是将中印两国推向冲突边缘,虽然最终通过外交渠道和平解决,但却无法消

---

① 张丽.印度对"一带一路"倡议的认知与实证研究 [D/OL].北京:中共中央党校,2019:83.

除该事件对彼此造成的战略疑虑。[①]2018年,习近平同莫迪在武汉举行非正式会晤,两国关系正在向更高水平发展。然而,好景不长,伴随着印度国内经济民族主义的盛行,以及2020年新冠肺炎疫情的蔓延,印度无视疫情告急,在克什米尔地区挑起武装冲突后,又在中印边境地区制造事端,两国关系发展面临前所未有的挑战。

(二)印度对"一带一路"倡议的不支持成为影响中印关系的重要变量

"丝绸之路经济带"与"21世纪海上丝绸之路"(简称"一带一路"倡议)自2013年被分别提出以来,即受到沿线沿路国家积极响应,逐渐从理念转化为行动,由愿景转化为实践。2015年3月28日,国家发展改革委、外交部、商务部联合发布了《推动共建"丝绸之路经济带"和"21世纪海上丝绸之路"的愿景与行动》实施方案,被视为新时代中国外交战略布局重要组成部分。随着丝路基金和亚洲基础设施投资银行的成立,互联互通项目资金通道开放,周边国家纷纷加入参与共建"一带一路",共享合作成果。印度加入亚投行并成为主要创始成员国。2016年11月,"一带一路"倡议被写入第71届联合国大会决议,包括印度在内的193个会员国一致赞同,体现了国际社会的普遍支持。2017年5月15日,"一带一路"国际合作高峰论坛在北京举行,30多位国家首脑及国际组织负责人出席,之前态度不明的美国、日本也最终派代表参加,印度政府却缺席此次论坛,成为唯一公开反对"一带一路"倡议的亚洲国家。[②]

印度在不同时期对"一带一路"倡议表现出观望、不合作、抵制抗衡以及竞争合作等态度,究其原因是对其国家利益权衡的结果,比如经济利益算计下的合作和安全利益考量下的制衡。从尼赫鲁到英迪拉,再到莫迪政府,印度从未放弃过对世界大国地位的追求。印度在中国"一带一路"倡议合作国家中,有着自身重要的国家利益,担忧中国的资金技术进入这些国家会打破原有的秩序。因此,在践行经济外交时,尤其在中国投资领域,采取经

---

① "外交部十五次发声 敦促印方越界边防人员立即撤回"[EB/OL].人民网,(2017-7-25)[2020-3-14]. http://world.people.com.cn/n1/2017/0725/c1002-29427465.html.

② 张丽.印度对"一带一路"倡议的认知与实证研究[D/OL].北京:中共中央党校,2019:1.

济贸易与援助对冲战略。例如,经济外交被印度视为"印度和孟加拉国——超越战略关系的纽带",莫迪政府同意加快就印孟达成双边"全面经济伙伴关系协定"(CEPA)的前景进行联合研究。[1]印度将中国视为市场资源及地区主导权的竞争对手,尤其忌惮中国在其南亚传统势力范围扩大影响力。此外,印度对"一带一路"倡议的核心关切是中国在该倡议下大量援建印度的南亚邻国,开展基础设施及互联互通项目,如中国在孟加拉国、尼泊尔、斯里兰卡等国有大量的基础设施投资项目,引起印度的强烈反应,认为中国违背了两国间与第三国发展关系时应照顾彼此敏感关切的外交承诺。莫迪政府的这两大关切是担心自身经济外交实践的效果不佳,但本质上都体现了印度对其南亚霸权可能受到挑战的焦虑。对中国的"一带一路"倡议在南亚的合作共赢,印度忌惮的实质是担心中国在南亚及印度洋地区存在及影响力超过印度,即使中国从来都奉行合作共赢、不对抗的政策,但印度忧虑中国的"一带一路"倡议会成为"中国版马歇尔计划",影响印度在该地区扮演"净安全提供者"角色。

(三)印度"东向行动""邻国优先"政策对中国"一带一路"的影响

印度通过在"邻国优先"政策下加强与南亚次大陆邻国的互联互通,通过"东向行动"政策对接东南亚国家,通过伊朗恰巴哈尔港经阿富汗联通中亚国家,通过印日联盟打造"亚非增长走廊"等主要举措,初步构建以印度为中轴向四周辐射的印度版"一带一路"规划,形成对中国"一带一路"倡议地区互联互通的抗衡。

在与南亚邻国的互联互通领域,莫迪的经济外交政策做出了持续的努力。例如,2019年10月5日,与孟加拉国的联合声明中,印度和孟加拉国都认识到通过空中、水、铁路、公路的连通性不断增强,可为加强孟加拉国与印度东北部邦以及其他国家之间的经济合作提供互利机会。两国领导人缔结使用蒙格拉港口进出印度,特别是进出印度东北的货物标准作业程序,可能为两国带来双赢的局面。两位领导人都强调了利用内陆水域和沿海航运贸

① "India Bangladesh Joint Statement during Official Visit of Prime Minister of Bangladesh to India" [EB/OL]. Ministry of External Affairs,(2019-10-5)[2020-3-24]. https://mea.gov.in/bilateral-documents.htm?dtl/31911/IndiaBangladesh_Joint_Statement_during_Official_Visit_of_Prime_Minister_of_Bangladesh_to_India.

易进行货物运输的巨大潜力。为此,他们决定启用"杜里安—加达加里—拉伊沙希—道拉迪亚—阿里查路线"(往返),并根据《内陆水运和贸易议定书》将多德坎迪—索纳村路线(往返)纳入运营。为进一步加强两国之间的道路连通性,两位领导人均欢迎启动达卡—西里古里巴士服务的计划。两国领导人指示有关官员加快完成制定印度向孟加拉国提供铁路机车车辆供应的方式,以及孟加拉国赛义德布尔车间的现代化建设。①

2018 年 10 月 29 日,莫迪访问日本期间,和安倍首相逐渐认识到两国关系发展的潜力。莫迪指出,印日关系已转变为具有实质性和目的性的伙伴关系,是印度"东向行动"政策的基石。安倍晋三也强调了印日关系对区域秩序的重要性,并决心推进"印日关系进入新时代",以更紧密的合作推动实现印太地区的和平、稳定与繁荣。两国领导人共同审查了通过优质基础设施发展连通性的合作项目,其中包括以共同、公开和非排他的方式,根据国际标准与双边和其他伙伴进行的共同繁荣的能力建设、负责任的债务融资做法,并与当地经济和发展战略及重点保持一致。这种协同作用体现在印度和日本在印度—太平洋地区(包括斯里兰卡、缅甸、孟加拉国以及非洲)之间的合作项目中。两位领导人满意地回顾了孟买—艾哈迈达巴德高铁项目取得的进展,包括签署了日元贷款交换票据,这是印日合作纪念印度独立 75 周年的重要标志。他们还欢迎在地铁项目上继续合作,以支持印度"智慧城市"的发展。②在中国"一带一路"倡议为南亚区域各国所欢迎时,印度在应对外部世界的过程中所采取的经济外交政策,以使其在所有经济领域获得自己的相对优势,从而最大限度地提高本国的利益。

无论是莫迪政府实施"东进"战略,抑或重视"邻国优先",通过开展同中国"一带一路"倡议具有针对性的经济外交活动,加大在东方国家或邻国的资金与贸易投入,发展同相关国家的双边或多边经济关系,并在实践中附加非经济性限制条件,这种对"一带一路"根深蒂固的抵制,和从单向对冲

---

① "India Bangladesh Joint Statement during Official Visit of Prime Minister of Bangladesh to India" [EB/OL]. Ministry of External Affairs(2019-10-5)[2020-3-24]. https://mea.gov.in/bilateral-documents.htm?dtl/31911/IndiaBangladesh_Joint_Statement_during_Official_Visit_of_Prime_Minister_of_Bangladesh_to_India.

② "India-Japan Vision Statement " [EB/OL]. Ministry of External Affairs, (2018-10-29)[2020-3-25]. https://mea.gov.in/bilateral-documents.htm?dtl/30543/IndiaJapan_Vision_Statement.

升级为间接对冲的战略不断发展变化,将阻碍中国的"一带一路"在南亚地区的顺利开展。[①]这种对中国区域合作发展的威胁认知,把中国"一带一路"倡议在印度周边区域的每一行为都视为负面影响,对于中印两国友好合作关系的发展难有实质性帮助。此外,印度对"一带一路"倡议所采取的具有针对性的经济外交行动,将可能使中印两国在印太区域国际合作的博弈进入一个新的阶段。同时,中国通过"一带一路"将进一步地拓展区域发展空间,我国高效、质优、价廉的基础设施建设能力与资源整合利用优势,将会得到进一步凸显。从双边与多边经济关系上分析,我国"一带一路"项目的优质成果将可能提升区域各国对该倡议的正面认知和参与热情。

二、对中国与"南盟"关系的影响

南亚区域合作联盟(SAARC,简称"南盟"),是 1985 年 12 月 8 日在达卡签署《南盟宪章》后成立的。南盟由 8 个成员国组成:阿富汗、孟加拉国、不丹、印度、马尔代夫、尼泊尔、巴基斯坦、斯里兰卡,联盟秘书处于 1987 年 1 月 17 日在加德满都设立。根据《南盟宪章》所述,该组织的目标是:"促进南亚各国人民的福利和提高他们的生活质量;加速经济增长及该区域的社会进步和文化发展,为所有个人提供有尊严的生活和充分发挥其潜力的机会;促进和加强南亚各国的集体自力更生;促进相互信任、了解彼此的问题;促进经济、社会、文化、技术和科学领域的积极合作和互助;加强与其他发展中国家的合作;加强它们在共同利益问题的国际论坛上的合作;与具有类似目的和宗旨的国际和区域组织合作。各国在一致的基础上作出决定"。[②]从南盟宪章的内容来看,该联盟是倡导区域内部合作发展、协同和平解决区域内部事务的国际性组织。

(一)南盟的发展现状

成立之初,南盟各国对于南亚区域发展达成了良好的愿景,明确了各成

---

① 涂波.印度对"一带一路"倡议的对冲战略发展变化 [J].南亚研究季刊,2018(2):92.

② "Charter of the South Asian Association for Regional Cooperation" [EB/OL].South Asian Association for Regional Cooperation, [2020-3-2]. http://saarc-sec.org/saarc-charter.

员国的义务、权利与基本原则。即南盟以尊重成员国主权与政治独立、互不干涉内政和平等互利,采用协商一致的原则开展组织活动为宗旨;以增进相互了解、睦邻友好关系以及受纽带约束的会员国之间有意义的合作为目标。伴随着南盟自贸区的成立以及不断吸收观察员国家,南盟的一体化程度深化,多边合作机制也逐渐完善,与域外国家的联系增强,南盟的国际化程度更是迈上了新的台阶。

南盟在经济和金融合作领域做出了广泛的努力。2014 年 11 月 26—27 日,于加德满都举行的第 18 届 SAARC 首脑会议上,南盟国家元首或政府首脑表示,决心通过加强贸易、投资等方面的合作,加深南亚区域一体化,促进南亚的和平、稳定与繁荣。金融、能源、安全、基础设施、连通性和文化优先,注重结果和有时限的方式实施项目、计划和活动。各国领导人重申了通过自由贸易区、关税同盟、共同市场以及共同的经济和货币联盟,分阶段和有计划地兑现南盟的承诺。同时,他们承认,南盟成员国特别是最不发达国家和内陆成员国,面临结构性限制和挑战,这些因素导致生产能力薄弱,这主要是由于高昂的贸易和转运成本影响了其在对外贸易中的竞争力。南盟国家领导人承诺在发展中努力增加对最不发达国家和内陆会员国的支持,以确保自由贸易安排的公平利益。在这种情况下,他们同意有效实施南亚自由贸易区框架协定(SAFTA)和南亚服务贸易协定(SATIS)下的现有优惠设施。

在南盟各国基础设施连通性与经济合作方面,第 18 届南盟首脑会议在完成《南盟机动车协定》和《南盟区域铁路协定》方面取得重大进展。国家元首或政府首脑同意在 3 个月内举行一次运输部长会议,以最终确定协议以供批准。他们重申了通过建设和升级道路、铁路、水路基础设施,以及能源网格、通信和空中链接,以无缝方式大大增强区域连通性的承诺,以确保货物、服务、资本、技术和人员的平稳跨境流动。领导人们强调必须通过各种联系方式将南亚与包括中亚在内的邻近地区联系起来,增加各国互联互通的便利性,将降低区域内部贸易物流成本,增强各国经济产业比较优势,大大提升南盟各国的经济竞争力。

在区域经济一体化领域,南盟开展了一系列有益的探索。根据南盟领导人的授权,并应南盟加德满都秘书处的要求,亚洲开发银行(ADB)在 2014 年对南盟进行了区域经济一体化研究。常设委员会第 41 届会议审议并批准了《区域经济研究报告》。该研究报告是在 2014 年 11 月 25 日于加德满都举行的部长会议开幕式上启动的。在报告中，南盟倡导减少 / 取消非关税壁垒（NTB）和准关税壁垒（PTB），加强各国能源合作，积极采取贸易便利化措施，加大投资合作力度，协商减少敏感清单中的产品，开展南盟服务贸易协定（SATIS）谈判进程。

此外，南盟在区域内部设立相关专门委员会，使其成为处理国家间合作事务的常设机构。例如经济合作委员会（CEC）、南亚区域标准组织（SARSO）、南盟仲裁委员会（SARCO）、南盟博览会等。南盟财政部长第一次会议批准成立一个金融问题政府间专家组，其任务是根据南盟领导人在其第 13 届首脑会议上概述的领域，拟定其职权范围草案，包括制定路线图，逐步分阶段实现南亚经济联盟（SAEU）。同时，还协调监督机制（RCSM）的发展研究，推动审查了关于以下综合项目建议的准备情况：金融普惠——获得金融服务和向社会中被金融排斥的部门提供信贷（印度）；为基础设施发展筹集资金的经验（巴基斯坦）；打击洗钱和恐怖主义融资（斯里兰卡）。

然而，南盟的发展并不是顺风顺水的。首先，南盟成员国之间的经济整合度与贸易相互依存度较低。其次，成员国之间的政治互信度较低，地缘政治分歧与矛盾较多，其中印巴冲突是南盟内部最为关键的制约因素；再次，南盟在消除贫困、促进经济合作、改善人民生活方面没有发挥出应有的效能；最后，印在南盟有着绝对的话语权，其强权政治、经济实力不足以及对南亚中小国家的控制与中小国家的反控制的博弈，使南盟民主化进程以及经贸合作进展都相对缓慢。[①]

（二）中国与南盟的关系

2005 年 11 月，第 13 届南盟峰会原则同意中国成为观察员。2006 年 8 月，南盟第 27 届部长理事会审议通过南盟观察员指导原则，正式接纳中国为观察员，并邀请中国以观察员身份出席第 14 届南盟峰会。2007 年、2008 年、2010 年、2011 年和 2014 年，时任外交部长李肇星、副部长武大伟、王光亚、张志军、刘振民分别率团出席第 14—18 届南盟峰会。2012 年 6 月，中国任命驻尼泊尔大使兼任中国常驻南盟代表。中国现任常驻南盟代表为驻

---

① 杨凯. 中国与南盟贸易合作研究 [D/OL]. 昆明：云南财经大学硕士，2018：9.

尼泊尔大使侯艳琪。中国在人力资源培训、扶贫救灾、经贸、人文交流等领域与南盟各国开展了多项合作,建立了中国—南亚博览会、南亚—东南亚商品展暨投资贸易洽谈会、中国—南亚合作论坛等平台,举办了南亚国家政党干部研修班、南亚外交官了解现代中国研修班、南亚职业教育官员研修班等活动。2013年6月,由"南亚国家商品展"更名的首届"中国—南亚博览会"在昆明举行。2018年6月,第五届中国—南亚博览会和首届中国—南亚合作论坛在云南举行,胡春华副总理出席开幕式并发表主旨演讲。2018年,中国与南盟8国的贸易总额为1401.4亿美元,同比增长10.5%。[1]到目前中国始终认可南盟在南亚区域合作中的重要地位,重视同南盟发展关系,中国与南盟在经贸领域进行了长期的合作。中方提出"一带一路""孟中印缅经济走廊""中巴经济走廊""亚洲基础设施投资银行",出资400亿美元设立"丝路基金"等面向南亚各国的一系列合作倡议,都为中国与南盟各国高水平合作提供了契机。[2]2014年11月26日,第18届南盟峰会在尼泊尔首都加德满都召开,中国外交部副部长刘振民作为中方代表团团长出席峰会并做重要演讲。刘振民肯定了南盟作为南亚地区最重要的区域合作组织的地位,赞扬了南亚各国与南盟在国家发展、区域合作和对外关系中所取得的重要成就和发挥的不可替代的作用。同时也期盼中国在尊重南盟各国自主发展道路与意愿的基础上,期待与南盟各国在经贸、农业、减贫、能源等领域不断深化合作,提升合作水平和质量。

然而,南盟各成员国经济社会发展水平参差不齐,大多处于初级发展阶段,发展水平远低于世界平均水平。在国家政治发展与社会治理层面也有较多长期难以解决的禁锢和深层次矛盾,如成员国彼此间由于前殖民地英国"分而治之"的后遗症,极其缺乏政治信任,地缘政治矛盾突出,民族与领域主权问题尖锐,尤其是印巴关系、印度作为南亚大国强权的干预与控制,造成很多领域的合作不理想,中国与南亚各国的经济比较优势难以实现互

---

① "中国参与南亚区域合作联盟情况"[EB/OL]. 中国外交部,(2020-4)[2020-4-20]. https://www.fmprc.gov.cn/web/gjhdq_676201/gjhdqzz_681964/lhg_682662/zghgzz_682666/.

② "外交部副部长刘振民出席第18届南盟峰会"[EB/OL]. 中国外交部,(2014-11-26)[2020-4-23]. https://www.fmprc.gov.cn/web/gjhdq_676201/gjhdqzz_681964/lhg_682662/xgxw_682668/t1214746.shtml.

补和互利共赢。对于中国与南盟关系的因应之策和发展愿景,中国应主动有所作为,努力推进中巴经济走廊,使中国从区域外大国转变成南亚区域发展的动力之一,实现与印度的"龙象共舞"。

(三)印度对中国与南盟关系的影响

一直以来,中国在南亚区域内的角色定位会直接影响中国与南盟的关系。中国在选择参与南盟各成员国的合作时,面对的从来就不是一个整体,而是内部存在多种分歧的多方势力。因此,中国与南盟的合作既有契机,也面临一系列制约性因素。

南盟区域内部合作发展的现状,有利于中国发展与南盟之间合作关系。南亚原有的域内各国的结构性矛盾影响区域内部的整合发展。

首先,南盟内部权力结构性因素突出,印度与巴基斯坦对于区域权力结构主导权的争夺是南亚地区最为激烈的权力竞争。"这一竞争态势左右了印巴分治以来南亚地区局势的基本走向。虽然在第三次印巴战争后,随着孟加拉国的独立,实力被大幅削弱的巴基斯坦已难以同印度正面对抗,但巴基斯坦从未放弃过制衡印度的努力,它通过开发核武器、引入域外势力等手段与印度达成新的势力均衡。"[①]此外,印度与域外国家中国的权力竞争也对南亚地区的地缘政治造成了巨大影响。中印两国同属新兴大国,两国的共同崛起必然伴随着利益范围的扩展,造成了"中印的天然竞争"态势。在南亚地区,这种竞争主要表现在中印对南亚其他国家关系的态度上。巴基斯坦与中国是全天候战略伙伴关系,中巴的紧密关系一直为印度担心疑虑。印度一直不懈消解中巴之间超越伙伴的紧密关系,已达到肢解巴基斯坦、占据南亚区域主导权的竞争优势。在上述两对竞争关系的交互作用下,中国不仅努力保持并强化与巴基斯坦的传统友谊,而且积极发展与尼泊尔、斯里兰卡、不丹、孟加拉国等国的外交关系;印度则将南亚看成其势力范围,在保持对南亚其他国家传统影响力的同时,通过建立与美国的战略伙伴关系,引入美国因素以制衡中国。[②]因此,南亚区域内部矛盾的复杂程度日益加深,政治整合合作与区域一体化发展严重滞后,各国对外发展成本增加,寻求与

---

① 吴磊.多重利益碎片化与南亚区域合作——兼谈中国的角色和作用 [J].国际论坛,2017(2):65.

② 张贵洪.中印关系的确定性和不确定性 [J].南亚研究,2010(1):16.

中国的合作将是较优的选择,这也将有利于中国与南盟区域各国的合作。

其次,经济因素在中国与南盟关系发展中发挥着重要作用。南亚各国在经济结构、产业基础、供应链协同领域存在较大的问题。根源是区域内部各国经济互补性较差,区域对外贸易结构呈现高度同质化特征,且相互无序低水平重复竞争。区域各国出口商品以初级农产品、纺织品、轻工业产品等劳动密集与低技术类产品为主;而进口商品则多为能源、机电、高新技术产品,地区内部国家根本无法提供这类急需且高附加值的产品。这导致南亚各国的比较优势并不能互补,反而是相互竞争。随着中国加快推进同南亚的互联互通建设,推动中国和南亚两大市场的对接,经济互补、资源共享与产业分工将在中国与南盟经济关系中扮演更佳的角色。

最后,南亚原有的社会结构性矛盾也十分突出。在对南亚的研究中,宗教是一个无法回避的重要问题,这也是因为南亚各国在立国传统中倡导在人民生活中将宗教摆在显著的位置。南亚地区各种宗教均有分布,几乎各国都呈现出全民信教的状态。宗教信仰在区域各国人民的经济增长、社会发展、日常生活中发挥着无可替代的作用。此外,南亚各国宗教信仰多样且分布地域交叉复杂,以印度教、伊斯兰教、佛教为主要宗教,兼有一些发源于本土的宗教,如锡克教。宗教信仰在民族文化、社会心理塑造中发挥着重要的催化剂作用,但宗教本身包含的极端与狭隘的思想,也成为社会冲突中的易燃易爆点,严重影响南亚各国间的正常关系,阻碍地区整合治理。除宗教问题之外,民族问题也是影响南亚国际关系的重要因素。除马尔代夫以外,南亚各国均不是单一民族国家,呈现出多民族聚居特点,且跨境民族问题十分复杂。南亚各国由于历史上被西方国家长期殖民统治,民族国家先天发育遗留一些缺失,在现代国家观念的冲击下,跨境民族问题与国家内部民族冲突、民族分离主义与宗教极端恐怖势力交织,使得南亚各国的外交关系敏感亦复杂,共同造成社会结构性矛盾十分突出。

综上所述,南亚各国在地区权力与安全结构上的利益竞争、经济发展中的不均衡成长、民族宗教的激烈冲突,区域内部中小国对保障主权和领土完整的安全恐惧、印度作为地区主要大国的干涉主义行径,使得区域内部合作与发展举步维艰。这些因素对于紧邻南亚的域外大国中国都是契机。一方面,南盟需要中国加入区域的合作,利用中国较强的资金、技术、管理经验和成功的经济社会发展模式,提升各国的经济社会发展水平。另一方面,中国经济转型和"走出去"的对外开放战略,也可在南亚广阔的市场中发挥自身的比较优势,赢得商品市场。在南盟内部多重利益碎片化的制约下、区域合作有限的现实中,南盟各国转向域外合作就自然而然地成为主流,有利于中国发展与南盟之间的合作关系。

(四)莫迪政府的经济外交制约着中国与南盟关系的发展

莫迪上任之后,领导印度外交管理团队继续开展务实和注重成果的活动,以加强印度的安全,维护其领土完整,并促进印度的经济转型。以积极主动的方式,通过加强双边、区域和多边伙伴关系,并寻求在关键的全球论坛上建立影响力。与印度侨民开展外联工作的步伐也在继续,其中"经济外交"则作为莫迪政府外交战略的亮点之一,也成为其强国外交的重要组成部分。印度的"邻国优先"政策继续得到重视,重点是为稳定和繁荣建立互利、以人为本的区域框架结构。印度与邻国双边交往的速度保持不变,重点是在执行基础设施和连通性项目方面取得进展。铁路、公路、港口、内河航道、航运、能源和燃料运输等项目正与该地区的合作伙伴一起实施。①

莫迪经济外交在邻国的长期实施,不断巩固印度与南盟的关系,使中国在处理与南盟关系时受到来自印度的较大挑战。2017年,美国总统特朗普推出"印太战略"之后,莫迪政府在与美国遏制中国的行动中,开始推出印度版本的"印太战略"。2018年11月30日,在阿根廷举行的G20峰会上,莫迪、特朗普和安倍晋三在会谈中共同就"印太"概念达成一致。其后,莫迪在多个外交场合均重点阐释其"印太战略"的构想与实施行动。印度版"印太"的概念和行动逻辑,既体现出印度洋—太平洋区域在全球经济政治发展中的重要地位和作用,也突出了印度作为印度洋地区综合国力最强国家的区域主导构想,以确保印度洋成为"印度之洋"。而无论在地缘政治、区域安全结构还是经济合作发展上,印度一直视印度洋区域为其主导地区,作为域外大国的中国,不仅与其有复杂的双边关系,也有直接的经济利益竞争,自然中国在南盟地区正常合理的经济贸易投资、发展与南盟各国间正常的国家关系,就被印度视为威胁。因此,中国在南盟的多个投资领域,印度都不

---

① "Ministry of External Affairs Annual Report 2018-19" [EB/OL]. Ministry of External Affairs,(2019-8-6)[2020-4-26]. http://www.mea.gov.in/Uploads/Publication-Docs/31719_MEA_AR18_19.pdf.

断采取各种措施影响投资项目的达成、落实和实施。在中国提出"一带一路"倡议和推动"中巴经济走廊"建设的背景下,莫迪政府力推"季风计划"、打造"南北运输走廊"和共建"亚非自由走廊"加以应对。可以断定,中印在印度洋地区的博弈将长期存在。

印度高度关注其至抹黑、阻止中国在南亚区域的合理合法活动。对印度洋沿岸的斯里兰卡、马尔代夫、孟加拉国、巴基斯坦等国家积极响应和主动参与"一带一路"倡议,开展基础设施领域合作,尤其印度洋沿岸港口建设,持续保持高度警惕,视双方合理的经贸合作包含着"地缘政治目的",是中国强化在印度家门口——印度洋存在的一种方式。对"一带一路"特别是"中巴经济走廊"的态度从消极、不配合到公开反对,认为中国已经威胁到南亚地区地缘政治原有的格局。另一方面,莫迪在经济外交中坚持实践"邻国优先"战略,加快实施"东向行动",推动印太地区联动和经济一体化,主导区域向东整合的行动,防备中国通过"一带一路"改变地区经济政治旧秩序。印度的经济外交在南亚的具体政策,核心是对南亚周边国家持续分化对待,打压(如巴基斯坦)、控制(如不丹)、拉拢(如孟加拉国)行动分类实施。在对待南亚中小国家时,印度一直把这些国家看作是自己的后院,延续"指导"他国政治经济事务的传统,利用自身在南亚的优势地位和传统影响力,交替分类使用打压与拉拢手段,以期巩固与这类国家特殊的国家关系,排挤域外国家在南亚的合理存在。例如,在中国对南盟国家斯里兰卡的投资中,汉班托塔港是"一带一路"的重点项目之一,建成后将会给斯里兰卡带来近8万个就业岗位,将极大地促进其经济发展,也可成为中国对外的投资的模板。中国获得汉港经营权后,印度一直视斯里兰卡为其重要影响辐射范围,是其"印太战略"的重要实施节点,中国在斯里兰卡的合理投资让印度如鲠在喉,通过不断加大拉拢斯里兰卡的力度,不断对其内政施加影响,加强两国的政治关系,保持特殊关系。在对斯里兰卡的经济外交活动中,多次承诺以经济援助形式来干预制约中国在斯里兰卡的合作项目,以达到阻止中国与南盟国家发展正常外交关系的目的。印度要求以2亿多美元的价格租用汉港附近的马塔拉机场40年的使用权。另外,印度还对中国援斯项目进行诋毁,大肆散布"债务陷阱论",给中国在投资国带来极其负面的影响。然而,中国的综合国力远强于印度,即便印度丑化中国建设的基建项目,美化印度除铁路外给斯里兰卡的都是"免费"的援助项目,但印度却在对南亚国家的经济外交活动中,对援助承诺兑现三缄其口。[①]

三、对中国与西方大国关系的影响

在 21 世纪的第一个十年,中国已经成长为具有全球影响力的大国,走出完全不同于西方世界的发展道路,随着"中国崛起","文明的冲突""中国威胁论"甚嚣尘上,中国与西方大国的关系进入了深度的调整期。自美国总统特朗普上任后,以"美国优先"为主要施政价值理念,倡导对华强硬,实施对华贸易战,构建"印太战略"制衡围堵中国。可以说中国与西方大国的关系已经处于冷战后最复杂、最具有挑战性的时期。西方大国开始清晰认识到中国崛起的现实,中国也在适应与西方大国关系的变化。伴随而来的是,中国与西方大国对于当前国际秩序的理解发生的分歧。在国际格局发生嬗变的大背景下,印度在追求大国发展利益的基础上,利用中国与西方大国关系处于调整阶段,在西方各大国间左右逢源,充分发挥经济外交政策的功能,影响中国与西方大国的正常关系。

(一)中国与西方大国关系的现状

近年来,在由西方大国占据主导地位的国际话语体系中,中国的国家形象塑造与发展软实力构建过程并非一帆风顺。对于中国崛起的客观认识,不仅在西方大国政商主流阶层难以获得正面评价,而且在西方世界普通民众的意识中也日渐负面。然而,事实证明,中国是冷战结束后国际政治中实践和平主义最为彻底的世界大国。过去 30 年从未对外使用军事武力,更未介入任何一场新的地区军事冲突记录。[②]然而,面对中国的和平崛起,西方大国对当前国际秩序的忧虑并未在中国和平外交政策实践中减少。西方大国的利益判断和追求方式、对世界秩序的价值判断与自有思维模式,才是西方世界对中国崛起"焦虑"的本源。从维护中国国家安全、利益、发展权益的出发点来看,处理好与西方大国的关系至关重要。发展好与西方世界的正常关系,不仅是中国和平崛起的外部条件,更是融入全球化和构建人类命

① 陈利君."印太战略"背景下的中斯合作 [J]. 南亚东南亚研究,2020 (2): 73.

② 朱锋. 面对中国的崛起,西方为什么忧虑 [J]. 学术前沿,2020 (6): 18.

运共同体的现实需要。

在国际经济领域,随着中国成为世界第二大经济体,并在某些领域的国际经济竞争中已具有相当大的实力,已对西方大国的固有认知产生了强烈的冲击,工业革命后形成的长达几百年的西方优越感开始动摇。在国际政治领域,中国对外政策更具多样性,特点更加鲜明,主动采取措施维护自身的国家利益。在国际组织中,当美国拼命"退群"时,崛起中的中国已经在国际舞台上变得更加活跃。例如,根据西方观察家的说法,在联合国15个专门机构当中,中国取得了4个机构的领导岗位,包括粮农组织(FAO)、工业发展组织(ONUDI)、联合国国际电信联盟(UIT)和国际民航组织(ICAO)。世界卫生组织总干事更被西方认为是亲中国的。美国激进的"退群"行为被西方大国认为是美国的战略收缩。此外,中美贸易战、新冠肺炎抗疫战也对中国与西方大国的关系产生了深远影响。中国与西方大国关系的裂隙愈来愈深,已有滑入失序的危险。首先,中国与西方大国的关系进入深入调整期,以往已融入全球化、倡导合作共赢的大国关系开始滑落。西方大国逐步开始通过涉华议题制衡中国,阻碍中国和平崛起进程。最为典型的就是"华为5G议题""香港问题""台湾问题""新冠肺炎源头"等议题上,以美国为首的西方大国以"国家安全"、意识形态为名,污蔑指责中国损害其国家利益。正是如此,中国与西方大国"领头羊"美国的关系,已由于后冷战时代美国应对中国崛起的接触政策而宣告失败;美国认为,中国全面挑战美国的力量、利益与影响力,已成为美国最主要的战略竞争对手;正如学者吴心伯指出:"中美战略竞争加剧会是一个长期的历史现象,中美关系转型不可避免。"[①]

(二)莫迪经济外交对中国与西方大国关系的影响

随着美国"印太战略"的提出和实施,对中国与西方大国关系产生了重要影响,"印太区域"与"印太战略"的提出与印美关系息息相关。2017年6月26日,印度总理纳伦德拉·莫迪访美后双方发表的联合声明中指出:"作为印太地区相关的两大国,特朗普总统和莫迪总理赞同双方紧密合作有助

---

① "台湾押对宝了吗?" [EB/OL]. 联合早报,(2020-6-14)[2020-6-16].https://www.zaobao.com/wencui/politic/story20200615-1061256.

于地区实现和平稳定"①,"在印度和美国建交 70 周年之际,两国领导人决心扩大和深化两国之间的伙伴关系和实现共同目标。这些目标包括打击恐怖主义威胁,促进整个印度太平洋地区的稳定,增加自由和公平贸易以及加强能源合作。特朗普总统和莫迪总理表示相信,在未来的几十年中,美国和印度将共同发挥强有力的领导作用,以应对全球挑战,并为其公民创造繁荣。"②两国还重申了印度在印太区域的重要地位,视其为印度太平洋地区的民主坚定守护者、区域繁荣的领导者,强调了"印太"地区和"印太战略"对于国家利益和发展的重要性。

然而,美国"印太战略"实施的主要目的,是遏制中国的发展,印度不断深化"印太"概念,积极与印度洋—太平洋区域国家开展经济与安全防务合作,也影响到中国与西方大国之间的关系。2020 年 2 月 24—25 日,美国总统特朗普对印度进行国事访问。其间重申美印全面的全球战略伙伴关系的重要性,要加强两国在全球层面的全面合作。无独有偶,印度和美国在"印太战略"下合作的重点和实质却落在安全防务与经贸关系中,其内容均包含了中国因素。在联合声明中,莫迪和特朗普保证深化两国的国防和安全合作,特别是通过提高海洋和空间领域的认识以及信息共享;共同合作;交换军事联络人员;在共同开发和共同生产先进防御组件、设备和平台方面进行更密切的合作;深化国防工业之间的伙伴关系。同时,特朗普总统指出,一支强大而有能力的印度军队可支持印太地区的和平、稳定与基于规则的秩序,并重申支持将先进的美国军事技术转让给印度。特朗普总统认为印度最近决定采购 MH-60R 和 AH-64E "阿帕奇"直升机,将促进两国之间共享安全利益、工业增长和产业合作。随着印度努力获得新的国防能力,特朗普重申了印度作为美国主要国防伙伴的地位,为采购和技术转让提供了最高的待遇。双方领导人期待早日达成包括《基本交流与合作协议》在内的防务合作协议。就在特朗普访问印度前夕,2020 年 2 月 3 日,中国一艘船只在印度古吉拉特邦坎德拉港停靠时被印方扣押。

此外,莫迪的经济外交也持续呼应美国"印太战略"在本区域的行动。

---

① "Joint Statement–United States and India: Prosperity Through Partnership" [EB/OL]. Ministry of External Affairs,(2017-6-27)[2020-4-27].https://mea.gov.in/bilateral-documents.htm?dtl/28560/United_States_and_India_Prosperity_Through_Partnership.

② Ibid.

在美国与印度的印度—太平洋战略的融合中,美国承诺并支持印度在印度洋地区发挥维护地区安全和人道主义援助净提供者的作用。印度和美国继续致力于该地区的可持续、透明、高质量的基础设施发展,而印太地区也是中国"一带一路"倡议中基础设施建设项目的重点区域。在与美国的经济外交活动中,莫迪也积极争取美国对印度的经济援助。例如,莫迪和特朗普欢迎美国国际开发金融公司(DFC)宣布为印度可再生能源项目提供6亿美元的融资安排,并欢迎DFC决定于2020年在印度建立永久性办事处的决定。在中国南海问题上,印度和美国积极参与在中国南海制定行为守则,这些行为都损害了国际法规定的中国的合法权益,也为中美双边关系增加了不可控的因素。莫迪政府不仅与美国在印太区域协作,莫迪和特朗普还通过印美日三边首脑会议加强磋商。印美外交和国防部长"2+2"会议机制;以及印度—美国—澳大利亚—日本四边磋商等,形成了事实上四国在印太区域战略互动的合作圈。①

不仅如此,印度与日本都致力于加强双方的海上安全合作,两国频繁的海军联合演习以及海岸警卫队之间长期的对话和培训,都体现了这一点。他们认识到加强交流以扩大印度洋—太平洋地区的海域意识(MDA),有助于印度主导的区域和平与稳定。在多边贸易规则领域,印度和日本均强调迫切需要改革世贸组织,以增强其职能。同时,印度也积极引入日本对南亚区域的基础设施建设投资,形成与中国的竞争关系,通过印日基础设施发展连通性的合作及其他项目,其中包括以共同开发方式,并根据适应西方大国的国际标准,与日本或其他伙伴进行共同繁荣能力建设、债务融资做法,这种协同作用体现在印日两国在印度—太平洋地区(包括斯里兰卡、缅甸、孟加拉国以及非洲)之间的合作项目中。②莫迪的经济外交在与西方大国德国的合作中,提出为遏制发展中国家和低收入国家积累的主权债务,同时允许充足的融资渠道,强调了确保官方和私人借款人和债权人负责任、透明、

---

① "Joint Statement: Vision and Principles for India–U.S. Comprehensive Global Strategic Partnership "[EB/OL]. Ministry of External Affairs, (2020–2–25)[2020–4–28]. https://mea.gov.in/bilateral–documents.htm?dtl/32421/Joint_Statement_Vision_and_Principles_for_IndiaUS_Comprehensive_Global_Strategic_Partnership.

② "India–Japan Vision Statement " [EB/OL]. Ministry of External Affairs , (2018–10–29)[2020–4–29]. https://mea.gov.in/bilateral–documents.htm?dtl/30543/IndiaJapan_Vision_Statement.

健全和可持续的融资做法的重要性。目前,西方大国对中国在中低收入国家的投资不断进行指责,其中"主权债务陷阱"是遏制中国对外经济投资的重要工具。印度奉行"债务陷阱论"新策略,损害了中国的形象,加剧"中国与印度、西方大国的互信困境",对中国与西方大国的关系影响是长期性的。在这种背景下,印度和德国支持国际货币基金组织、世界银行集团和巴黎俱乐部(PC)正在进行的有关低收入国家债务的工作,并支持 PC 继续努力将新兴债权人更广泛地包括在内。双方重申,中国重新组织官方双边债务的主要论坛,并支持其在主权债务问题上的工作。[①]而这些都是中国对外开放与走出去的主要领域,在中国崛起的大背景下,印度积极参与西方大国重塑亚太格局进程,对中国与西方大国的关系产生了长久的负面影响,使双方的合作掺入了不稳定成分。

---

① "Joint Statement during the visit of Chancellor of Germany to India " [EB/OL]. Ministry of External Affairs, (2019-11-1) [2020-4-29].https://mea.gov.in/bilateral-documents.htm?dtl/31991/Joint_Statement_during_the_visit_of_Chancellor_of_Germany_to_India.

第七章
莫迪政府经外交对我国经济外交的启示与思考

经济外交作为一国经济利益和制度性权力均衡配置的工具,在追求国家利益、参与世界权势转移、塑造包括全球经济治理制度在内的世界秩序进程中发挥着重要作用。[1]从莫迪执政以来的外交实践观察,莫迪自上任以来就加大经济外交投入,将经济外交作为印度总体外交中的重要战略并取得一定成效。未来,莫迪政府不仅会利用经济外交进一步促进国内经济改革,还会利用多边经济外交机制加强投资外交、金融外交和能源外交力度。中国作为经济外交的后起之秀,先后经历了"游离型""回归型""融入型""引领型"等经济外交阶段。目前,面对"百年未有之大变局",特别是在保护主义抬头、多边机制困境、全球经济治理赤字的情况下,中国需要在总结自身经济外交不足的同时,学习借鉴美国、日本、俄罗斯、印度等国的经济外交经验,力争为全球提供更多的公共产品,不断将经济实力转化为经济治理能力,逐步提高中国在全球经济治理中的制度性话语权。

第一节 莫迪政府经济外交对我国的启示

一、明确经济外交战略,提升与各国经济关系

在世界经济复苏缓慢、金融危机和恐怖袭击加剧、中东地区局部动荡困扰的历史关头,国际体系和国际秩序正在进行深度调整,和平、发展、治理三大赤字,挑战全人类生存和发展。在中国特色社会主义进入新时代的历史方位,中国已经成为世界第二大经济体,成为影响世界、塑造未来的重要力量。在实现中华民族伟大复兴中国梦的关键期,中国的发展面临诸多挑战,

---

① 陈伟光,蔡伟宏.大国经济外交与全球经济治理制度——基于中美经济外交战略及其互动分析 [J].当代亚太,2019(2):93.

需要统筹国内国际两个大局,统筹发展安全两件大事,以习近平新时代中国特色社会主义思想为指引,将坚持和平发展道路、推动构建人类命运共同体作为新时代中国外交战略的总目标,力争形成全方位、多层次、立体化的外交布局。为积极参与全球经济治理,推进全球治理体系变革,中国须制定明确的经济外交战略。

(一)大国经济外交战略

大国关系事关全球战略稳定。处理好与大国的经济关系,是中国开展特色大国经济外交的关键。不断推进以协调、合作、稳定为基调的中美关系,同俄罗斯发展中俄新时代全面战略协作伙伴关系,同欧洲发展和平、增长、改革、文明四大伙伴关系的主张;强调构建总体稳定、均衡发展的大国关系框架。

特朗普政府执政期间,认为第二次世界大战后形成的世界秩序现如今已不符合美国利益,中国已经成为美国首要、全面、全球性的战略竞争者,且中美之间的结构性矛盾无法调和,美国必须对华实施所谓"全政府"对华战略,全方位调动资源对华展开"全方位竞争",建立一个围堵中国的"统一阵线",限制乃至打断中国崛起的势头。在此种对华战略指导下,美国对华采取保护主义和单边主义政策,全面打响中美贸易战。从"关税战"到"投资战"再到"技术战",中美贸易战不断升级,中美经贸磋商步履维艰,体现出世界格局中守成大国美国对政治经济影响力日益增长的新兴大国中国的全面阻击和遏制。

面对美国的全面阻击和遏制,中国最为关键的任务是要理顺中国的崛起与美国的守成之间的关系,核心议题是中美如何实现合作共赢、和平发展的问题,最终构建"不冲突、不对抗、相互尊重、互利共赢"的中美新型大国关系。为中美经济外交更好地开展,中国须在现有的美国主导下的国际经济秩序下开展经济活动,同时中国与美国开展经济外交要坚持做到有所为、有所不为,要十分明确哪些方面是可以作出适当让步,从而获得双方的合作共赢,哪些方面涉及核心利益而不能妥协,必须予以坚持。①此外,中国还须妥善处理与美国的经贸摩擦,秉持"和而不同"理念,通过开展首脑外交的

---

① 郭晴,陈伟光.经济外交与全球经济治理:基于中美互动的视角 [J].复旦国际关系评论,2019(10):135.

方式,坚持互惠互利、和衷共济,为解决双边贸易摩擦、全球经济治理贡献中国方案。

乌克兰危机爆发后,美国和欧洲等西方国家对俄罗斯实施经济制裁,俄罗斯将一直以来实行的"欧洲优先"经济战略逐渐转为实施面向亚太地区尤其是东亚地区的"东向战略"。其中,俄罗斯的"东向战略"最核心的举措是调整中俄关系,即俄罗斯开始与中国在政治、经济和军事领域建立更密切联系。俄中全面战略协作伙伴关系已成为保障全球和地区稳定的关键因素,俄中关系是国际秩序下国家间关系的典范。在俄日南千岛群岛主权争端以及中日钓鱼岛争端的共同影响下,中俄两国首先想到的就是在东北亚地区,从经济外交入手来尝试发挥地区内两个大国经济合作的外溢效应。对中俄两国来说,经济合作是最现实也是最容易开展的。

在中国的经济外交战略中,俄罗斯占据着重要地位。面对平等信任、相互支持、共同繁荣、世代友好的中俄全面战略协作伙伴关系的提档升级,中国应从战略高度有目的地加强两国经贸关系,不断扩大经贸交往,提高两国的战略依存度。为确保在中美两国竞争中处于有利地位,中国必须通过与俄罗斯加强经济联系,通过经济外交寻求扩大双边利益关切。其一,中俄两国继续开展卓有成效的能源外交。俄罗斯已探明的天然气储量为48.2万亿立方米,年产量近6000亿立方米,居世界第一位。[①]2008年国际金融危机之后,中俄两国开始在东北亚地区加强能源合作。2014年5月21日,中俄在上海签署两国政府东线天然气合作项目备忘录、中俄东线供气购销合同两份能源领域重要合作文件。双方商定,俄罗斯通过中俄天然气管道东线向中国供气,输气量逐年增长,最终达到每年380亿立方米,累计30年。2019年12月,俄罗斯天然气通过中俄东线天然气管道正式进入中国。[②]未来,为确保中国能源安全,加快恢复俄罗斯经济发展,中俄两国将继续推动能源外交。其二,努力实现"一带一路"框架下的"中俄蒙经济走廊"与俄罗斯主导的"欧亚经济联盟"的发展对接。目前,两者在能源运输通道、交通、金融以及在远东地区的投资等领域已经取得一些成果。未来,中俄两国要加强研

---

① 孙永祥. 规划能源——俄罗斯新阶段能源发展战略 [J]. 国际贸易,2002(11):32.

② 俄罗斯天然气通过中俄东线天然气管道正式进入中国 [N]. 快资讯,2019-12-02, https://www.360kuai.com/pc/969ab2525c9c47e7c?cota=3&kuai_so=1&sign=360_57c3bbd1&refer_scene=so_1。

究经济外交战略对接的重要领域,譬如两国可在东北亚地区继续加强对图们江区域的开发,将图们江区域建成我国沿边开放开发的重要区域、面向东北亚开放的重要门户、东北亚经济技术合作的重要平台和东北地区经济新的重要增长极、沿边开放开发先行区和示范区,并构筑贯通东北经济区的国际运输通道,促进整改东北亚地区的经济发展与人文交流。

中国作为日本最大贸易伙伴和最重要出口市场,近年来,两国经贸合作取得实质性进展,但也面临前所未有的挑战。中共十八大之后,中国提出开展特色大国外交,不断提升引领中日关系正常发展的能力。钓鱼岛危机之后,安倍政府基于现实国家利益考虑,开展将对华政策从"竞争"转向"协调"。安倍政府的对华转向主要基于对经济利益的重视,目的在于助力国内经济增长。2018年5月,李克强总理正式访日,标志着中日两国关系在经历了多年的低谷后出现回暖迹象。在李克强访日期间,双方就开展第三方市场合作达成重要共识,并共同签署《关于中日第三方市场合作的备忘录》,标志中日关系有了进一步提升,利益大融合、国民大交流的互利合作格局正在形成。

日本经济未来的不确定性增大,安倍政府需要向外寻找出路,经贸关系作为中日关系的"压舱石",加强与中国等世界主要经济体之间的协调势在必行。未来,要使中日经济外交更好地开展,第一,两国应加强首脑外交,通过双边领导人高层互访,共同努力加快改善双边政治关系的步伐,推动两国关系向好发展,使中日政经关系形成相互促进的良性循环。第二,双方要通过第三方市场合作、创新合作等新平台加强拓展各领域互利合作。应着眼新一轮科技产业革命和世界经济发展潮流,积极发挥各自优势,推动中日经贸合作提质升级,加强在科技创新、财政金融、医疗康养、养老照护、节能环保、旅游观光等广泛领域的互利合作。不断为两国务实合作开辟新路径,打造新亮点,实现高质量互利共赢。第三,未来中日关系要克服"恶化与改善"的循环,并最终行稳致远,仅仅依靠政府推动与经贸关系的"压舱石"作用是远远不够的,进一步夯实两国民意基础也显得尤为重要。①通过民心相通,加强两国人民之间的沟通、了解与信任成为发展两国经济外交长期解决的课题。

① 黄大慧. 对中日关系重回正轨的若干思考 [J]. 现代国际关系, 2019 (12): 22.

第七章 莫迪政府经济外交对我国经济外交的启示与思考

欧盟作为中国经济上重要的伙伴关系,连续十多年保持中国第一大贸易伙伴地位,中国已连续多年成为欧盟的第一大进口来源国和欧盟第二大贸易伙伴,中欧关系已经上升为全面战略伙伴关系,中欧作为未来经济全球化的基石,双方在投资、金融、技术开发等领域的合作不断深化。近年来,欧盟经济增速放缓,公共债务居高不下,失业率较高,受到英国"脱欧"、法国"黄背心"运动影响,整体经济发展下行压力增大。2019 年 3 月,习近平主席访问欧洲多国,与法国总统马克龙、德国总理默克尔、欧盟委员会主席容克等会面商谈,使中欧关系取得突破性进展。[①]

中国与欧盟国家在基本国情、根本制度、经济结构、社会环境、发展需求以及历史文化等诸多方面存在巨大差异,双方在人权、新疆、西藏、台湾、南海等问题上不时存在摩擦和龃龉。2019 年 3 月,在缺乏对于中国社会主义市场经济深入了解的情况下,欧盟将中国简单地定义为"制度性对手",突出双方在治理模式上的差异,认为"中国人权形势恶化,尤其是新疆、公民权利和政治权利等方面",表示"中欧在人权问题上的有效接触将是判定双边关系质量的重要方面"。[②]展望未来,中国须加强"一带一路"倡议与欧盟提出的"欧亚互联互通战略"相对接,双方应在互联互通、民心相通等软、硬件联通上加强沟通。同时,双方还应继续深化中欧经贸高层对话机制、高级别战略对话机制和高级别人文交流对话机制的交流与磋商,推动中欧在经济、文化、环境等多领域开展合作。此外,中国还应与欧盟商讨如何开展第三方市场合作。当前,第三方市场合作已成为中欧共建"一带一路"的重要内容,中国已与意大利、葡萄牙、西班牙、比利时等欧盟国家建立了第三方合作机制。第三方市场合作可以将中国的优势产能、装备和工程建设能力与欧洲的核心技术装备优势和市场管理经验相结合,同时与发展中国家的工业化、现代化需求对接,推动超越双边的经贸合作,实现多方共赢的发展伙伴关系。[③]未来,中国应思考如何与法国、德国等构建第三方合作机制。

(二)周边经济外交战略

周边是中国的安身立命之所、发展繁荣之基。处理好与周边国家经济

---

① 王玉萍. 未来中欧经济合作发展趋势与展望 [J]. 人民论坛,2019 (24): 252.

② "EU — China — A Strategic Outlook",European Commission,2019-03-12.

③ 周弘,金玲. 中欧关系 70 年:多领域伙伴关系的发展 [J]. 欧洲研究,2019 (5): 12.

关系,是中国开展特色大国经济外交的首要。习近平总书记提出要按照"亲、诚、惠、容"理念和"与邻为善、以邻为伴"周边外交方针,深化同周边国家关系,要把中国梦同周边各国人民过上美好生活的愿望、同地区发展前景对接起来,让命运共同体意识在周边国家落地生根,要让中国发展成果更多惠及周边。

　　制定对周边国家经济外交战略要与构建中国周边国家三环外交体系联系起来。第一环是针对周边国家的大国经济外交战略。在世界政治格局中,美国和俄罗斯作为具有世界性影响的两个大国对中国的周边形势有着举足轻重的影响。在中美俄三强格局中,俄罗斯对"丝绸之路经济带"建设能否在中亚顺利推进有着重要意义,美国则在东南亚对"21世纪海上丝绸之路"建设有着较大的影响,因而,中国可以在这一环中建立一个三角平衡模式,发挥美俄之间稳定器的作用。第二环是周边的强国。主要包括日本、哈萨克斯坦、印度和印尼等国。日本、印度等周边强国的地缘政治战略对中国的边疆安全与经济发展产生重大影响,因而,中国须根据不同周边强国的经济关系现状、特点以及存在的问题制定切实可行的经济外交战略。第三环是战略支点国家。这些战略支点国家主要包括巴基斯坦、柬埔寨、马来西亚、缅甸、斯里兰卡和孟加拉国等。在这一环中,中国可根据陆上"丝绸之路经济带"和"21世纪海上丝绸之路"倡议,将这些战略支点国家打造成为一个以中国为中心的、包括经济与安全合作在内的多方位新型战略伙伴关系网。①

　　制定对周边国家的经济外交战略要与周边国家的发展联系起来。中国作为周边地区经济增长的最大拉动力,在谋求自身发展的同时,应主动向周边国家提供力所能及的帮助,积极推动周边国家实现均衡普惠的可持续发展,让自身的发展成果更多更好地惠及周边各国人民,推动周边地区经济朝着更加开放、包容、普惠、平衡、共赢的方向发展。实现普惠发展要坚持义利兼顾、以"义"为先的正确义利观,促进南北对话和南南合作,加大对周边发展中国家的援助力度,通过减免债务、增加投资、提供援助、开展贸易、培训人才等方式援助周边国家。②同时,中国应推动周边国家共同加强金融市场监管,完善经济金融治理,与周边国家一起在国际经济金融领域、新兴领域、

　　① 杜哲元."一带一路"建设与中国周边三环外交体系的构建 [J].东南亚研究,2018(1):51-57.

　　② 卢光盛,别梦婕.新型周边关系构建:内涵、理论与路径 [J].国际观察,2019(6):39.

区域合作等领域建设和发展新机制、新规则,建立公平、公正、包容、有序的金融体系。

制定对周边国家的经济外交战略要与经济发展与合作机制建设联系起来。一是要积极推动亚太经合组织、澜沧江—湄公河合作等多边合作机制的发展,打造澜湄流域经济发展带,建设中国特色自由贸易港,推动高水平的贸易和投资自由化便利化;二是要继续推进"孟中印缅经济走廊""中巴经济走廊""中老经济走廊""中缅经济走廊""中越经济走廊"和"国际陆海贸易新通道"建设,将中国的经济走廊发展规划与周边国家的战略规划紧密结合起来,构建战略沟通渠道,增强战略信息对接;三是要在周边地区将"一带一路"倡议与老挝"变陆锁国为陆联国"战略、柬埔寨"四角战略""泰国 4.0"战略、越南"两廊一圈"构想等进行有效对接,就经济走廊建设等内容达成双多边官方框架性共识,与周边国家建设开放型周边经济,深化经济合作关系、减少贸易壁垒、推进区域一体化,建立更加紧密的伙伴利益关系,提升彼此利益融合水平。[①]通过与周边国家的经济发展与合作机制建设,率先与周边国家形成政治互信、经济融合、文化包容的利益共同体,责任共同体和命运共同体。

制定对周边国家经济外交战略要将与周边国家双边经济关系作为突破方向。维护好与周边国家的双边经济关系,不是简单地把周边国家当做大国的附庸,而是将维持双边关系作为营造有利的周边环境、打造近而相亲的周边关系的长久之计。因而,在发展与周边小国经济关系的时候,需要弄清楚这些国家的哪些政策是它们追求国家利益的理性选择,哪些是该国家领导人根据自己的经历和信仰做出的判断,又有哪些是国内政治的需求和官僚政治的结果。可根据与各个国家的关系进展,区分不同周边国家与中国关系的类型,根据存在的问题和当前实际采取差异性的应对策略,有针对性地解决存在的问题。可强化中俄、中巴特殊战略伙伴关系,加强中国与东盟、中哈、中阿、中印、中朝、中韩等战略伙伴关系,提升中乌合作伙伴关系,积极发展中日准伙伴关系,争取与朝鲜建立正式的伙伴关系,妥善处理与不丹的领土问题,推进两国早日建交。

---

① 卢光盛,别梦婕.新型周边关系构建:内涵、理论与路径 [J].国际观察,2019(6):37.

(三)发展中国家经济外交战略

中国是世界上最大的发展中国家,广大发展中国家是我国在国际事务中的天然同盟军,永远做发展中国家的可靠朋友和真诚伙伴,处理好与发展中国家的经济关系,是中国开展特色大国经济外交的基础。中国打造伙伴关系的决心不会改变,将进一步联结遍布全球的"朋友圈"。习近平总书记提出要秉持"正确义利观"和"真、实、亲、诚"理念,加强同发展中国家团结合作;强调要有原则、讲情谊、讲道义,多向发展中国家提供力所能及的帮助。中国与发展中国家外交经历了共同"站起来"、共同"富起来"、共同"强起来"三个阶段,逐渐形成了"共同发展、共执命运、共享尊严"的指导思想。①展望未来,中国与发展中国家关系既面临前所未有的机遇,也面临前所未有的风险与挑战。未来,中国要继续强化与发展中国家的经济关系,制定对发展中国家经济外交战略,必须突出能源、基础设施、金融三大领域。

中国与发展中国家开展经济外交应在能源外交上持续发力。随着中国能源对外依存度不断提高,中国所面临的能源安全挑战也更多。目前,在能源外交多元化推动下,我国已经在海外初步建立了以苏丹为主的北非战略区、以哈萨克斯坦为主的中亚战略区、以委内瑞拉为主的南美战略区、以沙特和伊朗为主的中东战略区等四大能源供给重要战略区域。②近年来,西亚、北非、中东持续动荡,对能源运输通道以及中国的能源安全造成严重影响。在中美贸易竞争加剧,国际安全形势变化莫测的背景下,保障中国能源安全,为中国经济发展提供源源不断的血液,中国必须强化能源多元化战略体系。中国石油除了从俄罗斯、中亚、中东地区进口外,还要重点开发非洲和拉美的能源市场,深化与非洲、拉美等发展中国家的能源合作,努力营造多元化能源外交格局。

中国与发展中国家开展经济外交应在援助外交上持续发力。对外援助作为推动双边经济合作的一种重要工具,中华人民共和国成立以来,从1950年成立中央人民政府对外贸易部,到2003年成立的商务部对对外援助机构

① 上海国际问题研究院中国外交70年课题组.中国外交70年专家谈(之二)——周边关系和发展中国家外交[J].国际展望,2019(4):3.
② 闫世刚,刘曙光.新能源安全观下的中国能源外交[J].国际问题研究,2014(2):110-116.

进行调整,再到 2018 年成立国家国际发展合作署,标志着我国对外援助外交不断深化,对外援助治理体系也进一步朝着现代化迈进。当前,我国提出了"一带一路"倡议与构建人类命运共同体,因此,未来中国的对外援助必须通过"一带一路"建设深入推进与各国之间的合作,并将其作为与发展中国家合作的典范。

加大对发展中国家基础设施建设的援助力度,成为推动与"一带一路"沿线发展中国家合作的重要抓手。拉美地区、非洲地区的广大发展中国家在基础设施建设上面临着政策、技术、资金、社会、环境等多重压力,存在着严重的基础设施建设"赤字"。薄弱的基础设施已经严重阻碍了发展中国家的经济发展,相应地,积极参与发展中国家的基础设施建设也就成为中国经济外交的重要内容之一。在"走出去"战略升级和国际产能合作的大背景下,中国以中拉论坛机制为平台,以中拉整体合作为框架,以企业为主体,以投融资为驱动,依托中拉基础设施专项基金的融资平台,通过参与开发一批拉美地区的铁路、公路、港口、机场、电信等建设和改造项目,积极参与拉美基础设施建设。[①]同时,利用中国在智能制造、轨道交通方面的优势,对印度、孟加拉国等南亚发展中国家以及印尼、泰国等东南亚发展中国家展开高铁外交。

中国与发展中国家开展经济外交应在防范金融安全上持续发力。自发展中国家实行金融自由化和金融开放以来,金融危机频发,譬如 1998 年东南亚金融危机以及 1999 年的巴西金融危机。金融作为现代经济的核心和血脉,不仅是中国现代国家治理体系的重要组成部分,也是中国参与和完善全球治理的重要途径。[②]金融安全是国家安全的重要组成部分,是经济平稳健康发展的重要基础。维护金融安全,是关系我国经济社会发展全局的一件带有战略性、根本性的大事。当前在对发展中国家的投资和贸易中,利用人民币作为结算货币的比重不断上升,有利于推动人民币的国际化进程,提高中国货币政策的自主性,对冲欧美金融大国汇率波动的不利影响。中国要通过"一带一路"建设平等的国际经贸体系以及实现中国资本走出去,应坚持对等开放的原则,与发展中国家坚持以人民币结算、贷款和投资,通过贸易渠道

---

① 崔守军,张政.经济外交视角下的中国对拉美基础设施建设 [J].拉丁美洲研究,2017（3）:14.

② 万喆.金融助推中非合作新高度 [J].中国金融,2018（17）:33.

而非金融渠道逐步推行人民币国际化,以有效地防范金融风险,确保国家金融安全,规避广大的发展中国家因金融开放而陷入的"金融困局"。[①]

二、开展多种形式的经济外交,助力"一带一路"推进

2013年中国超过美国成为世界第一大贸易国,正式成为一个全球性的经济外交大国。中国的经济外交主要侧重于开展与主要方向大国的双边经济合作和经济援助,譬如与俄罗斯、美国、法国、南非等以平等协商为基础、规则机制为保障的合作型外交,以及对印尼和哈萨克斯坦、泰国等以金融、基础设施、能源三大领域的援助外交。面对保护主义抬头、经济民粹主义盛行、全球经济治理赤字的困境,新时代中国经济外交要直面世界大局,采用多种形式的经济外交,谋求将经济实力转化为经济治理能力,拓展中国引领全球经济治理的空间。

(一)实施积极有为的贸易外交

贸易外交是围绕贸易事务而展开的外交,是经济外交中最普遍的形式之一。贸易外交的主要目的是降低贸易壁垒,扩大贸易关系,或通过贸易制裁实现政治目的。[②]为更好地推动包容性增长,维护经济全球化,中国必须维护多边体制的权威性和有效性,促进贸易和投资自由化便利化,同时改革和完善国际经贸规则,保障各国在国际经济合作中权利平等、机会平等、规则平等。[③]中国作为亚太地区的贸易大国,未来向贸易强国转变,必将参与贸易规则的制定与贸易平台的建设以获得现实目标为基础。具体举措主要包括打造中国—东盟自贸区"升级版"、亚太自贸区(FTAAP)、全力推进区域全面经济伙伴关系(RCEP)。由此观之,中国将多边经济合作方式作为推动亚太地区经济一体化的重要手段。未来,中国在推动亚太自由贸易区,实施贸易保护外交,会遇到诸如中国的完全市场经济地位尚未获得WTO框架

---

① 贾根良,何增平.金融开放与发展中国家的金融困局 [J].马克思主义研究,2019(5):77.

② 李巍.改革开放以来中国经济外交的逻辑 [J].当代世界,2018(6):22.

③ 李克强在第十一届夏季达沃斯论坛开幕式上的致辞 [N].新华网,2017-06-28.http://www.gov.cn/xinwen/2017-06/28/content_5206164.htm.

内大多数成员的承认,国内中小企业本身发展不够充分等挑战。但是随着 2019 年 11 月在曼谷达成的 15 个成员国通过的第三次区域全面经济伙伴关系协定,可以预见随着 RCEP 谈判进程的加速推进,中日韩 FTA 的谈判也有望加速突破,共同推动东亚及亚太经济一体化的发展,促进中国贸易外交的开展。

(二)继续加强金融外交

金融力量早已成为大国外交中一种更加有效的武器,成为实现国家战略目标的重要手段。正如美国前国务卿基辛格所言:"谁控制了粮食,谁就控制了所有的人民;谁控制了石油,谁就控制了所有的国家;谁控制了货币,谁就控制了整个世界。"足见金融外交已经成为一国处理对外关系重要的外交手段。

近年来,随着人民币国际化进程加速、货币互换协定生效,中国逐渐运用金融外交开展对外经济关系。2015 年 3 月国家发展和改革委员会、外交部和商务部联合发布的《推动共建"丝绸之路经济带"和"21 世纪海上丝绸之路"的愿景与行动》中指出,"一带一路"建设将以资金融通为重要支撑,内容涵盖推进亚洲金融体系建设、建立区域性高效监管协调机制、深化多边金融合作等多个方面。随后,亚洲基础设施投资银行和丝路基金的成立开始为"一带一路"建设搭建基本投融资框架,这进一步彰显了中国的金融力量,是中国金融外交史上的重要里程碑。[①]此后,中国通过基础设施投资银行、金砖国家开发银行以及上海合作组织开发银行三大金融支柱展开与"一带一路"沿线国家的金融和货币合作,推动实现金融崛起和人民币国际化,以维护自身金融利益和金融安全。正如习近平总书记在中共中央政治局第 40 次集体学习时指出:"金融安全是国家安全的重要组成部分,是经济平稳健康发展的重要基础。维护金融安全,是关系我国经济社会发展全局的一件带有战略性、根本性的大事。必须充分认识金融在经济发展和社会生活中的重要地位和作用,切实把维护金融安全作为治国理政的一件大事,扎扎实实把金融工作做好。"[②]

① 李巍. 金融外交在中国的兴起 [J]. 世界经济与政治,2013(2).
② 习近平. 切实把维护金融安全作为治国理政的一件大事 [N]. 人民网,2017-04-26.http://politics.people.com.cn/n1/2017/0426/c1024-29238550.ht-ml.

新时代金融外交有新的使命,在外交活动中要体现中国外交战略布局的三大重点。一是要在世界多极化和经济全球化基础上处理好与大国的金融关系,尤其是要防范与美国展开的以购买美债为主要形式的"重资产"型金融外交所带来的风险。二是要秉持"亲诚惠容"外交理念利用好金融外交手段处理好与周边国家的金融关系。三是要坚持推进"一带一路"建设,加强与非洲、拉丁美洲等发展中国家的金融关系,尤其要注意坚持对等开放的原则,与发展中国家坚持以人民币结算、贷款和投资,通过贸易渠道而非金融渠道逐步推行人民币国际化,以有效地防范金融风险,确保国家金融安全,规避广大发展中国家因金融开放而陷入的"金融困局"。①

(三)继续深化投资外交

投资外交主要包含两方面内容,一方面是清除对方国家的投资壁垒,消除投资保护主义,同时要求对方政府保护本国投资安全;另一方面是为保护国内产业而对外来投资实施有效管理。②作为世界上最大的发展中国家,2015年中国超越日本成为全球第二大对外投资国,不仅成为投资东道主大国,还是世界上重要的投资者母国。

当前,通过双边谈判缔结投资保护协定(BIT)成为管理经济发展水平各异的国家之间投资关系的主要工具。在缺乏一个全球性的投资保护框架的背景下,BIT成为保护中国海外投资利益的重要手段。自2008年中美开启双边投资保护协定谈判以来,经过20多轮谈判,迄今为止中美两国尚未能签订双边投资保护协定。鉴于中美两国经济在世界经济中的重要地位,在全球投资协定"缺位"的情形下,进一步发挥市场在资源配置中的决定性作用,减少对外资的限制,推动中国企业更多地"走出去",尽快达成中美投资保护协定,成为当前中国投资外交最主要的内容。

除落实双边投资保护协定之外,中国还可通过落实"一带一路"倡议,凭借在项目资金、关键技术、施工队伍和组织管理等方面的较强竞争力,通过与"一带一路"沿线国家在道路、港口、电力等基础设施建设领域以实现道路联通,加强与"一带一路"沿线国家的投资合作,成为投资和建设的主力军。

---

① 贾根良、何增平.金融开放与发展中国家的金融困局 [J].马克思主义研究,2019(5):77.

② 李巍.改革开放以来中国经济外交的逻辑 [J].当代世界,2018(6):22.

三、加强边疆地区对外开放力度,使之成为经济外交的前沿阵地

随着全球化进程的加快发展,边疆地区在拱卫国家核心区域发展和拓展外向性发展空间中的战略地位日趋凸显。[①]"一带一路"建设作为统筹国际国内发展、践行"亲诚惠容"的周边外交理念以及参与区域治理和全球治理的大战略,为我国边疆地区的经济发展带来重大机遇。既有利于西部大开发的推进,促进西部边疆地区分享更多改革开放的红利,又有利于推动东北边疆的振兴与崛起,更有利于边疆地区与核心区域融合发展,促进南北统筹、陆海联动,最终形成西北陆地边疆和东南沿海海疆的历史空间互动,奠定国内和国际统筹的方略格局。

(一)积极践行向西开放战略

自 1999 年提出实施西部大开发战略以来,西部边疆地区在产业发展、基础设施、生态环境、民生社会以及对外开放等方面得到了长足的发展,但整体来看,西部区域与东部地区的差距仍然较大。根据 2015 年国家发展改革委、外交部、商务部联合发布的《推动共建"丝绸之路经济带"和"21 世纪海上丝绸之路"的愿景与行动》可知,中国将"一带一路"建设与国内西北边疆、东北边疆、西南边疆、东海沿海以及内陆地区串联起来,加强东中西互动合作,全面提升开放型经济水平。譬如,新疆被定位为国家向西开放的重要窗口和"丝绸之路核心区";西藏将被建设成为"面向南亚开放的重要通道";发挥陕西、甘肃、宁夏、青海的民族人文优势,形成面向中亚、南亚、西亚国家的通道、商贸物流枢纽、重要产业和人文交流基地;云南也将成为"面向南亚东南亚辐射中心";包括广西在内的西南边疆地区将成为"海上丝绸之路与丝绸之路经济带有机衔接的重要门户"。[②]

进入新时代以来,西部边疆地区要更加注重推动高质量发展,贯彻落实

---

① 周平. 边疆在国家发展中的意义 [J]. 思想战线,2013(2):101.
② 推动共建丝绸之路经济带和21世纪海上丝绸之路的愿景与行动 [N]. 新华社,2015-03-28.

新发展理念,深化供给侧结构性改革,促进西部地区经济社会发展与人口、资源、环境相协调,抢抓"一带一路"发展机遇,积极践行向西开放战略成为势在必行的不二之选。西部边疆省(自治区)在"一带一路"实践中要全力提高对外经贸发展水平,使之成为我国经济外交的前沿阵地。从具体实践来看,其一,西部边疆地区具备有利于与西亚、南亚、中亚开展合作的地缘优势,可加强与西亚、中亚、南亚等国的次区域合作,在公路、电网、管道以及铁路的基础上构建高效的综合通道网络,从而形成与周边国家互通、全面、立体式的联通体系,利用多渠道、多方向以及多口岸的方式与周边国家开展合作,创建完善的交通枢纽,促进我国西部地区经济的快速发展。[①]其二,要创新机制和形式,推进双边或多边机制下的经贸往来,消除贸易和投资壁垒,推进贸易和投资的便利化。重点推动海关、质检、人员流动等方面的便利化;探索实施自由贸易区战略,深化中国同巴基斯坦、印度、阿拉伯国家联盟、中亚等国的自由贸易区建设研究工作,逐步消除贸易壁垒,深化经济合作,致力于打造丝路带区域内国家和国际组织共同合作的贸易流、产业带、联通网、人文圈。[②]

2020 年 5 月,国务院发布《关于新时代推进西部大开发形成新格局的指导意见》,要求以共建"一带一路"为引领,支持新疆加快"丝绸之路经济带"核心区建设;支持重庆、四川、陕西发挥综合优势,打造内陆开放高地和开发开放枢纽;支持甘肃、陕西充分发掘历史文化优势,发挥"丝绸之路经济带"重要通道、节点作用;支持贵州、青海深化国内外生态合作,推动"绿色丝绸之路"建设;支持内蒙古深度参与"中蒙俄经济走廊"建设;提升云南与澜沧江—湄公河区域开放合作水平,构建内陆多层次开放平台,加大西部开放力度。[③]由此观之,依托"一带一路"促进西部内陆地区与沿线国家开放合作成为中国实施经济外交的内在动因。

---

① 汪慧玲,张耀华.改革开放 40 年:我国西部地区发展与新时代的向西开放 [J]. 甘肃社会科学,2018(5):34.
② 安林瑞,张莎莎.丝绸之路经济带建设的意义与战略举措——基于向西开放的视角 [J]. 党史博采,2017(4)::26-27.
③ 中共中央 国务院关于新时代推进西部大开发形成新格局的指导意见 [EB/OL]. 中华人民共和国政府网,(2020-05-17)[2020-06-10].http://www.gov.cn/xinwen/2020-05/17/content_5512456.htm.

（二）全力推进东北振兴战略

在"十二五"计划期间提出要加强边疆地区基础设施与周边国家互联互通，把黑龙江、吉林、辽宁、内蒙古建成向东北亚开放的重要枢纽，发展面向周边的特色外向型产业群。2015年国家发展改革委、外交部、商务部联合发布的《推动共建"丝绸之路经济带"和"21世纪海上丝绸之路"的愿景与行动》，指出要发挥内蒙古联通俄蒙的区位优势，完善黑龙江对俄铁路通道和区域铁路网，以及黑龙江、吉林、辽宁与俄远东地区陆海联运合作，推进构建北京—莫斯科欧亚高速运输走廊，建设向北开放的重要窗口。党的十九大报告指出，要"加快边疆发展，确保边疆巩固、边境安全"。除此之外，在《2019年新型城镇化建设重点任务》中提出"强化边境城市稳边戍边作用，推动公共资源倾斜性配置和对口支援"，[①]将黑龙江黑河市、同江市、虎林市、密山市、穆棱市、绥芬河市，吉林珲春市、图们市、龙井市、和龙市、临江市、集安市，辽宁丹东市等东北的边境城市纳入新型城镇化建设，将为边疆地区发展带来一定的政策红利。

东北地区要实现全面振兴，必须抓住"一带一路"发展机遇，利用其地缘优势，进一步扩大沿边开放，发展外向型经济。一方面，东北地区可加强与中蒙俄的次区域合作，在石油、天然气等能源领域深化合作，进一步拓宽电力、煤炭、可再生能源、能源技术装备和工程服务合作领域；另一方面，利用沿边开放的口岸优势，加强与俄罗斯、蒙古、韩国等国的农业和基础设施领域的合作，大力发展转口贸易，促进东北亚区域经济一体化发展。

（三）坚持陆海统筹推进"一带一路"建设

作为典型的海陆复合型大国，唯有关照特定时期陆海两大方向的现实需求，制定陆海统筹的国家战略，才能科学合理配置国家战略资源，动态地把握国家地缘战略取向。"十二五"规划将坚持陆海统筹与制定实施海洋发展战略联系起来，彰显了陆海统筹在国家战略层面的重大意义。坚持陆海统筹一方面要加强陆海经济一体化发展，使沿海经济和腹地经济之间形成相互支撑的体系；另一方面也要控制陆地和海洋活动对彼此生态环境的不

---

① 王垚. 中国边疆经济70年：政策演变与发展挑战 [J]. 当代经济管理,2019（42）：16.

利影响,严格控制陆源污染对海洋环境的破坏。[①]

而陆海统筹的重点战略任务,一是进一步强化"三纵四横"国土资源开发轴线承东启西、连贯南北的支撑作用,将其打造成为我国国土开发的"主骨架",加快沿海中日韩自由贸易区、上海自贸区、泛北部湾经济区的建设步伐,加强内陆沿边国际次区域发展,建设沿边沿海对外开放开发支撑平台。[②]二是要建设"经南海向西进入印度洋,衔接"中巴经济走廊""孟中印缅经济走廊",共建"中国—印度洋—非洲—地中海蓝色经济通道",经南海向南进入太平洋,共建"中国—大洋洲—南太平洋蓝色经济通道"和"经北冰洋连接欧洲的蓝色经济通道"。通过建设三条蓝色经济通道,与沿线国家共建畅通安全的海上大通道为基础,旨在促进中国的陆地边疆与海洋边疆和沿线国家的产业合作,促进区域一体化、经济一体化发展。

在"一带一路"倡议的推动下,中国已经开始用心经营东北亚、东南亚、南亚和中亚四大地缘政治区域,坚持陆海统筹实施板块与轴带结合的区域发展战略。依托长江经济带,对接"丝绸之路经济带"和"孟中印缅经济走廊";依托珠三角对接"21世纪海上丝绸之路",将东部率先、中部崛起和西部大开发有机结合起来,以海洋经济带动内陆经济,最终形成国内外联动、东中西统筹、南北方协调的经济发展新格局,为经济外交的开展奠定坚实的经济基础和地缘基础。

第二节 对莫迪政府经济外交的思考

一、全球经济治理视野下中印两国经济合作

党的十八大以来,中国凭借自身的经济实力和世界贸易网络的核心地位从全球经济治理的边缘跟随者逐渐转变为全球经济治理的引领者和倡导者。党的十九届四中全会强调中国要积极参与全球治理体系改革和建设,不断深化全球治理改革。作为一个正在崛起的新兴大国,印度逐渐成为全

---

① 杨荫凯. 推进陆海统筹的重点领域与对策建议 [J]. 海洋经济,2014（1）：1.

② 曹忠祥. 对我国陆海统筹发展的战略思考 [J]. 宏观经济管理,2014（12）：31.

球经济治理规则的制定者,积极谋求新兴国家在国际金融机构中的话语权和表决权。中印应在全球经济治理框架下不断加强双边和多边经贸合作。

(一)加强投资外交、贸易外交,促进双边经贸合作

经贸合作一直是中印关系的压舱石、稳定器和重头戏。自 2013 年以来,中国对印度贸易规模不断扩大,中国对印直接投资不断增加,两国产能合作继续加强。印度是中国第十八大贸易伙伴和第八大出口市场,中国是印度的第一大贸易伙伴、最大的进口来源地和第三大出口市场。近年来,中印双边贸易总额持续增长,贸易总体呈现良好的发展态势(见表 7-1)。

表 7-1 2013—2018 年中印双边贸易一览表(单位:亿美元)

年份	中国从印度进口额	中国向印度出口额	贸易顺差	贸易总额
2013	145.77	513.88	368.11	659.65
2014	133.19	582.78	449.59	715.97
2015	96.84	611.4	514.46	708.34
2016	89.64	606.56	516.92	696.2
2017	124.84	720.53	595.69	845.37
2018	188.3	767.1	578.8	955.4

资料来源:根据商务部数据整理而得

中国自实施"走出去"战略以来,对外直接投资规模不断扩大。其中中国对印度直接投资快速增长。2013 年中国对印度直接投资额 1.23 亿美元,2014 年中国对印度直接投资额为 4.94 亿美元,2016 年中国对印度投资高达 10.63 亿美元,是 2015 年的 6 倍多。2018 年印度获得外国直接投资总额达 77.6 亿美元,其中,中国累计对印投资 46.6 亿美元,且中国对印度直接投资中以绿地投资为主。

产能合作是"一带一路"的重点领域,中印除加强贸易和对外直接投资合作之外,还着力加强双方的产能合作。近年来,中印两国在电力、交通、信息、医药等领域的合作发展势头良好,中国对印投资的领域主要有家电、手机、电信、机械、冶金等行业,中国对印度投资的主要企业有华为、中兴通信、海尔、三一重工、北汽福田、特变电工、华锐风电、万达集团、中材国际、山东电力等。[①]

虽然中印两国在经贸领域合作成效显著,但两国经贸合作仍然存在诸多问题,譬如虽然中国对印度的投资逐渐增多,但是中国与印度现在的经济合作仍以贸易为主,中印两国之间的产业结构性矛盾严重制约了两国贸易合作的规模。未来为推进两国经贸关系良性发展,中国应根据印度不同时期的宏观经济情况制定对印度的投资外交和贸易外交,通过发挥自己的优势并制定双边政策安排来推动中印经济合作。

(二)加强多边经济外交,促进中印在多边机制下的经贸合作

冷战结束,苏联解体,世界朝着美、俄、中、日、印、欧盟等多极化方向发展。随后为解决国际纠纷,以多边国际组织、多边国际机制、多边国际会议、多边论坛、多边条约等为主要形式的多边外交逐渐兴起。中国和印度作为世界上重要的两极,在世界舞台上扮演着举足轻重的角色。目前,中印两国在联合国、上合组织、二十国集团、金砖国家、南盟和"跨喜马拉雅经济合作带"等多边框架下加强经贸合作进程。

1. 中印在上合组织框架下加强经贸合作

上海合作组织成立于 2001 年,是一个旨在维护地区安全与稳定的多边合作组织。到 2018 年 6 月,上海合作组织有 8 个成员、4 个观察员国和 6 个对话伙伴国,地域涵盖中亚、南亚、西亚和东南亚。上海合作组织自成立以来坚持大小国家一律平等、强调结伴而不结盟的新型合作方式,采取自上而下的决策方式,在安全、经济、人文、政治等各领域开展全方位的多边合作。针对地区安全问题,上合组织成员国启动了边防、执法、反恐等方面的合作,把打击威胁地区稳定的极端主义、恐怖主义、分裂主义"三股势力"和毒品走私等跨国犯罪活动作为合作的重点,增强成员国的军事互信和情报交流,开展密切的联合执法活动。[②]

2017 年 6 月举行阿斯塔纳峰会,上海合作组织给予印度与巴基斯坦正式成员国身份,印度和巴基斯坦成为上合组织的正式成员国,开启了中印两国在上海合作组织框架下的经贸与金融合作。上海合作组织在互联互通与

---

① 陈利君,杨凯."一带一路"背景下的中印产能合作 [J]. 学术探索,2016(10):37.
② 孙壮志. 新时代上海合作组织的新作为 [J]. 人民论坛,2018(15):39.

多边经贸合作框架方面具有优势,印度期望通过上合组织实现其在中亚的经济诉求,即实现南亚与中亚的互联互通。但上合组织在推动成员国互联互通和经贸发展时仍存在一些掣肘,如融资渠道短缺。中印两国联合中亚国家呼吁建立上合发展银行,印度在筹备上合发展银行工作时可承担更多责任。

2. 中印在金砖国家机制下加强经贸合作

金砖国家机制是中国、俄罗斯、巴西、印度和南非5个国家在遵循公开、透明、包容、共同一致原则指导下成立,协调各成员国在重大国际问题上的立场以推动相互发展。它是基于自身的发展需要和应对全球治理机制失灵而成立的新型国际合作模式,是破解发展中国家经济发展面临难题的重要利器,也是发展与完善全球治理体系的重要平台。[①]金砖国家机制为机制内各国提供了领导人定期会晤的平台,通过该平台各国可以交流发展经验,解决双边政治关系中的一些问题,从而促进共同崛起。金砖国家机制在中印关系的发展过程中扮演了重要角色,中印两国通过金砖国家领导人峰会和机制试图解决两国之间存在的经贸、政治、安全等问题。[②]2013年以来,中印两国积极推动在金砖国家机制下加强合作。2014年,习近平主席在出席G20布里斯班峰会前夕同巴西、俄罗斯、印度、南非等金砖国家领导人进行会晤,指出金砖国家要继续致力于建设一体化大市场、金融大通道、基础设施互联互通、人文大交流,建立更紧密经济伙伴关系。要抓紧落实建立金砖国家开发银行和应急储备安排。[③]2015年7月,金砖国家开发银行正式成立,印度的瓦曼·卡马特被任命为首任银行行长,任期5年。2017年9月在厦门召开的金砖国家领导人峰会提出了"金砖+"的概念,中印两国在许多领域展开合作。

同时,加强金砖国家机制与"一带一路"倡议的对接,成为新形势下中印加强多边合作的着力点。未来,中印可加强金砖国家机制与"一带一路"倡议对接的可行性、必要性研究,以进一步更好地推动中印在多边合作框架

---

① 徐超,于品显. 金砖国家机制与"一带一路"倡议合作研究 [J]. 亚太经济,2017（6）:94.

② 孙现朴. 金砖国家合作机制与中印关系 [J]. 南亚研究,2011（1）:94.

③ 巴西峰会或成立金砖开发银行 [N]. 网易新闻,2015-07-21. http://news.163.com/14/0715/02/A15N5VL900014AED.html.

下各项领域的深度合作。

3.中印在南亚区域合作联盟框架下加强合作

南亚区域合作联盟自成立以来经历了萌芽期、起步期、停滞期和发展期等多个阶段。印度作为南亚区域合作联盟的主导国,中国作为南亚区域合作联动观察员国,两国不断探索在南亚区域合作联盟框架下加强多边合作,如区域合作和次区域合作,尤其是在南盟框架下加强中巴印、孟中印等三边合作。但由于南亚区域合作联盟相关制度仍然不完善,印度妄图通过南亚区域合作联盟主导南亚地区事务暴露出的大国心态,使得中印两国在南亚区域合作联盟框架下的多边合作难有较大作为。

二、加速构建南亚命运共同体

在2013年的周边外交工作座谈会上,习近平总书记指出要"把中国梦同周边各国人民过上美好生活的愿望、同地区发展前景对接起来,让命运共同体意识在周边国家落地生根"。①随后,在博鳌亚洲论坛上,中国政府又提出构建亚洲命运共同体。在2014年召开的中央外事工作会议上,习近平总书记指出秉持"亲诚惠容"的周边外交理念,坚持"与邻为善、以邻为伴",坚持"睦邻、安邻、富邻",深化同周边国家的互利合作和互联互通,打造周边命运共同体。②从逻辑上讲,南亚地区属于中国周边和亚洲的一部分。从概念范围看,南亚命运共同体理应被包含在"周边命运共同体"和"亚洲命运共同体"之中。

印度作为南亚地区的大国,其GDP是南亚其他国家总和的近5倍,而中国作为南亚地区最重要的邻国,其GDP是印度的5倍,在实力如此悬殊的情景下,中国如何与南亚地区国家建立"南亚命运共同体"呢?③加之近年来,南亚地区与中国的关系存在近而不亲现象,主要原因在于莫迪政府实施的"邻国优先"和"东向行动"战略,将南亚和东南亚地区等我国周边国家作为与我国争夺地区影响力的主战场,通过向相关国家施加传统的政治、经济和文化影响力来制衡中国,譬如,近年印度直接干预不丹、尼泊尔和马尔

① 习近平.习近平谈治国理政第一卷[M].北京:外文出版社2018:299.
② 习近平.习近平谈治国理政第一卷[M].北京:外文出版社2018:444.
③ 杨晓萍."一带一路"与中国——南亚命运共同体的构建[J].当代世界,2015(11):46.

代夫等南亚国家的大选。南亚地区是我国涉外关系最密切、利益最集中、对我国影响最直接的地区之一。经营好与南亚国家关系,对推进"一带一路"建设、对外开展互利经贸合作、维护国内稳定和民族团结、巩固周边战略依托、提升国际地位和影响都具有独特意义。当前,要化解南亚国家对华近而不亲困境,构建南亚命运共同体,须谋划一套体系完备、具有层次性的战略框架。笔者认为,可培育与南亚国家的"我们意识",构筑与南亚国家的"共同利益",在谋求"共同发展"与"共同安全"基础上,在"共同规范"制度安排下共担"共同责任",最终与南亚国家形成"命运共同体"。

(一)以打造命运共同体为价值旨归

在开展与南亚国家的关系时,不能只追求本国的利益,而要将中国与南亚国家视为一个休戚相关、唇齿相依的命运共同体,把中国梦同南亚国家各国人民过上美好生活的愿望、同地区发展前景对接起来,让命运共同体意识在南亚国家落地生根。我们不能靠与别国结盟来实现崛起,而要与南亚国家形成利益共同体和责任共同体来实现这一目标。在打造利益共同体方面,中国作为周边地区经济增长的最大拉动力,应把共同利益这个蛋糕做大做强,在谋求自身发展的同时,应主动向南亚国家提供力所能及的帮助,积极推动南亚国家实现均衡普惠的可持续发展,让自身的发展成果更多更好地惠及周边各国人民,推动周边地区经济朝着更加开放、包容、普惠、平衡、共赢的方向发展。通过共同发展,使中国与南亚国家利益深度融合,相互依存加深。在打造责任共同体方面,中国可以通过肩负起建设性大国责任来树立一个良好的负责任大国的形象,逐渐消除南亚国家对中国的担忧和成见,减少摩擦,增加互信和了解,淡化疑虑和分歧,进而促使南亚国家因为仰赖中国维护本区域稳定和发展而更加尊重中国。

(二)以推进"一带一路"的南亚建设为合作基石

"一带一路"建设应该从"追求规模与速度"转向"追求质量与效益",以减少东道国的疑虑与不适应。从长远、可持续角度考虑,有必要减慢速度,减小规模。为此,可采取资本化大为小、吸引民营资本、与(东道国)民生经济结合起来,积极探索第三方市场合作等方式。[①]一是中国可与印度重点在基建领域拓展第三方市场合作项目。二是可共同扩大第三方市场的合作范围,从高铁、核电等领域向航空航天、能源开发、基础设施等多领域拓展,支持企业通过联合投标、共同投资等多种方式,积极创新合作模式,开拓新的投资生产经营市场。三是将中国的优势产能、中高端生产线与发达国家的先进技术和核心装备进行结合,向南亚国家提供新的产品服务,共同拓展第三方市场。四是探索新型发展模式,如在中国有优势的 5G、大数据、人工智能等领域,与南亚国家进行合作,促进东道国的跨越式发展。

(三)以发展双边关系为重点突破

维护好与南亚国家的双边关系,不是简单地把南亚国家当作大国的附庸,与各国平等相待、营造有利的周边环境才是打造与中国近而相亲的南亚国家关系的长久之计。不可否认,美国、印度、俄罗斯、日本总是试图使用各种方法拉拢和影响南亚小国。正因为如此,小国在大国之间纵横捭阖,玩弄平衡,维护自己的独立,实现自己的国家利益——这是国际政治中中小国家外交的传统,也是中小国家的生存之道和立国之本。如果简单地把小国政策当作大国唆使的结果,并对小国进行惩罚,可能会产生适得其反的效果,让小国担心,弱国恐惧,邻居离心,为"中国威胁论"提供依据。因而,在处理与南亚小国关系的时候,需要弄清楚这些国家的哪些政策是追求国家利益的理性选择,哪些是该国家领导人根据自己的经历和信仰做出的价值判断,又有哪些是域外大国干扰国内政治妥协的结果。[②]可根据中国与各个国家的关系进展,区分不同南亚国家与中国关系的类型,利用当前实际采取差异性的应对策略,有针对性地解决存在的问题。如可强化中巴特殊战略伙伴关系,加强中国与中阿、中印等战略伙伴关系,妥善处理与不丹的领土问题,争取早日建交。

(四)以增强人文交流为文化纽带

无论是对友好国家,还是对敌对国家,要始终把争取对象国人民的支持

---

① 潘晔,肖陈望."亲诚惠容"周边外交理念的意蕴与实施方略 [J].社会科学动态,2019(7):36.

② 张清敏.搞好周边关系,需掌握小国外交的逻辑 [J].世界知识,2017(15):19.

和理解作为极其重要的基础性工作,把争取民心作为对外合作的出发点和落脚点。尤其是对南亚地区的发展中国家,我们必须坚持义利并举、以义为先,决不能唯利是图,斤斤计较,要时刻牢记义在利前。通过"丝绸之路经济带""21世纪海上丝绸之路"建设,加强中国与南亚国家间的互联互通。通过全方位扩大科教、人文、旅游、地方合作,促进与南亚国家的民心相通。通过与南亚国家共建孔子学院、开展智库交流对话、进行青年团体互访,在相互理解尊重的情感中和谐共处,强化与南亚国家的公共(区域)意识。

三、推动"环喜马拉雅经济合作带"

狭义的"环喜马拉雅经济合作带",是以樟木、吉隆、普兰口岸为窗口,以拉萨、日喀则等市为腹地支撑,面向尼泊尔、印度、不丹、孟加拉国等,发展边境贸易、国际旅游、藏药产业以及特色农牧业、文化产业等。广义的"环喜马拉雅经济合作带",则是从喜马拉雅经济区域扩展至以孟、中、缅、印为核心的南亚和东南亚地区。本质上,"环喜马拉雅经济合作带"是"一带一路"战略的西部出口,而"一带一路"倡议是推进"环喜马拉雅经济合作带"联动发展的重要举措。[①]中印通过"环喜马拉雅经济合作带"可实现两国利益最大化。金砖、亚信、上合和南盟等都为中印提供了多边框架下加强合作的机会,但这些多边平台并非中印合作交流的最佳舞台。中印只有在环喜马拉雅区域合作中地位平等,同时该区域合作也有利于两国边境地区的发展和稳定。[②]

"环喜马拉加经济合作带"不仅有利于中印两国的发展,还对南亚各国及亚洲地区以及世界秩序构建有着重要影响,但目前该机制仍然存在一些问题。第一,如"环喜马拉雅经济合作带"是由中国首先提出,印度对其具体态度如何、接受程度如何? 是值得研究和深思的。第二,"环喜马拉雅经济合作带"作为"一带一路"倡议的一部分,如何实现其机制化建设,使中印两国在多边机制下实现长效合作也是值得深思的。第三,如何推动区域内经济合作,实现经济效益与地缘政治的统一、传统安全与非传统安全的统一,

---

① 邵宇.有一种"出口"叫环喜马拉雅经济合作带 [N].证券时报,2015-03-17. http://www.stcn.com/2015/0307/12057348.shtml.

② 李涛.推进中印"跨喜马拉雅"合作 [N].环球时报,2018-05-08. http://news. ifeng.com/a/20180508/58191813_0.shtml.

以及道路联通与民心相通的统一。未来,中印两国可在"环喜马拉雅经济合作带"框架下展开经贸合作。

(一)围绕喜马拉雅的通道经济

发展通道经济是落后地区经济发展的利器。中国提出的"丝绸之路经济带"作为世界上最长、最具有发展潜力的经济大走廊,是横贯东西、连接欧亚的经贸合作与文化交流大通道。以"丝绸之路经济带",围绕"环喜马拉雅经济合作带"发展通道经济,不仅对我国构建一体化区域经济发展格局赢得发展空间、提升发展位势意义重大,还对全方位深化我国与沿线各国文化、旅游、科教等领域的交流和合作,扩大与周边国家和睦相处的社会和民意基础,全面提升我国软实力和文化影响力意义重大,更对我国"沿海""内陆""沿边"全方位开放意义重大。

虽然我国西藏与南亚国家有长达4000多公里的陆地边境线,我国广大西南边疆与印度地理接壤,位于中印边境上的乃堆拉山口于2006年也重新开通,但由于印方对贸易物品范围的限制、印方一侧辅助基础设施较差,使得贸易额和货运量均十分有限,因而中国与印度之间的货物运输90%是通过海运完成的。[1]海运虽然运输能力较大,但将会增加运输时间和成本。由于中国广大的西部与印度地理接壤,因此,打造中印之间的通道经济成为可尝试的思路。

1. 打造"中尼印经济走廊"

2015年5月莫迪总理访华期间,习近平主席在倡议中印共同帮助尼泊尔"4·25"震后重建的同时,第一次提出建立"中尼印经济走廊"的可能性问题。2015年12月,王毅在会见到访的尼泊尔副总理兼外交部长塔帕时,提出通过建设"中尼印经济走廊"实现共同发展和共同繁荣,建设三国命运共同体。[2]作为环喜马拉雅区域经济发展最核心的议题之一,"中尼印经济走廊"不仅会推动该区域经济发展,还会盘活该区域的水力资源及人文旅游资源,推动文化影响力传播。

2018年,中尼两国签署跨境铁路协议,将拉萨—日喀则铁路延伸至尼

---

① 林民旺.中尼印经济走廊:战略价值及建设思路[J].现代国际关系,2017(2):35.

② 胡仕胜.联通喜马拉雅 对接"一带一路"——对建设中尼印经济走廊的思考[J].印度洋经济体研究,2017(2):3.

泊尔首都加德满都。2019 年 10 月，习近平主席在访问尼泊尔期间，中尼签署《中华人民共和国交通运输部与尼泊尔政府基础设施和交通部关于推进中尼跨境铁路项目可行性研究合作的谅解备忘录》。作为 2018 年 6 月 21 日两国签署的关于铁路合作的谅解备忘录的组成部分，该备忘录将有助于进一步提升两国联通水平，使尼泊尔从"陆锁国"向"陆联国"转换，促进人文交流和经贸往来，助推"一带一路"建设。①

自莫迪执政以来，就大力推进不丹—孟加拉国—印度—尼泊尔四国联通建设（"不孟印尼联通建设"，BBIN）。2014 年 8 月，莫迪在访尼期间，同尼泊尔签署了加强两国边界交通运输联系的协定。2016 年 2 月，尼泊尔奥利总理访问印度期间，印度开放境内铁路线，增加印度东部港口维沙卡帕特南为尼泊尔的转运口岸。2018 年，在尼泊尔举行的第四届"环孟加拉湾多领域经济技术合作倡议"峰会期间，两国官员签署了研究两国间铁路可行性协议。路透社 9 月 1 日报道，印度紧跟中国，将帮助尼泊尔修建一条铁路，将尼泊尔首都加德满都与印度边境城镇连接起来，并接入印度铁路网。通过与尼泊尔的互联互通，印度与尼泊尔的通道经济指日可待。

鉴于印度对中国地缘政治影响力的防范，对印度与中国边境直接的互联互通，印度必定多加防范。目前，中尼之间与尼印之间的互联互通已经具备雏形，未来，中国要打造"中尼印经济走廊"，须在考虑尼泊尔诉求的基础上兼顾印度的战略利益诉求，加强中尼通道建设与尼印不孟通道建设的对接，最终实现环喜马拉雅区域经济一体化。

2. 打造"孟中印缅经济走廊"

20 世纪 90 年代，在印度、孟加拉国、尼泊尔、斯里兰卡、缅甸等国倡议下，成立了"环孟加拉湾多部门技术经济合作倡议"，其目标是建立一个以印度为主导，包括印度东北部、缅甸、孟加拉国、尼泊尔、不丹、泰国和斯里兰卡在内的次区域合作。"孟中印缅经济走廊"总覆盖面积约 165 万平方公里，人口约 4.3 亿，是以昆明、曼德勒、达卡、加尔各答等经济城市为主要节点，连接覆盖中国西南地区、缅甸、孟加拉国和印度东北部的国际区域经济带。从两者的覆盖范围可以看出，"环孟倡议"与"孟中印缅经济走廊"存在高度的

① 王毅谈习近平访尼泊尔：深化中尼传统友好，拉紧相近相亲纽带 [N]. 中国新闻网，2019-10-14，http://www.chinanews.com/gn/2019/10-14/8978007.shtml.

重叠性。①在"孟中印缅经济走廊"提出的早些时候,得到了印度的支持,但由于中印洞朗对峙事件的发生,受中印两国关系影响,这一经济走廊几乎陷入停滞。2018 年,习近平主席与莫迪总理在武汉会晤期间,双方同意在孟中印缅框架下加快经济合作。但此后,"孟中印缅经济走廊"的推进仍不容乐观。

诚然,"孟中印缅经济走廊"未顺利推进,其主要挑战在于资金筹集、政治稳定、提高政治互信度以及排除外来势力干扰等多重困难。未来,要推动这一"走廊"建设,可先期推动中缅孟合作,形成示范效应,引导印方逐渐体会到"发展才是解决安全问题的总钥匙",促使印度方面早日放下心理包袱,走出认知困境。②

(二)围绕喜马拉雅的"蓝色经济"

自我国加入《联合国海洋法公约》以来,对外合作步伐不断加快,海洋经济不断发展,正逐渐成为带动我国经济转型升级的重要力量和经济发展的重要内容。2017 年 6 月,国家发展和改革委员会和国家海洋局发布《"一带一路"建设海上合作设想》,文件指出根据"21 世纪海上丝绸之路"的重点方向,加强与"一带一路"沿线国家的战略对接与对话磋商,深化合作共识,增进政治互信,建立双多边合作机制,共同参与海洋治理。其中,"一带一路"建设海上合作以中国沿海经济带为支撑,密切与沿线国的合作,连接"中国—中南半岛经济走廊",经南海向西进入印度洋,衔接"中巴经济走廊""孟中印缅经济走廊",共同建设中国—印度洋—非洲—地中海蓝色经济通道;经南海向南进入太平洋,共建中国—大洋洲—南太平洋蓝色经济通道;积极推动共建经北冰洋—欧洲的蓝色经济通道。③发展蓝色经济、加强海上合作,共建蓝色伙伴关系,串起海上"朋友圈"正成为中国经济崛起的必然选择。

---

① Brig Vinod Anand, BCIM Economic Corridor: Prospects and Issues[EB/OL]. Vivekananda International Foundation, (2014-06-02)[2018-10-09]. http://www.vifindia. org/article/2014/june/02/bcim-economic-corridor-prospects-and-issues.

② 姚遥,贺先青.孟中印缅经济走廊建设的现状及前景[J].现代国际关系,2018 (8):53.

③ 国家发展改革委 国家海洋局关于印发"一带一路"建设海上合作设想的通知,中华人民共和国自然资源部网站,2017-10-26, http://gc.mnr.gov.cn/201806/ t20180614_1795173.html.

第七章 莫迪政府经济外交对我国经济外交的启示与思考

莫迪自上任以来,不断深化印度的海洋战略,2015 年发布新版《印度海洋安全战略》,将"海洋安全战略"与"东向行动"政策相嵌套,把海洋安全合作作为对东亚和东南亚国家推广外交的工具,将包含中国南海和东海在内的东亚—太平洋滨海地区从"次要利益"的第三顺位升至第二顺位。[①]在莫迪竞选第二任总理时,曾公开宣称要大力开发沿海岛屿,发展蓝色经济。

环喜马拉雅区域经济合作的重要一环,是重点建设好印度洋海上通道,[②]中印两国都将发展"蓝色经济"置于前所未有的战略高度,随着中印关系的逐渐回暖,两国围绕海洋经济的海上合作逐渐增多。2018 年 7 月 13 日,中国—印度第二轮海上合作对话在北京举行,双方就海洋发展战略、海上安全形势和中印海上合作深入交换意见,同意以两国领导人的重要共识为指引,加强政策沟通,拓展海军交流、海洋科技、海上搜救等领域的务实合作,保持在多边事务中的协调配合,促进地区安全和共同繁荣。[③]未来,中印可发挥各自的比较优势,科学开发利用海洋资源,加强两国海洋资源开发利用合作,提升海洋产业合作水平;实现互联互通,共同规划开发海洋旅游线路,打造精品海洋旅游产品,建立旅游信息交流共享机制;在口岸监管互认、执法互助、信息互换等方面合作,共同促进两国蓝色经济发展。

(三)围绕喜马拉雅的旅游经济

2008 年中国提出构建"中印缅孟大旅游圈"设想,将中印缅孟旅游合作作为双方发展的重点。此后,中印两国不断加强旅游合作的政策互动。2008 年印度在中国设立旅游办事处,并在上海和北京举办"印度奇妙之夜"的活动;2014 年中印两国签署《关于构建更加紧密的发展伙伴关系的联合声明》,增设经乃堆拉山口的朝圣路线。中印双方启动"中国—印度文化交流计划",2015 年在中国举办"印度旅游年",2016 年在印度举办"中国旅游

---

① Satu Limaye, "Weighted West, Focused on the Indian Ocean and Cooperating across the Indo — Pacific: The Indian Navy's New Mari time Strategy, Capabilities, and Diplomacy," CAN, April 2017, ht tps://www.cna.org/cna_files/pdf/DRM-2016-U-013939-Final2.pdf, p.16.

② 刘锦前.新时代环喜马拉雅区域经济合作研究 [D],上海:上海社会科学院,2019:147.

③ 中印举行第二轮海上合作对话,中华人民共和国驻印度共和国大使馆,2018-07-17. http://in.china-embassy.org/chn/zywl/t1577774.htm.

年"①,2017 年"中印国际瑜伽节"在昆明开幕。虽然 2017 年因洞朗事件我方暂停了"香客之路",2018 年经过中国与印度的谈判沟通,中国重新开放了朝圣道路。2019 年,"中印国际瑜伽节"在都江堰举办,通过瑜伽与太极功夫的融合,开创"功夫瑜伽"都江堰国际文化新 IP。

中印双方围绕环喜马拉雅不断加强人文旅游合作,2018 年中印双向旅客流量突破 100 万人次,2021 年由于印度新冠肺炎疫情严重,中印双向旅客流量有所减少,但这只是暂时的现象。中印互为邻国,又是世界上人口最多的两个国家。随着两国间贸易、商务、旅游交往的持续增多,中印旅游业合作必定前景可期。

---

① 李燕,李春雨."中印缅孟旅游圈"的区域互动及发展战略分析 [J].南亚研究季刊,2016(4):103.

结语

随着经济全球化进程加快,传统的政治、安全外交正在逐渐向经济外交、文化外交、公共外交方向发展。经济和外交的互动越来越频繁,以经济促外交抑或以外交促经济正成为诸多国家维护其国家经济利益的现实选择。对印度莫迪政府经济外交是什么?成效如何?对中国的影响怎样等议题的探索和研究,不仅对研究印度经济外交理论,还对其外交实践都极具学术价值和实践指导意义。通过研究,本文有以下认知。

一、印度莫迪政府的经济外交内涵丰富、手段多元、层次清晰

莫迪自 2014 年上任以来,身体力行践行经济外交,其内容日益丰富、手段日趋多元、层次日益清晰。从国别看,既包括大国经济外交,也包括对发展中国家的经济外交;从区域看,既包括南亚经济外交,还包括对东南亚经济外交,更包括对西亚、非洲以及太平洋岛国的经济外交。从内容看,既包括国际经济合作外交、贸易外交、援助外交、金融外交、能源外交,还包括制裁外交,经济外交已成为印度维护国家利益的重要手段之一,也已成为其总体外交的重要组成部分。从圈层层次看,莫迪政府经济外交遵循印度的"同心圆"地缘政治战略,逐渐形成了以南亚国家为核心,以东南亚国家、西亚等国为二圈层,以其他大国为外围的三圈层。对南亚国家的经济外交始终是印度经济外交的优先选项。其中,能源外交已经逐渐成为莫迪政府经济外交战略中仅次于邻国外交、大国外交的重要外交战略部署。

二、国内经济发展状况、经济改革、文化传统等内政因素是影响莫迪政府经济外交的重要变量

印度内政和经济外交互融共生,相互作用。这种互动主要表现在两个方面。一方面,一国的经济外交总是服务一国内政。印度国内经济发展目标与任务不断给外交提出新任务,尤其是莫迪第二任期开启后,试将印度在2030年前建成世界第三大经济体,这一宏伟目标使得其经济外交一直处于从属于国内经济发展、配合其中心工作的地位。另一方面,经济外交的开展反过来也会促进国内经济发展,加快经济和政治改革进程。为更好地吸引外资、促进国际经济合作、开展贸易外交和金融外交,莫迪政府先后在外商投资、土地、劳动力和税收制度领域进行了一系列改革。印度劳工制度改革取得实质性进展,2014年底,对1961年《学徒法》和1988年《劳动法》的修正案均在议会两院获得通过。同时,莫迪政府大幅度调整了印度的外资政策,并成功地进行了商品及服务税改革。简言之,内政与外交呈现出双向互动正相关关系。

三、印度莫迪政府经济外交严重影响中国推进"一带一路"倡议进程及与南亚国家关系

印度在不同时期对"一带一路"倡议表现出观望、不合作、抵制抗衡以及竞争合作等态度,究其根源在于,印度认为"'一带一路'是中国进入经济发展新阶段的必然要求,是中国创新对外投资渠道、强化区域经贸联系、化解经贸发展瓶颈、重塑开放型经济发展格局等经济利益要素要求的外溢"。[①]故而,印度莫迪政府针对中国"一带一路"采取对冲战略,主要表现在:其一,明确反对"中巴经济走廊"、迟滞"孟中印缅经济走廊"进程、拒绝参加"一带

---

① 吴兆礼.印度对"一带一路"倡议的立场演化与未来趋势 [J].南亚研究,2018(2):26.

一路"国际合作高峰论坛;其二,打造"季风计划""香料计划",构建印度主导的印度洋秩序;其三,高度重视"环孟加拉湾多领域技术合成倡议"、与日本联手打造"亚非增长走廊"计划、与美国等国打造"美日澳印"四边机制,构筑印度版的互联互通。莫迪政府对"一带一路"采取的种种对策,不仅会影响"一带一路"进程,还会影响中国与南亚国家以及与西方大国之间的关系。一方面,印度对中国在南盟的多个投资领域采取各种措施,影响制约投资项目的达成、落实和实施;另一方面,对中国在南亚的投资、援助,尤其是中国在南亚国家港口的基础设施建设极力抹黑,大肆炒作中国"债务陷阱论",给中国在南亚国家的投资带来极大负面影响。

四、中国应理性妥善处理与印度关系,加强经济外交合作

仅次于中美关系的中印关系将成为世界最重要的双边关系之一,处理好中印关系是中国 21 世纪外交战略的必然选择。当前中印关系正步入竞合并存新常态阶段,妥善管理两国边界冲突,加强人文交流,开展经济外交合作成为两国共同的选择。

从双边关系看,中国应积极与印度加强投资外交、贸易外交,促进双边经贸合作;从多边关系看,中印可在金砖国家、上海合作组织、南亚区域联盟等机制内加强经贸投资合作。更为重要的是,应在人类命运共同体理念指导下,以推进"一带一路"的南亚建设为合作基石、以发展双边关系为重点突破、以增强人文交流为文化纽带,加速构建南亚命运共同体,推动环喜马拉雅经济合作带走实走深。尤其要警惕印度高度重视与日本、美国等大国合作,试图放弃"不结盟"政策,转向"大国外交"与"多边结盟"。虽然,未来中印关系的走向取决于印度的态度,但中国应尽最大努力使中印边境地区局势总体稳定、可控,使中印关系保持健康良性发展。

参考文献

中文文献

一、中文专著

[1] 何茂春：经济外交学 [M]. 北京：世界知识出版社，2010：13.

[2] 何中顺. 新时期中国经济外交理论与实践 [M]. 北京：时事出版社，2007：60.

[3] 雷启淮：当代印度 [M]. 成都：四川人民出版社，2000：363.

[4] 李小云：国际发展援助概论 [M]. 北京：社会科学文献出版社，2009：2.

[5] 鲁毅. 外交学概论 [M]. 北京：世界知识出版社，1997：153–154.

[6] 钱其琛. 世界外交大辞典（下卷）[M]. 北京. 世界知识出版社：2005：2045.

[7] 习近平. 习近平谈治国理政第一卷 [M]. 北京：外文出版社 2018：299.

[8] 张幼斌：经济外交 [M]. 北京：北京大学出版社，2003：372.

[9] 周永生. 经济外交 [M]. 北京：中国青年出版社，2004：29.

二、中文译著

[1][日本] 渡边昭夫. 战后日本的对外政策 [M]. 东京：有斐阁，1991：157.

[2][英国] 哈·麦金德. 历史的地理枢纽 [M]. 周定瑛译，西安：陕西人民出版社，2013：10.

[3][印度] 拉贾·莫汉. 莫迪的世界：扩大印度的势力范围 [M]. 朱翠萍，杨怡爽译. 社会科学文献出版社，2017：77.

[4][印度] 威奈·莱,[美国] 威廉·L. 西蒙 . 思考印度 [M]. 上海：上海大学出版社 .2010.

三、中文期刊

[1] 安林瑞,张莎莎 . 丝绸之路经济带建设的意义与战略举措——基于向西开放的视角 [J]. 党史博采,2017（4）：26-27.

[2] 白联磊 . 印度对上合组织的认识和诉求 [J]. 印度洋经济体研究,2017（4）：83-95.

[3] 曹忠祥 . 对我国陆海统筹发展的战略思考 [J]. 宏观经济管理,2014（12）：31.

[4] 曹峰毓,王涛 . 南亚区域合作的历程、成效及挑战 [J]. 太平洋学报,2017（10）：74-83.

[5] 巢巍 . 文化向外交的跃变——印度瑜伽软外交之路初探 [J]. 南京师大学报（社会科学版),2018（3）：75.

[6] 陈璐 .RCEP：印度退出原因分析与前景展望 [J]. 国际研究参考,2020（2）：26.

[7] 陈金英 . 莫迪执政以来印度的政治经济改革 [J]. 国际观察,2016（2）：122-123.

[8] 陈金英 . 印度劳动法改革及其争议 [J]. 国际观察,2017（6）：117-118.

[9] 陈利君 . 印度新政府及其对外政策走势判断 [J]. 印度洋经济体研究,2014（4）：41.

[10] 陈利君,杨凯 . "一带一路"背景下的中印产能合作 [J]. 学术探索,2016（10）：37.

[11] 陈利君 . "印太战略"背景下的中斯合作 [J]. 南亚东南亚研究,2020（2）：73.

[12] 陈须隆,朱中博 .2014 年国际形势与中国外交研讨会纪要 [J]. 国际问题研究,2015（1）：130.

[13] 陈伟光,蔡伟宏 . 大国经济外交与全球经济治理制度——基于中美经济外交战略及其互动分析 [J]. 当代亚太,2019（2）：69.

[14] 崔守军,张政 . 经济外交视角下的中国对拉美基础设施建设 [J]. 拉

丁美洲研究, 2017（3）: 14.

[15] 戴永红, 张婷. 印度南亚援助政策的理念、时间与趋势 [J]. 南亚研究, 2019（3）: 73–105/153–154.

[16] 戴永红, 王检平. 环孟加拉湾多领域技术经济合作倡议: 转型与前景 [J]. 南亚研究季刊, 2019（3）: 91.

[17] 邓红英. 孟加拉国反印情绪的变化及其影响因素 [J]. 南亚研究, 2016（4）: 101–114/151–152.

[18] 杜哲元. "一带一路" 建设与中国周边三环外交体系的构建 [J]. 东南亚研究, 2018（1）: 51–57.

[19] 杜晓军. 印度莫迪政府周边外交政策评析 [J]. 东南亚南亚研究, 2015（2）: 12–17/108.

[20] 贺平. 70 年中国经济外交的整体演变、战略意图和影响因素 [J]. 世界经济研究, 2019（11）: 3–14.

[21] 胡仕胜. 联通喜马拉雅 对接 "一带一路" ——对建设中尼印经济走廊的思考 [J]. 印度洋经济体研究, 2017（2）: 3.

[22] 黄大慧. 对中日关系重回正轨的若干思考 [J]. 现代国际关系, 2019（12）: : 22.

[23] 黄金祺. 论 "外交" 新定义的理论特色 [J]. 外交评论, 2005（6）: 103.

[24] 胡勇, 高见. 试析印度对不丹的发展合作政策 [J]. 印度经济体研究, 2017（5）: 67–83/140.

[25] 高铭泽. 亚投行成立对我国西部经济发展的影响分析 [J]. 知识经济, 2016（1）: 70.

[26] 国家发展改革委外经所《国际经济形势跟踪》课题组. 2014 年世界经济形势回顾及 2015 年展望 [J], 中国经贸导刊, 2015（1）: 13.

[27] 葛汉文. 印度的地缘政治思想 [J]. 世界经济与政治, 2013（5）: 21.

[28] 郭晴, 陈伟光. 经济外交与全球经济治理: 基于中美互动的视角 [J]. 复旦国际关系评论, 2019（10）: 135.

[29] 贾根良, 何增平. 金融开放与发展中国家的金融困局 [J]. 马克思主义研究, 2019（5）: 77.

[30] 江瑞平. 新中国经济外交从确保自身发展到引领全球治理 [J]. 世

界知识, 2019 (19): 35.

[31] 晋劼.《政事论》思想与策略 [J]. 南亚研究, 1986 (4): 10.

[32] 蓝建学 . 新时期印度外交与中印关系 [J]. 国际问题研究 .2015 (3): 51–63.

[33] 蓝建学, 宁胜男 . 印孟边界协议的看点在哪儿 [J]. 世界知识, 2015 (13): 28–29

[34] 蓝剑学 . 印度 "西联战略的缘起、进展与前景 [J]. 国际问题研究, 2019 (3): 63–80.

[35] 蓝建学, 宁胜男 . 莫迪的 "中东大棋局" [J]. 世界知识, 2015 (18): 45–47.

[36] 李好 . 金融危机下印度外贸政策调整的效果及启示 [J]. 特区经济, 2012 (1): 86.

[37] 李好 . 印度参与 "区域全面经济伙伴关系" 谈判的动因及制约因素探析 [J]. 亚太经济, 2014 (5): 75–78.

[38] 李雪 . 印度能源安全的挑战与未来 [J]. 印度洋经济体研究, 2014(6): 134.

[39] 李燕, 李春雨 . "中印缅孟旅游圈" 的区域互动及发展战略分析 [J]. 南亚研究季刊, 2016 (4): 103.

[40] 李益波 . 印韩战略伙伴关系：现状、走向与影响 [J]. 南亚研究季刊, 2014 (3): 7.

[41] 李巍 . 改革开放以来中国经济外交的逻辑 [J]. 当代世界, 2018 (6): 22.

[42] 林民旺 . 印度与周边互联互通的进展及战略诉求现代国际关系 [J]. 现代国际关系, 2019 (4): 60.

[43] 林民旺 . 中尼印经济走廊：战略价值及建设思路 [J]. 现代国际关系, 2017 (2): 35.

[44] 刘军 . 全球化与俄罗斯外交政策的形成—— 从戈尔巴乔夫到普京 [J]. 俄罗斯中亚东欧研究, 2004 (4): 56.

[45] 刘小雪 . 莫迪来华的四大经贸重任 [J]. 中国经济周刊, 2015 (19): 78–80.

[46] 刘稚, 黄德凯 . 近年印缅关系的新发展及动因和影响 [J]. 南亚研究

季刊,2016（3）:26-32.

[47] 卢光盛,别梦婕.新型周边关系构建:内涵、理论与路径 [J].国际观察,2019（6）:39.

[48] 杨喜孙.印度"废钞令"回顾:基本情况、影响及其启示 [J].区域金融研究,2018（1）:60.

[49] 宋博,石靖.俄罗斯为什么重视与印度的关系 [J].世界知识.2017（19）:33-35.

[50] 邱昌情.印度加入上海合作组织的进程、动力及影响 [J].南亚东南亚研究,2019（03）:1-16.

[51] 上海国际问题研究院中国外交 70 年课题组.中国外交 70 年专家谈（之二）——周边关系和发展中国家外交 [J].国际展望,2019（4）:3.

[52] 宋海洋."印太"时代的来临与印日关系的发展前景 [J].当代亚太,2018（5）:66-93/158.

[53] 宋德星.从战略文化视角看印度的大国地位追求 [J].现代国际关系,2008（6）:27.

[54] 孙壮志.新时代上海合作组织的新作为 [J].人民论坛,2018（15）:39.

[55] 孙现朴,陈宇.冷战后印孟关系中的主要问题及影响因素 [J].印度洋经济体研究,2015（3）:36-48/142.

[56] 孙现朴.金砖国家合作机制与中印关系 [J].南亚研究,2011（1）:94.

[57] 孙永祥.规划能源——俄罗斯新阶段能源发展战略 [J].国际贸易,2002（11）:32.

[58] 孙士海.中国与印度的经济改革比较 [J].南亚研究,1988（1）:14.

[59] 涂波.印度对"一带一路"倡议的对冲战略发展变化 [J].南亚研究季刊,2018（2）:92.

[60] 万喆.金融助推中非合作新高度 [J].中国金融,2018（17）:33.

[61] 王海霞.印美经贸摩擦何以步步升级 [J]世界知识,2019（15）:36-37.

[62] 汪慧玲,张耀华.改革开放 40 年:我国西部地区发展与新时代的向西开放 [J].甘肃社会科学,2018（5）:34.

[63] 王力荣, 时宏远. 论印度与中东关系的嬗变 [J]. 西亚非洲, 2011（2）: 27-32/80.

[64] 王娟娟. 马尔代夫亚明政府内政外交评析 [J]. 南亚研究季刊, 2016 （3）: 49-57+5.

[65] 潘晔, 肖陈望. "亲诚惠容" 周边外交理念的意蕴与实施方略 [J]. 社会科学动态, 2019（7）: 36.

[66] 王玉萍. 未来中欧经济合作发展趋势与展望 [J]. 人民论坛, 2019 （24）: 252.

[67] 文富德. 印度难以推行第二代经济改革的原因及前景 [J]. 南亚研究季刊, 2014（3）: 39.

[68] 王垚. 中国边疆经济70年: 政策演变与发展挑战 [J]. 当代经济管理, 2019（42）: 16.

[69] 魏雅华. 印度 "废钞令", 你真的看懂了吗?[J]. 进出口经理人, 2017 （8）: 41.

[70] 吴磊. 多重利益碎片化与南亚区域合作——兼谈中国的角色和作用 [J]. 国际论坛, 2017（2）: 65.

[71] 吴兆礼. 印度 "吴兆礼. 印度对 "一带一路" 倡议的立场演化与未来趋势 [J]. 南亚研究, 2018（2）: 26.

[72] 连接中亚政策" 推进路径与成效 [J] 国际问题研究, 2019（6）: 67-83.

[73] 肖军. 论政治文化传统与印度外交思想的二元性 [J]. 南亚研究, 2012（3）: 113.

[74] 肖军. 印度与沙特的能源合作: 促因与挑战 [J]. 西南石油大学学报, 2015（6）: 19-24.

[75] 肖军. 冷战后印度与周边国家关系: 走向区域整合的新阶段 [J]. 印度洋经济体研究, 2015（2）: 122

[76] 徐超, 于品显. 金砖国家机制与 "一带一路" 倡议合作研究 [J]. 亚太经济, 2017（6）: 94.

[77] 徐国庆. "一带一路" 倡议与印度对非政策 [J]. 晋阳学刊. 2019 （3）: 76.

[78] 闫世刚, 刘曙光. 新能源安全观下的中国能源外交 [J]. 国际问题研

究,2014（2）:110-116.

[79] 姚遥,贺先青.孟中印缅经济走廊建设的现状及前景 [J].现代国际关系,2018（8）:53.

[80] 赵柯.试论大国经济外交的战略目标 [J].欧洲研究,2014（4）:69.

[81] 于迎丽.韩国与印度从经济合作走向战略协作 [J].东北亚学报,2014（4）:18-23.

[82] 张超哲.2014 年的印巴关系:改而不善 [J].印度洋经济体研究,2015（3）:64-78/143.

[83] 张贵洪.中印关系的确定性和不确定性 [J].南亚研究,2010（1）:16.

[84] 张贡生.经济全球化问题研究综述 [J].中共济南市委党校学报,2001（4）:14.

[85] 张力.印美新一轮战略互动:观察与评估 [J].南亚研究季刊,2015（2）:4.

[86] 章节根.论印度的战略文化 [J].国际论坛,2007（2）:69.

[87] 张杰,石泽.莫迪政府的中亚政策 [J].国际论坛,2019（4）:122-135.

[88] 张清敏.搞好周边关系,需掌握小国外交的逻辑 [J].世界知识,2017（15）:19

[89] 张秋容."一带一路"倡议下中印经济外交研究 [J].上海市经济管理干部学院学报,2018（1）:43.

[90] 张帅,任欣霖.印度能源外交的现状与特点 [J].国际石油经济,2018（3）:87.

[91] 郑迪.后美军时代印度对阿富汗政策的调整 [J].国际关系研究,2016（1）:120-132.

[92] 周弘,金玲.中欧关系 70 年:多领域伙伴关系的发展 [J].欧洲研究,2019（5）:12.

[93] 周平.边疆在国家发展中的意义 [J].思想战线,2013（2）:101.

[94] 朱锋.面对中国的崛起,西方为什么忧虑 [J].学术前沿,2020（6）:18.

四、学位论文

[1] 杜志远 . 莫迪主义：外交理论与实践研究 [D/OL]. 武汉：华中师范大学, 2019：35.

[2] 何中顺 . 新时期中国经济外交研究：理论与实践 [D/OL]. 北京：中共中央党校, 2005：16.

[3] 刘锦前 . 新时代环喜马拉雅区域经济合作研究 [D/OL], 上海：上海社会科学院, 2019：147.

[4] 杨凯 . 中国与南盟贸易合作研究 [D/OL]. 昆明：云南财经大学, 2018：9.

[5] 张丽 . 印度对 "一带一路" 倡议的认知与实证研究 [D/OL]. 北京：中共中央党校, 2019：83.

英文文献

[1] Peter A. G. van Bergeijk ,Economic Diplomacy and Economic Security[J].New Frontiers for Economic Diplomacy,2009（7）:37–54.

[2] Robert Keohane, International Institutions and State Power[M].Boulder: West view, 1989：88.

[3] Samir Ranjan Pradhan, India GCC and the Global Energy Regime[M]. New Dehli. Academic Foundation, 2008:295.

[4]Thongkholal Haoki,India's Look East Policy: Its Evolution and Approach[J] .South Asian Survey,2011（18）:2.

中文网站

参考消息 http://mil.cankaoxiaoxi.com/

环球时报 http://world.people.com.cn/

经济参考报 http://finance.eastmoney.com/

福布斯中文网 http://forex.eastmoney.com/

联合早报网 http://www.zaobao.com/

中国能源报 http://info.glinfo.com/

驻俄罗斯联邦经商参处 http://www.mofcom.gov.cn/

人民网 http://news.china.com.cn

中国经济网 http://news.hexun.com

英文网站

印度之窗 http://www.yinduabc.com/

英国金融时报 http://www.ftchinese.com/

印度驻华大使馆 http://www.indianembassy.cn/

中国驻印经济商务参赞处 http://in.mofcom.gov.cn/

印度斯坦时报 http://www.hindustantimes.com/

印度时报 http://www.timesofindia.com/

今日印度 http://www.indiatoday.com/

印度外交部 http://www.mofa.gov.india/

国际能源信息署 http://www.iea.org/

世界银行 http://www.worldbank.org.cn/